社会学法律解释方法研究

时显群 ◎ 著

SHEHUIXUE FALÜ JIESHI
FANGFA YANJIU

知识产权出版社
全国百佳图书出版单位

图书在版编目（CIP）数据

社会学法律解释方法研究／时显群著 . —北京：知识产权出版社，2019.6
ISBN 978－7－5130－6217－6

Ⅰ.①社… Ⅱ.①时… Ⅲ.①社会学—应用—法律解释—研究 Ⅳ.①D910.5

中国版本图书馆 CIP 数据核字（2019）第 073512 号

责任编辑：彭小华　　　　　　　　　　　　责任校对：王　岩
封面设计：韩建文　　　　　　　　　　　　责任印制：孙婷婷

社会学法律解释方法研究
时显群　著

出版发行：知识产权出版社 有限责任公司	网　　址：http://www.ipph.cn
社　　址：北京市海淀区气象路 50 号院	邮　　编：100081
责编电话：010－82000860 转 8115	责编邮箱：huapxh@sina.com
发行电话：010－82000860 转 8101/8102	发行传真：010－82000893/82005070/82000270
印　　刷：北京九州迅驰传媒文化有限公司	经　　销：各大网上书店、新华书店及相关专业书店
开　　本：787mm×1092mm　1/16	印　　张：16
版　　次：2019 年 6 月第 1 版	印　　次：2019 年 9 月第 2 次印刷
字　　数：233 千字	定　　价：68.00 元
ISBN 978－7－5130－6217－6	

出版权专有　侵权必究
如有印装质量问题，本社负责调换。

摘 要

　　法律解释作为法学方法论最重要的领域和内容,是法律适用的基本问题,在法官的法律实践活动中扮演着重要角色。法律解释的方法有很多,如文义解释、目的解释、社会学解释等,本文主要探讨其中的社会学法律解释。法律解释方法中,文义解释、目的解释等都是针对法律条文本身的解释,局限于法律精密的逻辑殿堂之内,只有社会学法律解释考量法律之外的社会利益、社会福利、社会正义、社会效果等社会因素,对法律适用具有独特的补足功能。作为法律解释方法的一种,社会学法律解释是指将社会学方法运用于法律解释之中,通过对法律解释的社会效果的预测和衡量来选择最佳答案。社会学法律解释要求法官关注社会影响或社会效果,依据但不必拘泥于法律规范的文字表述和逻辑推演,通过对判决可能产生的社会影响或社会效果进行预测、评估和权衡,结合当时当地社会生活的实际情况和正审理的特定案件的特定事实,就法律规范的含义以及法律规范与案件事实之间的关系进行阐释,以便使法官对个案的判决既有法律依据,符合法律的精神和价值,维护法律的确定性和安定性,又能对社会产生积极和正面的影响,达到良好的社会效果,从而实现法律效果和社会效果有机统一的法律解释方法。社会学法律解释方法的运用对转型时期的中国司法治理活动有着重要影响。

目 录
CONTENTS

1 引 论 …………………………………………………………… 1

2 社会学法律解释方法概述 …………………………………… 6
  2.1 社会学法律解释方法的含义 ………………………………… 6
  2.2 社会学法律解释方法产生的背景 …………………………… 27
  2.3 社会学法律解释方法与文义解释等其他法律
     解释方法的关系 …………………………………………… 34

3 社会学法律解释的主要特征 ………………………………… 51
  3.1 社会学法律解释强调各种利益和价值的权衡 …………… 51
  3.2 社会学法律解释强调利益衡量和价值判断标准的客观性 …… 61
  3.3 社会学法律解释兼顾形式正义和实质正义，
     但更倾向实质正义 ………………………………………… 67
  3.4 社会学法律解释强调变通性和适应性 …………………… 77
  3.5 社会学法律解释是连接立法目标与司法目的的纽带 …… 82

4 司法实践中运用社会学法律解释方法的必要性 ………… 87
  4.1 法律语言具有模糊性的特征 ……………………………… 88

  4.2 法律具有概括性、一般性和抽象性的特征 ················ 91
  4.3 法律具有相对稳定性的特征 ······························ 95
  4.4 立法者的认知能力是有限的 ···························· 100
  4.5 有利于增进判决的说服力和权威性 ···················· 103

5 司法中运用社会学法律解释方法要考量的因素 ············ **108**
  5.1 公共利益 ··· 108
  5.2 社会效果 ··· 114
  5.3 社情民意 ··· 122
  5.4 民俗习惯 ··· 133
  5.5 公共政策 ··· 143

6 社会学法律解释方法与民间法的关系 ························ **152**
  6.1 民间法的含义及价值 ······································· 152
  6.2 社会学法律解释方法与民间法的共性 ················ 155
  6.3 社会学法律解释方法与民间法的相异处 ············ 174

7 社会学法律解释有利于实现法律效果和社会效果的统一 ·········· **185**
  7.1 法律效果和社会效果的含义 ···························· 186
  7.2 法律效果和社会效果的关系 ···························· 189
  7.3 实现法律效果和社会效果统一的方法论 ············ 194
  7.4 社会学法律解释方法是实现两个效果统一的重要方法 ······ 201
  7.5 举例说明司法中如何运用社会学法律解释方法
     实现两个效果的统一 ······································· 206

8 运用社会学法律解释方法剖析"电梯劝烟猝死案" …… **222**
    8.1 案情概要 …………………………………………… 222
    8.2 裁判要旨 …………………………………………… 222
    8.3 以社会学法律解释方法为视角看二审判决的可取之处 ……… 224
    8.4 以社会学法律解释方法为视角看二审判决的不妥之处 ……… 234
    8.5 总结 ………………………………………………… 238

9 结 语 ……………………………………………………… **242**

1 引 论

法律解释是法理学研究当中历久弥新的课题。大千世界，万事万物，莫不需要理解和解释。无论是法律语言还是非法律语言，都无法脱离语言学的一般规律。正如哲学家维特根斯坦所观察的那样，语言活动就是一个理解与被理解的过程。语言既是信息的载体，也是信息传播的工具。[①] 法律语言同样如此，立法者希望通过法律文本语言向社会传递并希望全体社会成员遵守的社会行为规范、法律的原则、精神和价值。而要准确理解和严格遵守法律语言背后的规范、原则、精神和价值立场，就需要对法律文本语言进行正确合理的解释。尽管立法者在制定法律时试图将法律制定得尽量严谨，但法律依然是一套依托于文字，通过法律概念、法律规则和法律原则组合而成的规范体系。法律规范有着自己的逻辑结构，司法三段论被认为能够帮助法官严格适用法律的有效手段。然而，法律规范所具有的抽象性、普遍性和稳定性，与法律规范所适用的社会现实的具体性、特殊性和变动性之间存在着天然的矛盾。法律规范与案件事实并非天然吻合。在社会生活瞬息万变日新月异的现代社会，机械的三段论早已难以满足社会对于实质正义的追求。而且法律规范无论是在制定的过程中，还是在适用的过程中都存在着无法避免的局限性。立法者在制定法律规范时，无法

---

① ［英］路德维希·维特根斯坦：《哲学研究》，陈嘉映译，上海世纪出版集团2005年版，第54~63页。

避免出现法律漏洞和法律语言的模糊性①等问题。而司法者在适用法律时也会出现法律的空白②和法律的竞合③等情况。故法谚有云:"法无解释,不得适用"。

法律的生命力在于适用。在我国社会主义法律体系初步形成以后,当前和今后法治建设的重心是如何使"本本上的法律"(law in paper)变为"生活中的法律"(law in action)。随着我国依法治国建设法治国家的进程不断向前推进,中国的法治建设必然要从主要研究法的应然问题转向研究法的实然问题;从立法价值论转向司法解释论,即从主要研究法律规范如何科学地产生,转向研究规范如何正确合适地解释和适用。帕特森指出:"毋庸置疑,我们的时代是解释的时代。从自然科学到社会科学、人文科学到艺术学科,有大量的数据显示,解释成为20世纪后期最重要的研究主题。在法律中,'向解释学转向'的重要性怎么评价也不过分。"④

法律解释是一门科学与艺术,是一项需要精深的哲学和生活智慧以及高超的技巧和艺术的活动⑤。众所周知,法律适用的形式为逻辑三段论法,因此,法官办理案件的第一步工作,就是铺设"三段论"推理的大前提,即寻找所应适用的法律规范,理论上称为"找法活动"。实践中"找法"的结果非常普遍的情形是,找到的法律规定不够明确具体,因此就需要法官进行解释,以便与处理的案件事实相吻合。换句话说,以一般的、抽象的语言形式表达出来的法条,最终需要适用于特殊的具体个案。法官需要解决的一个前

---

① 著名的法理学家博登海默指出:"不管我们的词汇是多么详尽完善、多么具有识别力,现实中始终会有一些为严格和明确的语言分类所无能为力的细微差异与不规则的情形。虽然许多概念可以被认为是对存在于自然世界中的关系和一致性的精神映象,但是对现实所做的这种精神再生产,往往是不精确的、过于简化的和不全面的。"[美] E. 博登海默:《法理学:法律哲学与法律方法》,邓正来译,中国政法大学出版社1999年版,第484页。
② 所谓的法律的空白是指法官在具体审判案件的过程中发现没有可以适用的法律规范的情况。
③ 所谓的法律的竞合是指法官在具体审判案件的过程中发现有两个或两个以上的法律规范可以适用。
④ [美] 帕特森:《法律与真理》,陈锐译,中国法制出版社2007年版,序言。
⑤ 王利明:"论法律解释之必要性",载《中国法律评论》2014年第2期。

提性问题就在于,该具体情形是否属于一般性规定所涵摄的范围,而回答这一问题的过程本身就是一个法律解释的过程。法官必须面对由于法律规范与案件事实不完全契合而产生的疑难案件,通过专业的技术手段重新"缝补"法律规范与案件事实之间所暴露出来的裂痕,而这种专业的技术手段通常被称为"法律解释"。因此,司法或法律适用的过程,即将小前提(具体案件的事实要件)涵摄于大前提(法律规范的构成要件)之中,既是一个逻辑推理的过程,在很大程度上也是一个法律解释的过程。

20世纪初随着社会生活的变化加快,由于传统的概念法学解释和适用法律过于机械,逐渐暴露出其僵硬性弊端。法社会学派在批判概念法学过于刻板僵化的基础上引入了社会学法律解释方法。随后社会学法律解释逐渐为人们所重视,并且成为一种独立的并具有非常有影响力的法律解释方法。在司法过程中,社会学法律解释方法运用得也越来越广泛,因为在实际的案件裁判过程中,运用社会学法律解释方法能够在一定程度上弥补文义解释的不足,尤其是在法律语言词句产生边缘模糊的含义,或在一些新型、复杂、疑难案件出现时,法官需要借助于社会学法律解释方法,才能够实现裁判的公平公正。法官在司法实践中运用社会学法律解释方法,不仅使一些艰难的案件得到解决,实现个案公正,达到最佳的社会效果,而且通过社会学的法律解释会使僵硬的法律能适应社会生活的变化。由于社会学法律解释方法在当今的司法实践中被广泛地运用,因此本书试图对司法过程中的社会学法律解释方法进行研究。

把社会学方法运用到法律解释,并使其鲜明地成为司法裁判的因素,从理论上看得益于自由法学派和法社会学派的兴起。按照我国台湾学者杨仁寿的说法,"在实用法学上,社会学的解释系在自由法运动以及法社会学诞生之后,始为法学者所运用。"[1] 一般来说,在之前由概念法学所统治的时代,司法裁判的过程过于机械,法律解释对方法的运用主要强调根据法条语法

---

[1] 转引自杨知文:"社会学解释方法的司法运用及其限度",载《法商研究》2017年第3期。

和字面惯常意义的文理解释，司法者对法律以外的政治、经济、道德等社会因素的考量被排斥在法律适用的正当性之外。而在19世纪末20世纪初的社会环境大变动中，随着经济活动等方面的自由发展，概念法学的法律观和方法论受到质疑和批判，倡导法律的社会目的与社会效果的理论和实践趋势不断加强，这成为社会学解释方法得以应用并蓬勃兴旺的重要基础。

社会学法律解释方法的研究有利于为我国的司法改革提出方向性的指引。随着我国实现依法治国、建设法治国家的推进，我国的司法制度的改革已刻不容缓。我国的司法改革强调法官的专业素质，提倡法官的职业化。从这个司法改革方向来讲，是必需的，因为法官如果不走职业化的道路，我国司法的水准永远不可能提高。但是我们必须得同时呼吁在强调职业化的同时，还要强调他们的社会良知、社会经验和社会责任感。否则，即使我们的法官都有法学硕士、博士学位，有深厚的法学理论功底，实现了法官队伍的职业化甚至精英化，但也未必能够在司法过程中，在理解、解释和适用法律的时候，与人民群众的是非观、价值观相契合；司法判决未必能够得到社会中大多数人民群众的认同，那么他们可能跟我们的社会以及日常普通的老百姓的距离反而会越拉越大。法律来源于社会，又服务于社会，随着我国工业化和城市化进程的推进，社会生活和社会关系变化加快，强调法官不能机械地适用法律、理解法律和解释法律，要根据社会生活的变化和具体案件的具体情况，对法律条文进行社会学的解释是司法民主和司法正义，也是法官具有社会良知和社会责任感的重要体现。英美法系国家的法院裁判案件，关于被告有责或无责、有罪或无罪的事实判断，都是由陪审团作出，陪审团的成员是随机从公民中抽取，他们大部分没有法律专业背景，他们的判断是凭着他们对一般的人情世故的理解和社会经验作出，再由法官进行法律上的指导并在陪审团对事实认定和一般情理的基础上作出裁决。我国还没有建立起类似英美法系国家的陪审团制度，但法官在审判实践中也经常会碰到情、理、法的冲突，有些案件法律规定得并不明确，所谓合情、合理、合法往往在具体的审判中无法兼顾，这个时候就需要法官自觉运用社会学法律解释方法，依据自己的法律素养和社会经验进行利益衡量和价值判断，否则就无法作出公正合理的具有最佳社会效果的判决。法律解释是连接立法意图与司法目的的纽带，法律解释方法是实现法律效果和社会效果有机统一的有效方法，是架设两者统一的桥梁①。因此，社会学法律解释方法的研究不仅具有重要的理论意义，而且具有重要的现实意义。

---

① 孔祥俊：《法律解释方法与判解研究》，人民法院出版社2004年版，第466页。

2 社会学法律解释方法概述

2.1 社会学法律解释方法的含义

王泽鉴先生曾言:"法律必须经由解释,始能适用。"[1] 他认为,有法律就必须有解释,解释是将抽象的法律条文适用到具体案件的根本途径。法律解释存在于司法过程之中,是为法律适用服务的,法律解释的结果具有法律上的约束力[2]。法律解释作为法学方法论最重要的领域和内容,是法律适用的基本问题,在法官的法律实践活动中扮演着重要角色。法律解释的方法有很多,如文义解释、目的解释、社会学解释等,本书主要探讨其中的社会学

---

[1] 法律规范有许多不确定概念,必须经过解释,才能适用。例如《刑法》第114条规定"放火、决水、爆炸、投毒或以其他危险方法破坏……"其中"以其他危险方法"是不确定概念,它没有明确地告诉我们其他危险方法外延的扩张范围。法律是一般、抽象的规范,但社会生活是纷繁复杂、多种多样的。例如北京发生一起犯罪嫌疑人在公共场所开车撞死19人的惨案,其行为已严重危害了公共安全,但是不属于立法所列举的放火等四种危害公共安全的行为,如果依照一些学者提出的本案适用"法无明文规定不为罪"的刑法原则,其他危险方法规定得不明确则等同于没有规定,司法官不得解释法律,那么罪犯将得不到应有的惩罚,放纵了犯罪,那么"其他危险方法"的立法规定也必将落空。实践中司法官并没有机械地理解法律,而是运用社会学法律解释的方法,将该犯罪嫌疑人的行为解释为其他危险方法,有效地惩罚了犯罪。在刑法实务的历史上写下了精彩的一笔。司法官在刑法领域对不确定概念的社会学法律解释活动普遍存在于大陆法系和英美法系国家,是法律适用的基本方法,并不为哪一国所独创。在社会生活瞬息万变、社会关系日益复杂、社会现象层出不穷的情形下,法律适用面临着越来越艰巨的任务,法律往往要在稳定性和灵活性的两极平衡中寻找支点,毋庸置疑社会学法律解释将是这一过程的最佳方法之一,因此王泽鉴先生说,法律之解释乃成为法律适用之基本问题。法律必须经由解释,始能适用。

[2] "解释结果具有法律上的约束力"有两层意思,法官在具体裁判案件对其所适用的法律条文进行解释,这种解释只对所裁判的案件有约束力,但不具有普遍的约束力,而最高人民法院对法律条文的具体适用所形成的规范性的法律解释则具有普遍的约束力。

法律解释。法律解释方法中，文义解释、目的解释等都是针对法律条文本身的解释，局限于法律精密的逻辑殿堂之内，只有社会学法律解释引入了外界的利益衡量和价值判断，对法律适用具有独特的补足功能。

社会学法律解释是随着 20 世纪社会法学派产生以后形成的区别于文义解释、目的解释等传统法律解释的一种新的独立的法律解释方法，是社会学方法[①]运用于法律解释领域的新成果。目前国内外学者对于社会学法律解释还没有统一的界定。日本学者来栖三郎指出：社会学法律解释强调法律解释不能仅从法律规范的字面意义和逻辑推演而得出，而要考虑社会生活的变化和现实需要，根据对社会现状的观察和分析权衡各种社会利益而得出既合乎立法目的又能实现良好社会效果的解释。[②] 杨仁寿先生认为，社会学法律解释强调法律解释要考虑法律背后的价值追求和社会目的，强调要衡量每一种解释可能产生的社会效果。[③] 梁慧星先生认为，法律是社会生活规范，法律具有社会性，其解释、适用就不能够仅依"文义"和"逻辑"，而不顾及所产生的"社会效果"。当存在两种不同的解释意见而一时难以判断何者正确时，应以其中产生"好"的"社会效果"的解释意见为准，这就是"社会学解释方法"。即社会学法律解释是将社会学方法运用于法律解释领域，强调要预判和权衡对法律规范的不同解释可能产生的不同的社会效果，在法律规范可能的文义范围内选择一种具有最佳社会效果的法律解释方法。[④] 张文显先生认为，社会学法律解释是指一种联系社会效果的法律解释方法，即着重于社会效果的预测和衡量，以社会情势变迁、社会诸利益平衡、社会正义情感追求等为标准进行的法律解释。[⑤] 王利明先生认为，社会学法律解释是指在法

---

① 所谓社会学方法，是指结合特定社会在某一特定时期的各种要素，包括当时的经济发展、思想潮流、社会需要、价值观念、风俗习惯等情况，而研究社会发展规律的方法。社会学方法为社会学法律解释提供充足的实证材料。参见王利明：《法学方法论》，中国人民大学出版社 2012 年版，第 441 页。
② 段匡：《日本的民法解释学》，复旦大学出版社 2005 年版，第 57 页。
③ 杨仁寿：《法学方法论》，中国政法大学出版社 1999 年版，第 178 页。
④ 梁慧星：《民法解释学》，中国政法大学出版社 2000 年版，第 236 页。
⑤ 张文显：《法理学》，法律出版社 2007 年版，第 255 页。

律条文有可能出现多种理解或多种阐释结果的情况下，要求解释者结合具体案件的具体情况，将社会效果、社会利益、社会需要或社会影响等因素引入到法律解释的考量中，依据但可以不拘泥于法律条文的文字表述来阐释法律条文在当前现实生活或具体案件中应该具有的含义或意义。[①] 陈金钊先生认为，社会学法律解释重在考量法律文本之外的社会目的。[②]

还有许多学者对社会学法律解释的含义提出了见解，如有学者认为，社会学法律解释是指在法律文本出现复数解释的情况下，将社会效果等因素的考量引入法律解释中，以解释文本在当前社会生活中应具有的含义，从而阐释法律文本的意义。还有学者认为，社会学法律解释是把社会学上的研究方法运用到法律解释上，用社会学研究的方法解释法律。当一个法律条文有两种解释，而两种解释结果不相上下，各有其理由，从法律上看都没有错误。在难以判断的时候可以采用社会学法律解释方法。首先假定按照第一种解释进行判决，并预测判决在社会上产生的结果；然后再假定按照第二种解释进行判决，也预测可能产生的社会后果。对两种判决的社会后果进行对比评价，两害相权取其轻，两利相权取其重，最后采纳预测的结果较好的那种解释，这就是社会学法律解释。

还有学者认为，社会学法律解释是一种独立的法律方法，是通过对可能产生的社会效果进行预测，进而对特定案件事实、事实与法律规范之间的关系进行说明和阐释。因此，社会学法律解释不同于其他的解释方法。一是社会学法律解释方法是以其他解释方法为基础的，如文义解释方法、目的解释方法等，是其他法律解释方法得出复数解释结论的情况下才适用的方法。二是社会学法律解释方法不仅对法律文本、法律条文进行解释，还要对适用法律条文的社会效果进行预测、对法律文本之外的各种社会因素进行考量。三是社会学法律解释方法要对不同的解释导致不同的社会影响和社会效果进行预测，实际上要经过论证的过程和阶段，而且这个过程和阶段是其他法律解

---

① 王利明：《法律解释学导论》，法律出版社2009年版，第363~364页。
② 陈金钊：《法律方法论》，中国政法大学出版社2007年版，第182页。

释方法所不具有的。因此，可以说社会学法律解释方法是一种特殊的法律解释方法，其解释的对象也不仅仅是对法律文本进行社会学的解释，而这是通行的观点（一个社会效果良好的裁判，表面上是严格依照法律进行裁判），而且实质上却必须综合考虑各种因素。这些因素包括：社会效果本身的考量、法律效果与社会效果是否能够达到有机统一、影响社会效果的各种社会因素、论证的过程等。① 还有许多学者对社会学法律解释的定义提出了见解，在此不一一赘述。

综合以上观点，本书认为社会学法律解释，就是要求法官关注社会影响或社会效果，依据但不必拘泥于法律规范的文字表述和逻辑推演，通过对判决可能产生的社会影响或社会效果进行预测、评估和权衡，结合当时当地社会生活的实际情况和正审理的特定案件的特定事实，就法律规范的含义以及法律规范与案件事实之间的关系进行阐释，以便使法官对个案的判决既有法律依据，符合法律的精神和价值，维护法律的确定性和安定性，又能对社会产生积极和正面的影响，达到良好的社会效果②，从而实现法律效果和社会效果有机统一的法律解释方法③。

从操作层面上来看，本书认为，社会学法律解释方法是当一个法律条文有复数（两种）解释，而这些解释都在文义涵摄的范围内，从法律上看都似乎无可厚非。在难以抉择和判断时，法官可以采用重在考量其判决的社会影响或社会效果的一种法律解释方法。其步骤是，第一步：假定按照第一种解释进行判决，并预测判决可能产生的社会影响或效果。第二步：再假定按照第二种解释进行判决，也预测可能产生的社会影响或效果。第三步：对两种都"合法"的可能的判决的社会影响或社会效果进行比较，两利相权取其重、两害相权取其轻，最后选择能够实现最佳的社会效果的解释，这就是社会学法律解释方法。

---

① 袁春湘："社会学解释方法在案件裁判中的运用"，载《法律适用》2011年第11期。
② 所谓"社会效果"是指法律作用于社会生活产生的社会效应。确定法律的社会效果往往需要法律作用于社会导致社会生活的何种变化或者说对社会产生的积极和消极的影响和作用。参见孔祥俊：《法律解释方法与判解研究》，人民法院出版社2004年版，第441页。
③ 时显群："论社会学法律解释方法在司法实践中的运用"，载《贵州社会科学》2017年第11期。

从司法实践看，1908年美国的"穆勒案"是法官运用社会学解释方法的经典案例。在该案中，俄勒冈州制定了一项禁止妇女日工作时间超过10小时的法律，雇主穆勒的洗衣公司不愿意遵守这个规定，遂在提起的诉讼中主张州法违反了联邦宪法修正案所保护的契约自由，并要求联邦最高法院推翻州的此项立法。几年前的类似的联邦法院关于"罗纳克案"的判决（判例）明显对被告俄勒冈州不利，当时联邦法院已确认纽约州一项限定面包师最长工作时间为每天10小时的法律无效，因为州立法不能严格限制雇主和雇员之间签订合同的权利和自由。不过，联邦法院最终维持了俄勒冈州立法的合宪性而否定了穆勒的诉求。在围绕案件争点的论述中，法院明确采纳了被告辩护律师基于社会调查材料所提出的理由，认为该项保护女性的立法具有不容忽视的必要性，不属于对宪法所规定的劳资之间契约自由的侵犯情形，因为生活事实表明近代产业所带来的紧张感越来越大，妇女的生理结构和特点决定了她们在工作上的劣势，长时间工作将会损害她们的健康、安全，而妇女的生活不仅涉及她们自身，也与人类的繁衍息息相关。除了判决内容对妇女保护的意义之外，该案引人注目之处就在于法院积极运用了社会学法律解释方法。① 以下再通过我国现实生活中的2个真实案例来举例说明并进一步阐述社会学法律解释方法的含义。

案例1：开发商"举报"自己无证卖房起诉业主案

2016年4月25日，西安闻天科技实业集团有限公司（以下简称房地产公司）与购房者签订了"紫杉庄园项目"商品房内部认购合同，认购该房地产公司开发建设的位于长安区兴隆街办西沣路以西紫杉庄园项目商品房。购房者共有12人，买的都是联排别墅。房地产公司与这些人在认购合同中分别约定的内容包括：认购房源销售面积约200平方米，认购房源销售总价172万元；购房者之一李女士选择总房价款100%付款比例，根据付款比例，开发商给予总房价款7折优惠，优惠后总价120.4万元。合同签订当天，购房

---

① 杨知文：《社会学解释方法的司法运用及其限度》，载《法商研究》2017年第3期。

者即缴纳120.4万元购房款，房地产公司出具了收据。然而，2018年2月，购房者们不仅没等来办理购房手续的通知，反而相继收到了开发商发来的《关于处理紫杉庄园内部认购合同的告知函》，称双方当初所签认购合同依法应为无效，随函而来的还有一份民事起诉状。该房地产公司以当初该项目没有商品房预售许可证为由，将十几位购房者起诉至法院，要求确认内部认购合同无效①。

房地产公司的诉讼请求是确认双方签订的《紫杉庄园内部认购合同》无效，理由是在签订合同时，双方均明知该房地产公司开发建设的紫杉庄园项目没有预售许可证，根据《最高人民法院关于审理商品房买卖合同纠纷案件适用法律若干问题的解释》第2条②及《城市商品房预售管理办法》第6条③的规定，双方签订的合同为无效合同，无效合同自始不发生法律效力。2018年4月，该案件在西安市长安区法院开庭审理。

在法庭上，针对开发商的诉讼请求，购房者之一李女士提出了抗辩，并请求法院驳回房地产公司的起诉。李女士认为房地产公司系恶意诉讼，其以所售商品房项目未办理预售许可证为由诉请确认合同无效，该诉求不能成立，应依法驳回，并主张合同系双方真实意思表示，内容不违反法律法规的规定，该合同合法有效，房地产公司已收取了她全部购房款，必须依法依约履行合同义务。李女士指出，该房地产公司在收取全部购房款后迟迟不办理《商品房预售许可证》，又以其欠缺预售证为由起诉确认合同无效，其目的显然是因房价上涨而不愿卖房，希望法院对开发商丧失诚信、恶意追求不正当的巨额利益④的毁约行为，必须予以禁止。但遗憾的是一审法院支持了房地产公司的诉讼请求，判决双方签订的内部认购合同无效。

---

① 两年过去，房价已经涨了几倍，开发商的行为引起争议。
② 出卖人未取得商品房预售许可证明，与买受人订立的商品房预售合同，应当认定无效。但在起诉前取得商品房预售许可证明的，可以认定有效。
③ 商品房预售实行许可制度。开发企业进行商品房预售，应当向房地产管理部门申请预售许可，取得《商品房预售许可证》。未取得《商品房预售许可证》的，不得进行商品房预售。
④ 据购房者计算，被诉时房产售价已是原价格的3倍多。

由于涉案房产已上涨数倍，购房者认为开发商恶意诉讼。于是购房者之一李女士不服一审判决，上诉至西安市中级人民法院。上诉人的代理律师认为，涉案房屋已经具备办理商品房预售许可证的客观条件，房地产公司故意阻挠合同生效条件成就，于办理预售证前夕将其起诉至法院进行恶意诉讼，原判并未对此事实进行认定。同时，上诉人认为，未取得预售许可证所签订的房屋买卖合同属于效力待定合同，并非一律无效。涉案合同是附生效条件的效力待定合同，所附生效条件已经成就，应依法驳回被上诉人的原审诉讼请求。鉴于涉案房屋已经取得商品房预售许可证，上诉人与被上诉人所签订的合同应认定为有效。上诉人还说，类似本案的情况目前西安并非个例，原判严重违背公平正义的价值理念，严重违反法定程序、认定事实严重错误、适用法律错误、不符合诚实信用和公平公正原则，破坏房地产市场正常的经营秩序。请求撤销一审判决，改判确认合同有效。

　　而房地产公司代理律师则认为，不存在开发商恶意阻挠合同生效条件的事实，没有预售许可证的房屋预售合同不属于附条件的合同，根据法律规定就是无效合同。该合同早在2016年就被长安区房管局认定为违法无效合同，要求清退。房地产公司由于资金链断裂，导致客观上不能取得预售许可证。涉案房屋取得预售许可证是在2018年6月8日，而且原审辩论程序已终结。根据《最高人民法院关于审理商品房买卖合同纠纷案件适用法律若干问题的解释》，只有在起诉前取得预售许可证的买卖合同，才能例外地被认定为有效。因此，涉案房屋现已取得预售许可证的事实，对该案预售合同的效力判定没有溯及力。此外，房地产公司不认可上诉人所提效力待定合同、附生效条件已经成就等说法，也不认可上诉人提出的违反诚信、公平公正原则以及破坏市场正常经营秩序的说法，认为合同签订时都知道预售房没有取得预售许可证，对房屋清退的法律风险是明知的，合同无效的原因是双方的过错。请求驳回上诉，维持原判。对于购房者面临的巨额损失问题，房地产公司方面认为，赔偿与合同效力是两个完全不同的问题，购房者可就赔偿问题另案起诉，房地产公司愿意积极配合，商谈赔偿事宜。

2018年12月29日，西安市中级人民法院对这起房屋买卖合同无效纠纷案作出终审判决：撤销一审判决，驳回房地产公司确认合同无效的诉讼请求，认定合同有效。

西安市中级人民法院经审理认为，其一，房地产公司与李女士签订的合同名称虽为"紫杉庄园内部认购合同"，但合同对买卖双方当事人名称、商品房基本情况、商品房价款、付款方式、付款时间等内容进行了明确约定，合同内容已经具备了商品房预售合同的主要条款。房地产公司与李女士在诉讼中也均认可签订商品房预售合同是双方当事人的真实意思表示。

其二，在合同签订当天，李女士即支付了房屋总价款120.4万元。根据《中华人民共和国合同法》（以下简称《合同法》）第44条第1款和《最高人民法院关于适用〈中华人民共和国合同法〉若干问题的解释（二）》（以下简称《合同法解释二》）第1条规定，双方之间形成了商品房预售合同法律关系。而房地产公司在自身合同目的已经实现的情形下，非但不积极履行应尽的合同义务，面对房地产市场出现价格大幅上涨的情况，反而主张合同无效的做法，违背诚实信用原则。房地产公司签约时未取得商品房预售许可证，虽然违反了有关"商品房预售应当取得商品房预售许可证明"的规定，但是并不必然导致其签订购房合同的民事法律行为无效。

其三，该公司作为房地产开发企业，对房屋预售所需符合的条件应当是清楚的，对自身不办理商品房预售许可证即预售商品房行为的违法性应当是明知的。现该公司以自身原因造成的违法事实为由提起本案诉讼，真正目的在于获取超出合同预期的更大利益，其行为显然与社会价值导向和公众认知相悖。为弘扬社会主义核心价值观，彰显司法公正，人民法院对此种行为不应予以支持。

显然，二审法院的判决自觉不自觉地运用了社会学的法律解释方法。社会学法律解释，就是要求法官关注社会影响或社会效果，依据但不必拘泥于法律规范的文字表述和逻辑推演，通过对判决可能产生的社会影响或社会效果进行预测、评估和权衡。也就是说，社会学法律解释方法主张将法律之外的社会影响或社会后果，引入法律解释的考量范围之内，即法官在解释法律的时候，除了法律理由（如维护法律的确定性、安定性、稳定性和权威性）之外，还要考虑社会政治、经济、道德、文化、价值观念等社会因素，对判决后产生的利害关系和社会影响、社会效应、社会后果进行权衡和比较。社会学解释方法具有后果主义的色彩，体现着后果主义论辩①的基本特征。因此，在处理案件时，法官理应对摆在其面前的各种可供选择的裁判规则，以及各种解释所可能造成的后果予以审慎考量，以权衡利弊。法官需要在对立的可能裁判方式所造成的后果之间进行权衡。这就需要对不同的评价指标确定不同的权重，采纳或拒绝一项规则或解释将会导致对社会造成何种程度的负面影响，或者带来多大的积极的正面的效用，都可能会作为考量因素。然后，两害相权取其轻、两利相权取其重。法官选择何种法条或解释不仅要考量裁判结论对当事人的相关利益的影响，还要放眼整个社会，客观理性地分析裁决可能引起的"蝴蝶效应"和所有潜在的后果。这就要求法官对案件的理解和法条的选择和解释要贴近生活实际，反映社会需要和公众要求。法官在裁判案件时，除了考虑法律和个案之外，还必须考虑判决对社会公共利益、公共道德、主流价值观等各种社会因素的影响。在德国，"结果为导向"的法律解释方法被称为"结果导向的法律适用"，即在证成法律裁判时，考量裁判的后果并在给定情况下，根据解释的后果来修正解释。简单地说，古典

---

① 社会学解释作为司法适用层面的方法也体现在根据结果导向的论证而进行的法律解释之中。在此方面，即便是在欧陆国家，尽管法院的职能与英美法院相比更在于依法裁判，而如德国联邦宪法法院这样的机构在作出决定之前仍倾向于考量裁判结果的恰当性问题。他们在实践中常出现的情况是，"不是先要确定解释规则，而是先要形成解释结论，然后才能确定具体应如何适用解释规则，这就是所谓的宪法解释中的结果取向，亦称结果考量、政治后果考察、结果评判论证、价值判断、价值考量等。"例如，在克隆人的宪法争议案中，联邦基本法上的人性尊严条款成为从规范层面反对克隆人技术的基本理由。然而对于克隆人技术是否侵犯人性尊严的争点，在几种传统的解释方法在阐述人性尊严的内涵上显得捉襟见肘时，从可能社会后果考察的论证可成为具有说服力的宪法解释方法。这种来自社会学的法律解释方法所关注的重点是对现实层面影响的深刻关怀，它将眼光投向人类生活，根据客观经验预测与描述可能的后果：如果允许克隆人，人的生产就可以由特定技术来控制，那么基因筛检、胚胎选择将不可避免，进而人种优化、单一化也将不可避免，这必然将损害人性尊严。参见杨知文："社会学解释方法的司法运用及其限度"，载《法商研究》2017年第3期。

法教义学①主张严格依照法律的规定"依法裁判",即通过处理案件事实并借助给定的规则来控制裁判,而后果取向则通过对裁判所导致之效果的期待来调控裁判。这种裁判方法是基于德国法学对传统法律教义学解释规则的质疑而产生的②。显然社会学法律解释倡导"后果主义",与"古典法教义学"相对立。

结合本案,一审判决显然是主张严格依照法律的规定③即倡导"古典法教义学"。一审法院适用《最高人民法院关于审理商品房买卖合同纠纷案件适用法律若干问题的解释》第2条规定,"出卖人未取得商品房预售许可证明,与买受人订立的商品房预售合同,应当认定无效,但在起诉前取得商品房预售许可证明的,可以认定有效。"一审法院审理认为,在该案起诉前,该房地产公司仍然未取得商品房预售许可证,故判决该商品房买卖合同无效。从一审判决适用法律来看,似乎无懈可击。但一审法院没有考虑该判决的社会影响和社会后果,甚至没有考虑判决是否符合诚实信用原则以及法律的基本公平和正义的原则和精神。该房地产公司在自身合同目的已经实现的情况下,非但不积极履行应尽的合同义务,面对房地产市场出现价格大幅上涨,反而主张合同无效的做法,违背诚实信用原则。房地产开发企业,对房屋预售所需符合的条件是清楚的,对自身不办理商品房预售许可证即预售商品房行为的违法性是明知的,现在其以自身原因造成的违法事实为由提起本案诉讼,该行为显然与社会价值导向、公众认知、一般情理相悖。于是,2018年12月29日西安市中级人民法院作出终审判决:一审判决认定事实部分不清,适用法律错误,依法应予改判。根据《中华人民共和国民法总则》(以下简称《民法总则》)第7条④、第

---

① 法教义学与法社会学的争论是近来中国法学界的一件大事,就教义学的观点而言,在法律解释的过程之中,并非不需要考虑社会生活中的现实因素,也不绝对地排斥社会科学的方法,而是要明确地意识到社会科学方法在法律解释乃至司法过程中的限度。
② 陈金钊:"法律人思维中的规范隐退",载《中国法学》2012年第2期。
③ 或者说是机械地适用法律的规定,不考虑判决的社会影响和社会效果,甚至不考虑是否符合法律的公平正义的原则和精神。
④ 民事主体从事民事活动,应当遵循诚信原则,秉持诚实,恪守承诺。

153 条①,《中华人民共和国民事诉讼法》(以下简称《民事诉讼法》)第 170 条第 1 款第 (2) 项②之规定,判决如下:一、撤销西安市长安区人民法院 (2018) 陕 0116 民初 2519 号民事判决。二、驳回该房地产公司的诉讼请求。一审案件受理费 100 元,二审案件受理费 100 元,均由该公司负担。本判决为终审判决。

  西安市中级人民法院经审理认为,双方合同的名称虽为"紫杉庄园内部认购合同",但合同对买卖双方当事人名称、商品房基本情况、商品房价款、付款方式、付款时间等内容进行了明确约定,合同内容已经具备了商品房预售合同的主要条款。因此依据双方的意思表达及房款支付情况,购房者与开发商之间形成了商品房预售合同法律关系。而且李女士已全额向房地产公司支付了购房款,双方亦认可案涉合同为商品房预售合同,故双方形成了商品房预售合同法律关系。房地产公司于签约时虽未取得商品房预售许可证,违反了有关"商品房预售应当取得预售许可证明"的规定,但是并不必然导致其签订认购合同的民事法律行为无效。房地产公司在自身合同目的已经实现情况下,非但不积极履行应尽的合同义务,面对房地产市场出现价格大幅上涨,反而主张合同无效的做法,违背诚实信用原则,也和社会价值导向、公众认知相悖。为弘扬社会主义核心价值观,彰显司法公正,人民法院对此种行为不应予以支持,故改判撤销一审判决,并驳回房地产公司的诉讼请求。显然,二审法院并不拘泥于法律的规定,没有局限于法律精密的逻辑殿堂之内,而是考虑了判决对社会的影响和社会效果,即倡导"后果主义",而这正是社会学法律解释方法核心的含义。

  严格说,房地产公司没有预售许可证卖房,这个房屋买卖合同说无效行不行呢?其实一审说合同无效也是有一定道理的,而且还有法律依据。但问

---

  ① 违反法律、行政法规的强制性规定的民事法律行为无效,但是该强制性规定不导致该民事法律行为无效的除外。违背公序良俗的民事法律行为无效。

  ② 原判决、裁定认定事实错误或者适用法律错误的,以判决、裁定方式依法改判、撤销或者变更。

题是，房地产开发公司没有许可证去卖房，怎么还能自己起诉主张无效呢？"任何人都不能从自己的错误行为中获利"，这是普通人民群众都认可的理，一审居然不予考虑，一审法院或法官拘泥于法律条文的规定而不能自拔，这与本书倡导的社会学法律解释方法背道而驰，显然一审判决不能服众。而二审判决则充分考虑了判决的社会影响和社会后果，充分考虑了广大人民群众的一般情理、公众认知和朴素的正义观。在普通的广大人民群众看来，第一，房地产公司作为卖房的一方，你卖房的时候没有预售许可证，你把房子卖出去了，那是你的错，你现在拿这个东西来说事，说这合同是无效的，这是不能准许的，是非正义的。第二，卖房的开发商处于一个强势的地位，法律的判决应该保护弱者，因此应当朝保护买房人这一方去倾斜。第三，该案的诉因是房价是在上涨的，假如房价不上涨，开发商会这么主张吗？房价没涨的时候也不说解除合同，所以这是一个不诚信的行为，这个行为法律和人民法院是不能支持的。如果法院支持这种不诚信的行为，显然会造成负面的社会影响和社会效果。社会学法律解释方法力求判决既要有法律依据，又要达到良好的社会效果，实现法律效果和社会效果的统一。在本案中，二审法院的判决自觉或不自觉地运用了社会学的法律解释方法。

从社会学法律解释方法的视角来看，人民法院在审理案件时，除了严格依据法律规定外，还必须遵循社会主义核心价值观，维护社会公平正义，充分发挥个案审理和裁判对弘扬法治精神、维护社会秩序、引领社会风尚的重要作用，努力让人民群众在每一个司法案件中感受到公平正义。人民法院作为国家审判机关，应该依法平等保护各类市场主体，对于国有企业和民营企业，小企业和大企业，均一视同仁，平等保护。只要企业合法经营，诚实守信，人民法院将依法维护企业的合法权益，但是不论国有企业还是民营企业试图通过违法经营，违背诚信来谋取不当利益的行为，也必然得不到人民法院的支持。本案二审判决最终驳回改房地产公司的诉讼请求，对于规范房地产市场经营秩序、促进企业建立诚实信用的规则意识，均具有指引意义。

案例2:"甘某不服暨南大学开除学籍处分案"①

2005年,暨南大学华文学院语言学及应用语言学专业2004级研究生甘某,在参加现代汉语语法专题科目撰写论文考试时,第一次提交了《关于"来着"的历时发展》考试论文,被老师认定为是从网络上抄袭的,经批评、教育后被要求重写论文。第二次甘某提交的论文《浅议东北方言动词"造"》,被老师发现与发表于《江汉大学学报》2002年第2期《东北方言动词"造"的语法及语义特征》雷同。2006年3月8日,暨南大学作出了暨学(2006)33号《关于给予硕士研究生甘某开除学籍处分的决定》。甘某不服,向广东省教育厅提了出申诉。2006年5月16日,广东省教育厅作出了《学生申诉决定书》,认为:暨南大学程序违法,影响了甘某的陈述权、申诉权以及听证权。责令暨南大学重新作出处理。2006年6月1日起,暨南大学对该事件进行了调查谈话、并履行了相关的通知义务,随后也让当事人进行了陈述与申辩。2006年6月23日,暨南大学又作出了开除学籍的决定。甘某不服开除处分,将暨南大学作为被告提起行政诉讼。甘某以暨南大学开除学籍决定没有法律依据及处罚太重为由向广州市天河区人民法院提起行政诉讼。请求撤销开除决定。天河区人民法院判决甘某败诉,维持了暨南大学的开除决定。

甘某不服,向广州市中级人民法院提起上诉。经审理,广州市中级人民法院认为:根据《教育法》,暨南大学有权对受教育者进行学籍管理,实施奖励或处分。《普通高等学校学生管理规定》第54条规定:剽窃、抄袭他人研究成果,情节严重的,学校可以给予开除学籍处分。本案中,甘某两次抄袭他人论文作为自己的考试论文,其行为属于抄袭他人研究成果,在任课老师已经指出其错误时,仍然再次抄袭欺骗老师,这种治学态度是很不严谨的。暨南大学认为甘某违规行为属情节严重,主要证据充分,甘某认为其行为属于考试作弊的理由不成立,不予采纳。于是,广州市中级人民法院驳回了甘某的上诉维持原判。甘某向广东省高级人民法院申请再审,并一纸申诉状直

---

① 参见《最高人民法院公报》2012年第7期。

2 社会学法律解释方法概述

接递交到中华人民共和国最高人民法院。申诉状中称：虽然其两次抄袭属实，但该课程考试系开卷，抄袭只能算是违反了考试纪律，应按考试违纪给予处分。该抄袭行为并非《普通高等学校学生管理规定》第54条规定的"剽窃、抄袭他人研究成果"的行为。故暨南大学给予本其开除学籍处分典型属于认定事实不清、适用法律不当、处分程序不合法且处分明显偏重。请求撤销原审判决并撤销开除学籍决定，责令暨南大学重新作出具体行政行为或者直接将开除学籍决定变更为其他适当处分，同时赔偿因诉讼多年而支出的交通住宿等直接开支费用89 601元和因丧失学习机会造成的间接损失及精神赔偿10万元。最高人民法院认为：学生在考试或撰写论文过程中存在抄袭行为应当受到处理，高校也有权依法给予相应处分。但高校对学生处分应遵守《普通高等学校学生管理规定》第55条规定：做到程序正当、证据充分、依据明确、定性准确、处分恰当。特别是在对违纪学生作出开除学籍等直接影响受教育权的处分时，应当坚持处分与教育相结合的原则，做到教育为本、罚当其责，并使违纪学生得到公平对待。判决暨南大学对甘某"开除学籍"的处分"应予撤销"。

该案历经一审、二审，最后由最高人民法院提审作出判决。一审人民法院认为，甘某抄袭他人论文作为课程论文提交，被任课教师发现批评教育后第二次提交论文又是抄袭的，因此，暨南大学根据《暨南大学学生管理暂行规定》第53条第5项和《暨南大学学生违纪处分实施细则》第25条开除甘某的学籍于法有据，故判决甘某败诉。甘某不服判决，提起上诉，二审人民法院维持原判。尔后，甘某逐级申诉。最后由最高人民法院提审。而最高人民法院判决暨南大学对甘某"开除学籍"的处分属于"适用法律错误"，"应予撤销"。

以下对该案用社会学法律解释方法进行剖析，以此举例说明社会学法律解释方法的含义。

社会学法律解释方法的适用前提是所适用的法律条文存在复数解释，如果所适用的法律条文只有一种解释①则不能采用社会学解释方法。那我们首先

---

① 例如法律条文"不满十八周岁的人不适用死刑"只有唯一的解释，不存在复数解释。

· 19 ·

要找到本案所适用的法律条文。虽然该案暨南大学对甘某作出开除学籍的纪律处分所依据的是《暨南大学学生管理暂行规定》第53条第（5）项和《暨南大学学生违纪处分实施细则》第25条。但《暨南大学学生管理暂行规定》第53条第（5）项和《暨南大学学生违纪处分实施细则》第25条，均系依据《普通高等学校学生管理规定》第54条第（5）项的规定而制定。因此该案所适用的法律条文是《普通高等学校学生管理规定》第54条第（5）项的规定："剽窃、抄袭他人研究成果，情节严重的，学校可以给予开除学籍处分"。《普通高等学校学生管理规定》是教育部制定的部门规章，在广义上属于"法律"的范畴[1]。

本案诉讼双方当事人争议焦点在于：

第一点，甘某的抄袭、剽窃论文行为是否就是《普通高等学校学生管理规定》第54条第（5）项规定的"剽窃、抄袭他人研究成果"。

第二点，即便甘某的抄袭、剽窃论文行为就是《普通高等学校学生管理规定》第54条第（5）项规定的"剽窃、抄袭他人研究成果"，那是否达到了该法律条文规定的"情节严重"的程度。

实际上，《普通高等学校学生管理规定》第54条第（5）项的规定："剽窃、抄袭他人研究成果，情节严重的，学校可以给予开除学籍处分"存在复数解释。

第一种解释，剽窃、抄袭他人研究成果既包括公开发表的学术论文或著作，也包括高等学校的学生提交的课程作业或课程论文。如果第一次受到教师批评后，第二次仍然屡教不改，继续提交的论文又属于剽窃、抄袭他人研究成果，那就应该属于情节严重。

第二种解释，剽窃、抄袭他人研究成果是指高等学校的学生公开发表的学术论文或著作，不包括提交的课程作业或课程论文。

---

[1] 法律有狭义和广义之分，狭义的法律仅只全国人民代表大会及其常委会制定的规范性的法律文件，即宪法、基本法律（如合同法、物权法、刑法等）和基本法律以外的其他法律（如治安管理处罚法、交通安全法等）。而广义的法律除了全国人民代表大会及其常委会制定的规范性的法律文件外，还包括国务院制定的行政法规、国务院各部委制定的部门规章以及地方人大及其常委会制定的地方性法规等。

然后，预测、比较和权衡这两种解释所导致的判决的社会效果。

第一种解释所导致的判决的积极的社会效果是有力地打击高等学校的学生剽窃、抄袭他人研究成果的行为，有利于保护知识产权，鼓励知识创新和发明。那消极的社会效果就是可能导致剥夺高等学校学生的受教育权。

第二种解释所导致的判决的积极的社会效果保护了高等学校学生的受教育权。但消极的社会效果是不利于打击高等学校的学生剽窃、抄袭他人研究成果的行为，不利于保护知识产权，不利于知识创新和发明。

针对以上两种解释导致的判决的社会效果进行权衡，两利相权取其重、两害相权取其轻。保护知识产权，有利于知识创新和发明，故有利于社会的发展和科技的进步。但受教育权是宪法赋予每个公民的基本权利，对公民个人未来的生存和发展起着至关重要的作用和影响。一般来说，如某个行为规则所允许的解决方案对公民基本权利的影响越大，或所涉及的基本权利越重要，则对剥夺公民某项基本权利的法律解释和法律限制也应越严格。也就是说，此种情况下对剥夺公民的受教育权施予更大的限制，对其进行的法律解释和司法审查也应更为严格。因为受教育是每个人接受一定价值观念、专业知识和生活生产技能来促进个人人格发展和实现社会化的必要途径，可以说，受教育过程中获得的生存的观念、知识和技能则是每个人将来独立谋生的必要准备。因此从本案来看，因为《普通高等学校学生管理规定》第54条关涉学生是否能够继续在高校接受教育，因此，对于其受教育权利有重大影响的"开除学籍"处分的法律解释和司法裁量理应受到更为严格的控制。

法律特别是行政法①，不仅是维持社会公共秩序的规范，而且同时也是界定公共权力边界的规范，其目的是要求行使公共权力的人员平等地保护每个公民的生命、健康、安全、财产、自由以及追求幸福的权利，不得滥用职权。作为《普通高等学校学生管理规定》，其目的不仅是规范普通高等学校

---

① 行政法是我国七大法律部门之一（宪法法律部门、行政法法律部门、民商法法律部门、刑法法律部门、经济法法律部门、社会法法律部门、诉讼与非诉讼程序法法律部门）。行政法是调整行政管理关系的法律规范的总称。《普通高等学校学生管理规定》显然属于行政法。

的管理行为，而且是为了保障学生的合法权利，特别是受教育权不被损害提供法定的界限。就本案涉及的纪律惩戒而言，其核心判断应该在于对其抄袭行为的惩罚是否属于罚当其过的判断。如果这样，我们可以主张：其适用的《普通高等学校学生管理规定》第54条第（5）项必须受到另一个原则的限制，即《普通高等学校学生管理规定》第55条规定："特别是在对违纪学生作出开除学籍等直接影响受教育权的处分时，应当坚持处分与教育相结合原则，做到育人为本、罚当其责，并使违纪学生得到公平对待。"这意味着：当处理开除学籍等直接影响受教育权的处分时，因为受教育权是宪法赋予每个公民的基本权利，对每个人的生存和发展起着非常重要的影响和作用，因此必须对剥夺公民的受教育权进行严格的限制并司法审查。此外，对学生的处分应该符合比例原则，手段和目的合比例，在数个相同有效的惩戒手段中选择对关系人损害最小的惩戒手段。高等学校可以通过其他损害较小的纪律处分，如记过、记大过、留校察看等，给学生认识和改正错误的机会，并观其后效，也可以达到相同或基本相同的惩戒目的。

基于以上权衡，最高人民法院审理认为，高等学校学生应当遵守《高等学校学生行为准则》《普通高等学校学生管理规定》，并遵守高等学校依法制定的校纪校规。学生在考试或者撰写论文过程中存在的抄袭行为应当受到处理，高等学校也有权依法给予相应的处分。但高等学校对学生的处分应遵守《普通高等学校学生管理规定》第55条规定，做到程序正当、证据充足、依据明确、定性准确、处分恰当。特别是在对违纪学生作出开除学籍等直接影响受教育权的处分时，应当坚持处分与教育相结合原则，做到育人为本、罚当其责，并使违纪学生得到公平对待。违纪学生针对高等学校作出的开除学籍等严重影响其受教育权利的处分决定提起诉讼的，人民法院应当予以受理。人民法院在审理此类案件时，应依据法律法规、参照规章，并可参考高等学校不违反上位法且已经正式公布的校纪校规。

《暨南大学学生管理暂行规定》第53条第（5）项规定，剽窃、抄袭他人研究成果，情节严重的，可给予开除学籍处分。《暨南大学学生违纪处分实施细则》第 25 条规定，剽窃、抄袭他人研究成果，视情节轻重，给予留校察看或开除学籍处分。暨南大学的上述规定系依据《普通高等学校学生管理规定》第 54 条第（5）项的规定制定，因此不能违背《普通高等学校学生管理规定》相应条文的立法本意。于是，最高人民法院对《普通高等学校学生管理规定》第 54 条第（5）项的规定："剽窃、抄袭他人研究成果，情节严重的，学校可以给予开除学籍处分"作出了解释，即"剽窃、抄袭他人研究成果"，系指高等学校学生在毕业论文、学位论文或者公开发表的学术文章、著作，以及所承担科研课题的研究成果中，存在剽窃、抄袭他人研究成果的情形。所谓"情节严重"，系指剽窃、抄袭行为具有非法使用他人研究成果数量多、在全部成果中所占的地位重要、比例大、手段恶劣，或者社会影响大、对学校声誉造成不良影响等情形。

最高法院认为，甘某作为在校研究生提交课程论文，属于课程考核的一种形式，即使其中存在抄袭行为，也不属于该项规定的情形。因此，暨南大学开除学籍决定援引《暨南大学学生管理暂行规定》第 53 条第（5）项和《暨南大学学生违纪处分实施细则》第 25 条规定，属于适用法律错误，应予撤销。一、二审法院判决维持，显属不当，应以纠正。2011 年 10 月 25 日，最高人民法院判决：撤销一审、二审判决，确认《开除学籍处分决定》违法。

从最高人民法院判决书的表述来看，因为甘某提交课程论文属于课程考核的形式，其抄袭行为不属于在毕业论文、学位论文或者公开发表的学术文章、著作，以及所承担科研课题的研究成果中的抄袭行为，因此不属于《普通高等学校学生管理规定》第 54 条第（5）项规定的"剽窃、抄袭他人研究成果"。

对比中级人民法院的判决书："本案中，甘某两次抄袭他人论文作为自己的考试论文，其行为属于抄袭他人研究成果，在任课老师已经指出其错误行为后，甘某仍然再次抄袭欺骗老师，这种治学态度是很不严谨的。暨南大学认为甘某违规行为属情节严重，主要证据充分，甘某认为其行为属考试作弊的理由不成立，不予采纳。"而最高人民法院认定的情节严重"系指剽窃、抄袭行为具有非法使用他人研究成果数量多、在全部成果中所占的地位重要、比例大，手段恶劣，或者社会影响大、对学校声誉造成不良影响等情形"。显然，从判决书的表述来看，中级人民法院认定"情节严重"是基于甘某本人的研究生身份和抄袭的次数，而最高人民法院则侧重于抄袭的"量"与"行为的后果"。作为研究生，课程抄袭论文和普通大学生考试时的抄袭行为严重性是不同的，一方面甘某作为接受研究生教育的学生，同时，她也是科学研究群体中的一员，其学习并不是接受既有的知识，其学习成果也并不是复述既有的知识，而是需要作出一定独创性的研究，这些研究成果最终体现为学术论文或毕业论文，同时也体现为每一次课程论文的写作。因此，就暨南大学和中级人民法院而言，甘某在任课老师已经指出其错误行为后依然再次抄袭，其行为可谓相当严重；而最高人民法院却并不赞同。最高人民法院认为，面对此类不确定法律概念如"情节严重"作出社会学法律解释时，必须要考虑到各种利益和价值的权衡，即在相冲突的利益之间作出最佳的和最合乎正义的平衡，认真负责地作出与个案的具体情况相适应的裁定或判决。

不仅是甘某案，诸多涉及纪律惩戒的案件中，其结果大多是保障学生受教育权利的宽容的法院（特别是等级较高的法院如最高人民法院）和损害学生受教育权的严厉的大学之间鲜明的对照。法院秉持着"育人为本"之道，而大学却"走向其反面"。在判决的最后，最高人民法院得出结论："暨南大学对于甘某的开除学籍的纪律惩戒具有违法性，应予撤销"。在这个案件的判决中，最高人民法院就是在学生的受教育权的保护和知识产权的保护，或者说是学生受教育权的侵害和知识产权的侵害之间进行权衡，两利相权取其重，两害相权取其轻，最后对《普通高等学校学生管理规定》第54条第（5）项规定："剽窃、抄袭他人研究成果，情节严重的，学校可以给予开除学籍处分"中的"研究成果"和"情节严重"作出了权威的社会学的解释。

笔者支持最高人民法院运用社会学法律解释方法，通过利益权衡和价值判断作出的合理的判决，毕竟受教育权是宪法赋予每一个公民的基本权利。

但美中不足的是,最高人民法院的判决似乎大大消减了甘某抄袭行为的不当性。在笔者看来,"甘某的行为是抄袭行为,但其行为的情节尚不足以严重至开除学籍"才是最恰当的判决,至少,法院与大学对于甘某的抄袭行为(无论在大学还是在法庭)都应该承认其应得到不当性或否定性评价。毕竟,在科技发展和知识信息时代,知识产权的保护也是非常重要的社会利益。正如英国法学家尼尔·麦考密克指出:"法官对利益和价值衡量的过程中不能只看到单一的价值和利益,要综合考量和权衡各种相互冲突的利益和价值,确认一个更重要的价值和利益作为优先地位,同时也要确保能够对被衡平掉的利益和价值的损害降到最小的方式运作。"[①]

综上所述,法院对于"甘某不服暨南大学开除学籍处分案"的判决,涉及对《普通高等学校学生管理规定》第54条第5项规定:"剽窃、抄袭他人研究成果,情节严重的,学校可以给予开除学籍处分"的法律解释。对于"剽窃、抄袭他人研究成果,情节严重的,学校可以给予开除学籍处分"的法律解释存在复数解释即2种解释。对于该法律条文,法院或法官选择不同的解释会导致不同的判决结果和不同的社会影响和社会效果。

第一种解释,即一审和二审法院的解释,即《普通高等学校学生管理规定》第54条规定"学生有下列情形之一,学校可以给予开除学籍处分:……(四)由他人代替考试、替他人参加考试、组织作弊、使用通信设备作弊及其他作弊行为严重的;(五)剽窃、抄袭他人研究成果,情节严重的。"第(5)项对于"剽窃、抄袭他人研究成果"没有作出任何限定条件,应当解读为没有限定。《中华人民共和国著作权法》(以下简称《著作权法》)第四节"对著作权的限制"下的第22条、第23条没有列举学生考试、考核的情形。那么结论就是,甘某在课程考核论文中使用他人已经发表的论文,就是剽窃、抄袭他人研究成果的行为。而且,甘某抄袭他人论文作为课程论文提交,被任课教师发现批评教育后,第二次提交论文仍然是抄袭的,故属于"情节严重"。法院选择这一解释导致判决开除甘某学籍的社会影响

---

① [英]尼尔·麦考密克:《法律推理与法律理论》,姜峰译,法律出版社2005年版,第105页。

或后果至少有两个：一个是消极的影响，即剥夺了公民的受教育权，而受教育权是宪法赋予公民的基本权利。另一个是正面的影响：打击一切剽窃、抄袭他人研究成果的行为，有利于知识产权的保护，鼓励知识创新和发明。

第二种解释，即最高人民法院的解释。最高人民法院对于《普通高等学校学生管理规定》第54条第（5）项规定："剽窃、抄袭他人研究成果，情节严重的，学校可以给予开除学籍处分"作了限制性的解释，即"剽窃、抄袭他人研究成果"系指"高等学校学生在毕业论文、学位论文或者公开发表的学术文章、著作，以及所承担科研课题的研究成果中，存在剽窃、抄袭他人研究成果的情形"。所谓"情节严重"，系指"剽窃、抄袭行为具有非法使用他人研究成果数量多、在全部成果中所占的地位重要、比例大，手段恶劣，或者社会影响大、对学校声誉造成不良影响等情形"。而甘某作为在校研究生提交课程论文，属于课程考核的一种形式，即使其中存在抄袭行为，也不属于该项规定的情形。因此法院选择第二种解释导致的判决的社会影响或后果也至少有两个：一个是正面的影响，即保护了公民的受教育权，而受教育权是宪法赋予公民的基本权利。另一个是负面的影响：不利于打击剽窃、抄袭他人研究成果的行为，不利于知识产权的保护，不利于知识创新和发明。

无论法院作出第一种解释还是第二种解释，都是法律文本即《普通高等学校学生管理规定》第54条第5项规定："剽窃、抄袭他人研究成果，情节严重的，学校可以给予开除学籍处分"的文义涵摄的范围之内。法官要对该法律文本的解释涉及的利益和价值进行权衡，然后选择一个优先的利益和价值，并将被平衡掉的利益和价值的损害降到最小，以达到最佳的社会效果。而这正是社会学法律解释方法的重要内涵。在本案中，主要涉及公民的受教育权的保护和知识产权的保护的权衡，法院通过对判决可能产生的社会影响或社会效果进行预测、评估和权衡，两利相权取其重、两害相权取其轻，然后选择能够达到最佳社会效果的法律解释，这正是社会学法律解释方法的含义。

2.2 社会学法律解释方法产生的背景

　　社会学法律解释方法运用的是社会学方法，是社会学的研究方法进入法律解释领域而形成和发展起来的一种新的法律解释方法。社会学法律解释方法源于社会学法学的发展。20世纪初，为克服僵化的概念法学，社会学法学或者社会法学派应运而生，随后社会学方法开始进入法律解释领域，社会学法律解释方法也就应运而生。社会法学派又称为法社会学或社会学法学，是法学与社会学的一门交叉学科，是用社会学的理论和方法来认识和研究法律问题，其特点是注重研究法律的社会效果，强调法官的自由裁量权。而社会学法律解释方法是将社会学方法运用于法律解释之中，在法律条文可能具有的文义范围之内，预测并比较不同解释可能产生的不同的社会效果，选择能够实现最佳社会效果的解释的一种法律解释方法。显然，我们可以发现社会学法律解释方法和社会法学派的紧密联系。

　　人类社会与自然界一样存在规律。人们需要发现社会结构与社会行为的规律，并依据规律进行治理。但是社会学法律解释作为法社会学的一个分支并不研究抽象的、放之四海而皆准的规则。社会学法律解释方法试图寻求法律领域内契合国情和社会现实的法律规则，而不是片面强调法律的普适性。它的出发点是：法律是地方性的、语境化的社会行为规范，是长期检验过的理性规则和生活经验的结合。法律受人文和自然（如地理环境）的双重影响，隐含了民族性、社会传统与文化观念的基因，这就决定了不同时空的法律都具有本土性、地方性特征，而我国是一个幅员辽阔的多民族的社会经济发展不平衡的大国，因此在司法实践中法官必须通过自觉运用社会学法律解释方法，才能使一般的法律适用各地不同的经济发展状况和社会情景。孟德斯鸠《论法的精神》的副标题是"或论法律与各类政体、风俗、气候、宗教、商业等等之间应有的关系",形象地说明了法律与社会其他领域的互动。①

从社会背景来看,社会学法律解释方法的研究和运用多兴盛于经济和社会转型期,因为在社会转型期社会生活和社会关系变动不居,许多新生事物层出不穷,许多新型复杂的案件不断呈现,需要通过运用社会学法律解释方法使僵死的法律适应新的社会需要而焕发生机。我国改革开放以来比较快速的社会转型,同样促进了我国社会学法律解释方法的研究和运用。

从整个世界来看,在17世纪至19世纪,西方社会处于相对平稳发展的自由资本主义阶段,此时分析法学或概念法学盛行。分析法学或概念法学强调司法中法官只对实在法(国家制定的法律)进行逻辑分析,而不作任何价值判断,即不考虑法律背后的价值追求。在分析法学派看来,在一个法治社会里,法律具有至高无上的权威,法律必须得到一体的适用,而法官就是谙熟法律概念、法律规则和法律原则的"工匠",他们要确保法律的确定性、一致性和安定性。但是,进入20世纪(尤其是第二次世界大战结束)以来,社会经济条件发生了巨大变化,工业化、城市化的发展、科学技术的巨大进步以及生产力整体水平的迅速提高,社会日益流动化、复杂化,社会生活和社会关系急剧变化,传统的秩序机制逐渐失灵。从社会转型的视角来看,在19世纪末20世纪初正是西方社会从自由资本主义阶段向垄断资本主义阶段过渡,经济危机频繁发生,社会矛盾加剧、社会生活动荡,适应于相对稳定的自由资本主义阶段的分析法学、概念法学或机械法学受到挑战、质疑和批判。社会转型也导致法官的思维方式的转型,即"从概念思维到类推思维"的转型,"从法体系思维到个案裁判思维"的转型,"从一般法律公正到个案裁判公正"的转型,"从抽象的法律价值思维转变到现实的社会目的思维"的转型等。此时,主张法律源于社会又服务于社会的利益法学、现实主义法学等法社会学思潮应运而生,表现在司法上就是更强调现实世界对司法的影响,社会价值、社会利益和社会效果就成了解释和适用法律的重要标准和要求。② 于是

---

① 转引自谢鸿飞:"建构中国风格的法律社会学",载《人民日报》2015年7月14日。
② 袁春湘:"社会学解释方法在案件裁判中的运用",载《法律适用》2011年第11期。

倡导法律的社会目的、社会利益（社会福利）和社会效果的理论和实践的趋势不断增强，这成为社会学法律解释方法得以应用并蓬勃发展的经济基础和社会背景。

从理论渊源来看，法社会学是社会学法律解释方法产生的理论背景。奥地利法学家埃利希[①]于1903年发表《法的自由发现与自由法学》和1912年发表的《法的社会学基础》直接影响了社会学法律解释方法的产生和发展。将社会学方法引入法律解释领域，是以埃利希为代表的自由法学的贡献。[②]埃利希批判法学界过于依赖制定法的传统，他指出，如果我们认为制定法就是一个国家的全部法律的话，那是非常荒谬的，因为影响一个国家真正秩序的是比制定法内容更为丰富的活法。他指出："努力将一个时代或一个民族的法律装进法典，犹如将一股水流限制在一个池塘里一样。被放入池塘的水不再是活的水流，而是死水一潭，而且只有极少的水能够放进池塘。如果有人认为，在法典通过的那一刻，活法已经超越了这些法典中的每一个，并且终止了同它们的亲密关系，那么他必然意识到，到那时为止，活法的庞大内容还是尚未开垦过的活动领地，此点正为现代法律研究者所认同。"[③] 可见，制定法中的各种法律命题并不能呈现法律的完整图景，与法庭所执行的法律形成鲜明对比的是大量活法的存在。即便活法没有被写进制定法或者判决书，它仍是切实支配社会生活本身的法律[④]。因此，埃利希认为，必须由对社会生活的直接观察来补充司法裁判，也就是说，在裁判过程中运用社会学方法。

埃利希强调法源于社会又服务于社会，社会的需要是法律发展的动力源泉，因此，法官应该自由地探求社会生活中的法律。此后，社会学方法被运用于法律解释领域，几乎成为一种风尚。社会学方法运用于法律解释领域的典型

[①] 欧根·埃利希（Eugene Ehrlich）是奥地利著名法学家，他终生致力于法学理论的研究和创新，笔耕不辍，被公认为"法律社会学之父"，对法社会学这一法学流派的创立立下了汗马功劳。他所提出的"活法"论在19世纪末20世纪初传统实证分析法学派统领法学潮流的时代充满了创新精神，散发着激情和活力，在西方法学史上留下了浓重的一笔。

[②] 武飞："社会学解释：一种'自由'的裁判方法"，载《学习与探索》2010年第6期。

[③] 埃利希：《法律社会学基本原理》，叶名怡、袁震译，九州出版社2007年版，第1067页。

[④] 埃利希：《法律社会学基本原理》，叶名怡、袁震译，九州出版社2007年版，第1077页。

案例是美国 1908 年缪勒诉俄勒冈州限制妇女劳动时间法律违宪案。该案中，政府的辩护律师布兰代斯采用不同于以往案件的辩护方式，没有将辩护的重点放在州对妇女劳动时间进行限制的合法性上面，而是将重点放在如何论证限制妇女劳动时间法案的社会效果上，在其辩论概要中采用了社会学解释方法对限制妇女劳动时间的必要性进行了详细的论述。在该案中，布兰代斯取得了胜诉，并且美国联邦最高法院采纳了布兰代斯的观点，判决也取得了良好的社会效果。

法社会学的基本研究方法，即不是单纯研究"书本上的法"或"法条中的法"，而是研究社会实践中的法，即司法过程中的法。社会学法律解释方法在法社会学的创始者埃利希的著作《法的自由发现与自由法学》（1903年）的问世以后开始受到关注。埃利希之所以被中外法学界公认为法社会学的创始者，在于他对法律概念和法律来源的解释不同于传统的观念。他既否定古典自然法学学说把法说成是人类理性、公平正义之术，也否定分析实证主义将法作为主权者的命令、一种严密的规范体系。他主张国家官员，尤其是法官不应受立法的约束，而必须去自由地发现生活中的法律，根据具体案件的具体情况，创造性地适用法律。他认为社会生活在不断地发展变化，法律规范（成文法）在第一次制定出来的时候，从本质上说是不完整的，一旦被制定出来，实际上就变成陈旧的东西了，既难适应目前的需要，更不能适应未来社会的发展。为了论证"法社会学"的合理性，埃利希提出了法律发展的重心在于社会本身这一著名的法社会学的命题。他明确提出，在法律发展过程中，国家立法活动的作用是极其有限的，国家立法仅是法律中很小的一部分，而社会生活本身才是法律发展的决定因素。法律来源于社会，又服务于社会，而社会是不断发展变化的。所以法也不应该一成不变，而应体现为"活法"。既然如此，在司法活动中，法官当然不能为法律条文所束缚，必须去自由地发现这些"活的法律"①。而法学的任务，同样在于研究这些

---

① 作为法律解释方法的一种，社会学解释是指将社会学方法运用于法律解释之中，通过对解释的社会效果的预测和衡量来选择最佳答案。根据自由法学的观点，社会中存在一种反映真实社会生活的"活法"，司法过程应运用社会学方法，探求适应当下社会关系的解释结果。参见武飞：社会学解释：一种'自由'的裁判方法"，载《学习与探索》2010 年第 6 期。

"活的法律"。法律人的思维无论多么神秘,一个简单不变的道理是:法律不是用来滋生法学概念的,而是用来解决社会问题的;法律不是在创建各种法学理论体系中完善的,而是在应对各种具体、复杂且变动不居的社会生活过程中丰富和发展起来的。由此,评价法律的最终标准不是法律或法学自身提供的标准,哪怕是发达的西方法治国以普适价值的名义所提供的标准,而是真实的社会生活所提供的标准,而且就是使得法律之所以成为法律的那个具体社会的标准,即所谓法律乃是"地方性知识"。这样一种思考与其说是一种法律现实主义或法律实用主义的思考,不如说就是法律社会学的基石。法律人建构的法律概念体系或法学理论体系,就像生长在社会土壤之中的大树,只有能够有效解决社会面临的问题,满足社会不断变化的现实需要,从社会中汲取营养,才能茁壮成长,生生不息。无论我们从美国、德国、法国、日本等移植多少法律概念、法律规则、学说教义和理论思想,能否成长为"中国的"法律,取决于它们如何回应中国社会的问题,在中国社会的土壤中如何生根和发芽。法律不是在社会之外,而应当在社会生活之中。法律无论怎么复杂,都是用来平衡社会利益、解决社会矛盾的。这样看来,法社会学与其说是一种研究方法,不如说是一种问题意识。法社会学也许不一定是法学研究中共同使用的方法,但却应当成为法学研究中共同的问题意识。我们无论在立法过程中,还是在司法过程中,无论用教义学的方法解释法律,还是用法律经济学方法来理解法律,都必须回答一个共同的问题:我们为什么要如此制定法律?为什么要如此解释法律?这样解释究竟要解决什么问题?这样解释的社会后果是什么?这样解释会如何改变人们的行为预期?这样解释会对广大人民群众产生正面的积极的影响,还是消极的负面影响?这样解释哪些人获益、哪些人受损?这样解释的正当理由究竟是什么?这样解释会对社会的公共利益、公共道德和社会主流价值观带来积极的还是消极的影响?等等。对这些问题的回答肯定存在着分歧,但正是法社会学让我国形成一种共同的问题意识和讨论的基础,并努力在社会转型时期寻求既能够实现法律效果,又能够实现社会效果的司法方法,这其中就包括社会学法律解释的方法。①

埃利希主张要在司法实践中寻找"活的法律",即要寻找在实践中支配人们生活的法。这就要求法官在审判中不能拘泥于法律条文,还要考察社会生活中的风俗习惯、交易惯例、公共政策、公共道德、社会的主流价值观等,此即所谓"自由地发现法律",从而找到符合社会一般情理和法律的公平正义的要求的案件解决的办法。埃利希在其所著《法律社会学基本原理》一书中指出:"无论现在和其他任何时候,法律发展的重心不在立法,不在法学,也不在司法判决,而却在社会本身。"② 埃利希指出法律发展的重心不在立法和司法,而在社会本身,这确实是一种独到的见解。埃利希认为,人们真正的行为准则是职业道德和商业习惯等,社会制裁(丧失荣誉等)甚至比国家的法律制裁更为严厉。总之,埃利希将法律研究的重点引向了广阔的社会生活,研究的对象不再是单纯的抽象法律条文,而是法律赖以存在的社会基础,即能够实现最佳社会效果的"活"的法律。

埃利希的活法思想之所以受到当时普遍的关注,是因为19世纪末的西方资本主义国家普遍进入垄断资本主义阶段,社会生活急剧变迁,旧有的法律规范已经难以适应新时代经济生活的要求。在人们对新秩序和新思想热切期盼之时,埃利希等思想家们从社会学的视角来审视法律问题,提出了"活法"理论,这不仅是法学理论的创新,也是法学方法的创新。因此,将社会学方法运用到法律解释,并使其鲜明地成为司法裁判的重要考量和因素,得益于利益法学、自由法学、现实主义法学等法社会学的兴起。正如我国台湾学者杨仁寿指出:"社会学的法律解释在自由法运动及法社会学诞生以后,始为法学者所运用。"③ 在分析法学或概念法学盛行的时代,过于强调司法判决要严格按照"三段论"的逻辑推演,强调根据法律条文的文义即字面意义的解释,排除法律以外的政治、经济、道德、传统习惯等社会因素的考量。

---

① 强世功:"中国法律社会学的困境与出路",载《文化纵横》2013年第5期。
② 转引自赵震江主编:《法律社会学》,北京大学出版社1998年版,第14页。
③ 杨知文:"社会学解释方法的司法运用及其限度",载《法商研究》2017年第3期。

但是，随着西方社会经济转型，即从自由资本主义阶段向垄断资本主义转变，从强调"守夜人"的政府角色、契约自由、私人财产神圣不可侵犯、个人利益至上，转向强调对契约自由和私人财产自由处分的限制、社会利益和公共利益的保护、主动干预社会的政府角色的转变。此时，面对社会生活的巨大变化以及社会不断发展变化的趋势，为了解决现实社会的矛盾和纠纷，司法者自觉或不自觉地运用社会学法律解释方法于司法实践中。

社会法学派的创始人埃利希认为，法比国家出现得更早，国家制定和执行的法仅是法中很小的一部分。即使在现代，国家对法所起的作用也是有限的，而大量存在的是"活"的法。这种法不同于国家执行的法，而是社会组织的内在秩序。尽管这种法在法律命令中没有地位，但它却支配着社会生活本身。人们生活在无数复杂的法律关系中，但除少数人外，都自愿履行这些关系所赋予的义务，如履行父亲或丈夫的义务，尊重他人财产，清偿债务，等等，其动机并不是出于害怕国家的强制。为了研究"活"的法，他认为要注意各种法律文件和判例，并观察社会生活、商业习惯等，不论它们是否为国家的法律所承认。从法律事实中得到法律命题是法官的主要功能，而社会纠纷种类繁多，需要裁决的案件无法与可供使用的法律命题一一对应。正因为如此，法官的裁判极少是直接基于与法律事实对应的法律条文作出的，而更多地是以法官独立发现的裁判规范而作出的。因此，埃利希将法律分为两种，一种是"死"的法律，即各种法律文本，它们是对判决的一种预测；另一种是"活"的法律。所谓活的法律就是社会生活中的法律，即法官根据社会生活的变化，以及具体案件的具体情况作出的达到最佳社会效果的判决。[①]显然，埃利希所讲的"活的法"的观点，抹杀了法律规范与非法律的社会规

[①] 埃利希的活法思想与社会学法律解释有密切的联系。可以说埃利希是较早论述社会学法律解释方法的学者之一。埃利希的活法思想对我国法治建设有重要借鉴意义。在中国，社会效果的好坏一直被认为是评价判决质量的重要指标，从古至今，莫不如此。这可能是传统乡土社会中法律渊源多元化的结果。这种对社会效果的关注，给予了在传统法律方法理论中被认为不太常用的一种解释方法更为广阔的适用空间，这就是被埃利希称为"自由的裁判方法"的社会学解释方法。参见武飞："社会学解释：一种'自由'的裁判方法"，载《学习与探索》2010年第6期。

范的界限，缩小了国家在法的制定和执行中的作用，也抹杀了习惯与习惯法、法学和社会学之间的区别。埃利希活法理论的出现为当时缺乏创新性的法学发展注入了一股新鲜的血液，从而为后来的众多法学思想的产生提供了启迪和借鉴，例如霍姆斯大法官在其名著《普通法》中指出："法律的生命是经验而不是逻辑。被感受到的该时代的需要，流行的道德和政治理论，公认的或无意识的对公共政策的直觉知识，都比演绎推理来得更重要"。[1] 庞德认为法律首先是协调社会利益的工具，法官是权衡这些利益的社会工程师。美国社会法学派的代表弗兰克指出，法律永远是不确定的，法律的确定性是法律的神话，因为法律来源于社会，又服务于社会，而社会生活却是在不断的变化中。因此弗兰克把法律分为两种，一种是死的法律，即本本上的法律；另一种是活的法律，所谓活的法律就是法官参考法律规则，重点考虑法律原则和精神以及具体案件的具体情况作出符合这种情况的最佳的社会效果的判决。这些著名的法社会学的思想家的学说，为社会学法律解释方法在司法中的运用提供了理论上和学术上的支撑。

2.3 社会学法律解释方法与文义解释等其他法律解释方法的关系

社会学法律解释方法是社会学方法在法律解释领域的运用。所谓社会学方法，是指结合特定社会在某一特定时期的社会目标、经济发展、价值观念、思想潮流、社会需要、风俗习惯等情况，而研究社会发展规律的方法。[2] 社会学方法为法律解释提供充足的实证材料和方法论的支持。社会学法律解释方法不同于文义解释、目的解释、体系解释等其他法律解释方法，在于其他

---

[1] [美] E. 博登海默：《法理学：法律哲学与法律方法》，邓正来译，中国政法大学出版社 2004 年版，第 159 页。

[2] 王利明：《法学方法论》，中国人民大学出版社 2012 年版，第 441 页。

的法律解释方法仍然局限于法律的"殿堂"之内,而社会学法律解释方法则站在法律的殿堂门口眺望外面瞬息万变、纷繁复杂、丰富多彩的世界,即在文义解释等其他法律解释的基础上,关注并考量社会公共利益、社会效果、风俗习惯、社情民意、公共政策等法律之外的社会学因素。

社会学法律解释方法是一种在法律框架之内实现判决的法律效果与社会效果相统一的法律解释方法。它通过对解释结果可能引起的社会效果进行预测,从而对具体的案件事实以及事实与规范之间的法律关系进行法律解释,将个案的法律适用与整体的社会政治、经济、文化相适应。与其他法律解释方法相比,它是一种以"结果为导向"的法律解释方法[①],将解释结果可能引起的社会影响和社会效果纳入案件判决的考虑范围。与其他法律解释方法相比,社会学解释方法的特点就在于,它关注的是法律文本运行所处的社会环境因素,使得法律能够与当下的社会生活直接发生作用,其"通过对可能产生的社会效果进行预测,进而对特定案件事实、事实与法律规范之间的关系进行说明和解释"。[②] 虽然社会学解释方法的运用对法律解释结论的选择是有效的和有力的,但它也并非就是彻底而自足的法律解释方法。总体来看,在法律解释体系中,由于社会学解释方法的核心不是依据法律本身进行解释,在实际的裁判过程中,它往往需要和其他解释方法相互合作才能完成法律解释的使命。以下具体论述社会学解释与文义解释、目的解释、体系解释的关系。

2.3.1 社会学法律解释与文义解释方法的关系

文义解释方法,顾名思义,是指依照法条规范的字面意思以及常用的使

[①] 在德国,"结果为导向"的法律解释方法被称为"结果导向的法律适用",即在证成法律裁判时,考量裁判的后果并在给定情况下,根据解释的后果来修正解释。简单地说,古典法教义学通过处理过去的事实并借助给定的规则来控制裁判,而后果取向则通过对裁判所导致之效果的期待来调控裁判。这种裁判方法是基于德国法学对传统法律教义学解释规则的质疑而产生的。参见陈金钊:"法律人思维中的规范隐退",载《中国法学》2012年第2期。

[②] 杨知文:"社会学解释方法的司法运用及其限度",载《法商研究》2017年第3期。

用方式来理解该法律规范的内容和意义的一种法律解释方法。法律是通过语言进行表达和传递信息的，任何法律规范都是由语词按照一定的语法规则组合形成的。因此无论是海洋法系还是大陆法系，在法律规范中的法律概念意思清楚、明确，并且符合法律的精神即不与法律目的、法律价值、法律原则相冲突时，法官首先应当适用文义解释方法。文义解释是所有法律解释（包括社会学法律解释）的基础。在司法实践中，司法人员要理解和解释法律规范，就要求必须能够理解该法律规范中这些语词的意思，并且以这些语词的字面意思和常用的使用方式作为基础，因为，法律规范之所以能够为社会大众所理解，正是因为这些法律规范中所包含的语词有着明确的字面意思和常用的使用方式。这些语词存在着一定的确定性，即社会大众能够普遍地理解并认可这些语词的字面意思和使用方式。正是由于语词的这种确定性，法律由此具有了稳定性、安定性、确定性和一致性，以便社会大众能够通过对于法律文本的理解对自己的行为产生准确的预期。但是，文义解释也有其局限性，主要表现在：文义解释对于法律规范的理解片面地限制在了法律文本的字面意思上，未考虑法律规范除了字面意思以外的因素，尤其是没有把对具体法律规范具有指导性意义的法律原则、法律价值纳入考虑范围，更没有考虑法律以外的社会影响、社会效果等社会学因素。因此当社会生活发生重大变化，或者出现一些新型、复杂的案件时，法院或法官只对法律进行文义解释就会导致法律的僵硬性，而无法实现司法公平正义的目标。

　　文义解释是社会学法律解释的前提、基础与界限。文义解释又称文理解释、语义解释和字面解释，是按照法律规范的词语和文法进行的解释，即按照法律规范的字面含义和通常使用方式进行的解释。法律条文是由文字词语构成的，要确定它在法律上的意义，必须先了解法律条文所用的词语，确定词语的意义。因此，法律解释始于文义。由于法律概念具有多义性，在概念边际灰色地带允许法官有一定的判断和回旋的余地，但是法律解释又不能超越其文义涵摄的区域，否则即超越法律解释的范畴。法谚曰"黑不超红"，即黑字条文的解释，其意义不得超过红字标题范围。因为在过去法典的印刷，条文本身多用黑字，标题多用红字，所以黑字条文虽然可以做一些扩张解释，但不能逾越红字标题的范围。这条法谚指出了解释法律应遵守的原则，因而文义解释又是其他法律解释方法如社会学法律解释的基础和界限。

在法治国家里，法律具有至高无上的权威。任何国家机关工作人员以及各个政治团体都必须服从法律，这是法治的基本要求。而我国是一个成文法的国家，法律的表现形式就是用规范化的语言文字，所以在各种法律解释方法中，文义解释是最通常的也是优先适用的方法。"文义解释具有优先性，即只要法律措辞的语义清晰明白，且这种语义在适用个案时不会产生荒谬的或不正义的结果，就应当优先按照其语义进行解释"。① 文义解释是法官裁判案件最常用的解释方法，任何一个法官，裁判任何一个案件，首先都必须采用文义解释方法。

解释法律有各种各样的方法，但有的解释方法不是每一个案件都必须用、都可以用，而唯有文义解释是每一个案件都必须使用的方法。因此，我们可以说文义解释最为重要，也最为基础。换句话说，文义解释是最基本的法律解释方法，解释法律必须从文义解释入手，即无论是谁，无论解释什么法律，都必须先采用文义解释。所有的法律解释方法包括社会学解释都应当从法律规范的条文的文义出发，法律规范的文义是所有法律解释的出发点或逻辑起点。因此文义解释是所有法律解释包括社会学解释的前提和基础。社会学法律解释也不能随意解释，也应当尊重法律条文的文义，即进行解释应当考虑这种解释是否是法律条文的文义涵摄范围内，不应脱离法律条文的文义任意解释，其目的是为了维护法律的统一性、一致性和安定性。著名的"无须解释的事项不许解释"规则，也是对文义解释优先性规定的典型表述。故文义解释是法律解释的起点，而社会学法律解释则是法律解释的终点。

相对于文义解释方法来说，社会学解释方法仅是一种辅助的法律解释方法。社会学法律解释的适用以文义解释为基础，当运用文义解释得出不同的

---

① 孔祥俊：《法律解释方法与判解研究》，人民法院出版社2004年版，第325页。

解释结果，且每种解释都在其文义涵摄的范围内，应采用何种解释才较为准确呢？杨仁寿认为："非属理论认识的问题，而系政策性之问题，倘涉及社会效果的预期或目的考量，法官即应为社会学的解释，苟不为此项解释，即难辞其咎。"① 即在司法实践中，法官所适用的法律条文从文义解释的原理来看，可以有2个或2个以上的解释，此时，法官应该考虑如公共政策、公共利益、风俗习惯、价值观念、社情民意等社会性问题，以"合乎社会性"为准则对每一种可能的解释的社会影响和社会效果进行预测、考量和权衡，然后选择其中一种符合该社会目的，能够达到最佳社会效果的解释。可见，当文义解释出现复数解时，就需要运用社会学法律解释方法来分析判断。这一点也说明文义解释是社会学法律解释的基础。

　　正如前文所述，社会学法律解释方法只有当法律条文的文义模糊出现复数解时方可采用。因为文义解释是按照法律条文的文字、语法去理解法律规范的含义。有些法律条文是含义十分明确和确定②，此时社会学法律解释方法不得适用。但也有的法律条文具有模糊性，含义不够清晰、明确和确定。我们可以从哈特所列举的并且经常被学者们提起的"禁止车辆进入公园"这一法律条文作为例子。这一规则明显地禁止了汽车，但是否禁止电动摩托车、自行车以及玩具汽车并不清楚。在他看来，这是由于诸如"车辆"这样的概念既具有核心区，也具有所谓的边缘区。在核心区，当规则的适用明确时，是无需解释的；只有在边缘区，当规则的适用存疑时，才需要对之进行社会学解释以进一步明确其含义，以便使判决达到最佳的社会效果。

　　正如前文所述，文义解释作为从法条的字面意思来解释法律文本的法律解释方法，是法律解释最常用、最基本的一种方法，也是首先要运用的法律解释方法。法律是用文字来表达的，而语言本身的特性决定了首先应对法条作文义解释，如特定法定文义明确，不存在多种解释可能，则对该法条仅作

---

① 杨仁寿：《法学方法论》，中国政法大学出版社1999年版，第173页。
② 例如，"刑法"规定犯罪不满十八周岁时不适用死刑，对于这一法律规范，即小前提需判断犯罪嫌疑人系未满十八周岁的未成年人即可。

文义解释，反之出现多种解释时则需要运用其他法律解释方法如社会学法律解释方法。文义解释方式是社会学法律解释的起点和基础。在运用社会学解释方法时，首先应当用文义解释的方法确定文字的基本含义。文义解释的目的就是确定法律条文的含义，尤其是确定其可能的文义涵摄范围。如果法律文本的意义是清晰的，并且不存在复数解释的可能，就不必也不能再进行社会学解释[①]。

社会学解释是在文义解释不能使案件得到合理的解释和公正的处理时才运用的法律解释方法。在根据法律规则很难作出公正判决或者规则本身表达模糊或不确定的情况下，运用社会学解释是必要的。法律规则有时是不确定的或者模糊的，主要是因为语言本身会产生歧义或是存在漏洞，导致以语言为载体的法律规则也会出现不确定性或者表达不清的情况，或者是因为法律的概括性和抽象性等。在与个案结合的过程中，法律规则的不确定性就会显露出来，这时仅仅依靠文义解释不足以解决问题，因而借助社会学解释就成为必要。

文义解释通常不能单独胜任解释工作，这也是各国法律解释的共识。即使在对文义解释特别强调的英国法官也实事求是地指出："英语单词从其周围的环境获得颜色。词语，特别是一般性词语，不能孤立地理解，其颜色和内容必须从其语境中获得。"因此，尽管文义解释是法律解释的基础，但由于语言的多义性以及客观事物的复杂性，仅仅根据文义常常不能确定特定法律规范或者法律语言的含义，在这种情况下，文义解释必须与其他解释方法如社会学解释方法结合起来。也就是说，在文义解释不能单独完成任务时，社会学法律解释就成为文义解释的辅助因素甚至决定因素。

例如媒体曾报道的"站内厕所"之争，1993年11月财政部、国家计委联合发文，取缔一批收费项目，其中包括取缔火车站站内厕所收费。据此，

[①] 例如，我国《民法总则》规定："未满8周岁的人是无民事行为能力人。"这个法律条文意义非常清晰，不必也不能再进行社会学解释。无论一个小孩多么早熟或特别聪明，只要他还未满8周岁就是无民事行为能力人。

两位旅客分别在河南郑州和江西萍乡不约而同地起诉铁路部门,因为他们在使用车站站台的厕所时被收费。两个案件的争议点相同:"站内厕所"的含义是什么?一个法院认为"站内厕所",指车站范围内,包括进站通道、候车室及站台上处设立的厕所;另一个法院认为"站内厕所",指车站范围内,包括进站通道、候车室,但不包括站台上处设立的厕所。这两个法院对"站内厕所"的解释都在法律条文的文义涵摄范围内。即这两种解释均符合文义解释,均有道理。郑州的案件法院判决原告败诉,显然法院采纳了第二种解释;江西的案件,一审和二审均判决原告胜诉,法院采纳的是第一种解释。同样的案件,两个地方的法院作出截然不同的判决,就是因为两地法院对"站内厕所"的解释不同。通过探讨上面的案例,我们可以看出对一个法律条文,经采用文义解释得出两个不同的解释意见,各个解释意见均有其理由,在这种情况下必须采用社会学的法律解释方法。由此我们可以得出结论,当运用文义解释产生两种以上的结果难以决断时,应当继续采用其他的解释方法如社会学解释方法,以判断其中的哪个解释意见更合情理,更符合广大人民群众一般的理解和民意。

  在运用文义解释中,有一个值得注意的问题是,在使用同一法律概念时,原则上应做同一解释。也就是说,同一法律或者不同法律使用同一法律术语时,应当作相同的解释。无论从通常用语还是从法律术语的角度看,同一术语具有相同的含义,应当作同一解释,这也是维护法律安定性的需要。因为,如果同样的法律用语缺乏同样的含义,就意味着其含义缺乏固定性,人们在适用时就可能心中无数,无所适从。但是同一术语作相同的解释并不是绝对的,如果有理由足以否定其含义的相同性,那么对同一术语也可以作出不同的社会学解释。这是由法律概念的相对性决定的,即法律概念具有多义性,在不同的场合可能会选用不同的含义。我国台湾地区的郑玉波先生曾举一例为此规则作例外解释,他说:"同一用语,不一定同一用法,因须视其使用目的而有差异。例如'推定'二字,在法条中一般多为拟制某一事实而用,亦即有推测而定之意,或假定之意,'民法'第11条规定:'二人以上同时遇难，不能证明其死亡之先后时，推定其同时死亡。'其中的'推定'就有上面的意义。'民法'第124条第（1）项规定：'家长由亲属团体中推定之；无推定时，以家中之最尊贵者为之；尊辈同者，以年长者为之。'其中的'推定'则是推举之意。"①。尽管上面两条虽然都是出自我国台湾地区的"民法"，都用"推定"字样，但第一个是"推测"的意思，第二个却是"推举"的意思，可见二者的意义有很大不同。同样的情况在我国大陆也会遇到，因此这时就需要我们的法官运用社会学解释方法确定其在文中正确的含义。

总之，社会学解释以文义解释为前提条件。社会学法律解释一般在文义解释出现多个合法解释的情况下使用。在解释法律条文或者法律规则时，往往会出现复数解释的可能性，这往往基于法律规则的模糊性或法律语言的抽象性，还有就是"法存在这一点是以一定的社会中存在纠纷为前提的，而纠纷的具体情况不同，应该认为这是解释有着复数存在的根本原因"。② 当法官处理案件适用的法律规范出现复数情况时，就必须进行价值判断、利益衡量和效果预测，实际上就是运用社会学法律解释方法。因此，法官在裁判具体案件适用的法律条文的文义解释时出现多个解释，而且每一种解释都是在该法律条文文义涵摄的范围之内，这才是社会学解释适用的条件。因此文义解释是社会学法律解释适用的前提条件。文义解释是所有法律解释工作的基础，处于法律解释工作的始端。而社会学法律解释方法与文义解释恰恰相反，即社会学法律解释则处于法律解释工作的末端。在通常情况下，如果运用文义解释或者目的解释方法就能够很好地处理纠纷，就没有必要进行社会学法律解释了。社会学法律解释方法有着自身独特的价值，主要是针对那些处于法律文本边缘意义有关的疑难案件或新型案件，当某一法律规范已经进行了文义解释，依然存在着多种解释结果，并且这些解释结果都在文义的涵摄范围内且都有一定的合理性，这时，就需要运用社会学法律解释方法。一方面，

---

① 引自：[德] 卡尔·拉伦茨：《法学方法论》，陈爱娥译，商务印书馆2005年版，第211页。
② 段匡：《日本的民法解释学》，复旦大学出版社2005年版，第58页。

社会学法律解释方法的优点在于它突破了法律文本的局限，扩大了法官对于法律的认识，从而不再局限于法律框架内，而扩展到整个社会领域中进行理解。法律不再局限于"白纸黑字"的法律，还包括社会实际生活中大量存在的"活法"。对于法官判决的正当性考虑，也不再以严格的三段论逻辑为依据，更多地取决于判决所引起的社会效果或者社会目的的衡量。另一方面，社会学法律解释方法的局限性在于社会学法律解释方法将视角从法律内扩大到整个社会，并且以符合社会目的和社会效果作为解释的标准，这就使得法官在解释法律的时候具有很大的自由度，由此可能会损害法律的稳定性，同时也给法官滥用职权以权谋私提供了机会。因为，社会效果和社会目的是一个具有多层次、多范畴的概念，有政治的、经济的、文化的各种社会目的和效果，这种多层次、多范畴的特点增加了法官在进行社会学法律解释时的不确定性。[1]

2.3.2 社会学解释与目的解释的关系

在学界，对于社会学解释能否成为一种独立的解释方法意见不一。原因主要在于社会学解释与其他传统的解释方法或多或少具有共通之处，尤其是与目的解释有密切的联系。[2] 在进行社会学解释的过程中，解释者对社会效果的预测和考量往往会和法律目的联系起来。正如卡多佐指出："将法律的目的理解为如何决定法律生长的方向……从社会学的方法中，这种理解找到了它的研究方法和研究工具。主要的问题并不是法律的起源，而是法律的目标。如果根本不知道道路会导向何方，我们就不可能智慧地选择路径。对于自己的职能，法官在心目中一定要总是保持这种目的论的理解。"[3] 因此，对社会效果的关注自然无法逾越法律目的，且社会学解释与目的解释具有内在的关联。在这个意义上，有学者将社会学解释归入广义的目的解释范畴。但

---

[1] 时显群："论社会学法律解释方法在司法实践中的运用"，载《贵州社会科学》2017 年第 11 期。
[2] 武飞："社会学解释：一种'自由'的裁判方法"，载《学习与探索》2010 年第 6 期。
[3] 卡多佐本：《司法过程的性质》，苏力译，商务印书馆 1998 年版，第 62 页。

杨仁寿还是对其进行了区分。他认为，目的解释中的"目的"是对法律目的本身而言的，法律的制定一般都有其要实现的目的……大多数情况下，法律目的与社会目的是一致的，但如果法律已经施行很久，社会目的发生了变化，二者就会发生不相一致的情形。所以目的解释与社会学解释还是有所不同的。社会学解释不仅偏重于目的的考量，还考量法律解释的其他社会效果，在这一意义上说，社会学解释的范畴可能更为宽泛。[1]

"法律解释方法中的目的解释系指以法律规范的目的，阐释法律疑义之方法"，[2] 即目的解释就是指根据法律规定的目的来解释法律的方法。所谓法律规范的目的，即为人类依据法律之所欲，依法律为工具想要维护的利益、想要实现的目标或秩序等。[3] 相对于文义解释，目的解释赋予了解释者很大的解释空间，解释者通过探寻立法者在创制法律规则时的目的或意图来理解其含义。法律作为一种社会规则，因有其设定时的规范目的，如果在遇到疑难案件需要对法律进行解释时，解释者应当准确把握此法律规则设定时为了实现的立法目的和意图，才不至于背离立法者的初衷。[4] 我国的法律，往往在第一条开宗明义，规定立法目的。如我国《民法总则》第1条规定："为了保护民事主体的合法权益，调整民事关系，维护社会和经济秩序，适应中国特色社会主义发展要求，弘扬社会主义核心价值观，根据宪法，制定本法。"我国《合同法》第1条规定："为了保护合同当事人的合法权益，维护社会经济秩序，促进社会主义现代化建设，制定本法。"我国《中华人民共和国民法通则》（以下简称《民法通则》）第1条规定，民法通则的立法目的，是保障公民、法人的合法民事权益。这些规定是我们探求立法目的的重要依据。

每个法条在其立法时都有规范目的，但基于不同表达方式，法条的目的也有不同的表现方式，如有的是通过字面理解就可以判断出来，有的则是需

---

[1] 杨仁寿：《法学方法论》，中国政法大学出版社1999年版，第195页。
[2] 杨仁寿：《法学方法论》，中国政法大学出版社2013年版，第185页。
[3] 谢晖："解释法律与法律解释"，载《法学研究》2000年第5期。
[4] 肖中华："刑法目的解释和体系解释的具体运用"，载《法学评论》2006年第5期。

要根据民法的基本价值判断才能够推理出来。由于目的解释要追溯法的基本价值判断，因此，这种方法对于维护法律的体系性有重要意义。社会学解释和目的解释，可能有交叉或联系。法官在对法律规范进行社会学解释的过程中，要对社会效果进行判断、社会利益进行权衡，不可避免地首先要考量所要解释的法律的立法目的或价值追求。社会学解释与目的解释的不同在于目的解释中所谓的目的是指法律目的，而社会学解释所谓的目的是指社会目的。目的解释以法律的目的、价值本身出发，因此目的解释是从法律的价值的角度进行解释，考量和依据的是立法目的，相对比较理性和抽象；而社会学法律解释已经放眼于法律之外，考量和依据的是社会效果，因此直接面对社会现实和特定案件的具体情况，以实现社会目的，即实现个案的正义，回应社会的需要。

既然法律来源于社会又服务于社会，而社会生活是不断发展变化的，而且通常比法律变化得更快，那就得要不断地重新检视各部分法律与社会需要相适应的程度，这一点对案件的裁判者来说自然更为重要。以法律实用主义的观点来说，如果人们同意从比较开阔的角度去理解法律，"活法"将成为必要的法律形式，它的实质内容就是社会纠纷在事实上怎样处理，而且当法律规范可以贯彻这个要点时才能在社会生活中产生价值。考察社会学法律解释的基本内涵已经看出，当既有的法律规范与社会发展的需求和效果出现不一致和不协调时，司法者应该倾向于根据社会的现实状况来解释和阐明法律的意旨，让法律之外的一些社会因素（如社会影响、社会正义、社会效果以及人民群众普遍的价值观和朴素的正义观等）对司法过程产生实质性的影响。不同于目的解释方法只需确定法律条文背后的立法目的，社会学法律解释方法是通过对社会现状的考察，确定立法者面对当下的社会状况可能表达的意思。由此，法律的解释和适用具有以下理念，即法律适用是社会目的实现的一个路径，而对法律的任何要素都要从社会目的和社会效果的视域进行持续地关照和不断地矫正。[1]

---

[1] 杨知文："社会学解释方法的司法运用及其限度"，载《法商研究》2017年第3期。

法律目的和社会目的有一定的交叉重合，但是法律目的不可能涵盖所有的社会目的。法律目的和社会目的虽然在大多数情况下是相符的①，但若法律年代久远，而社会目的已经改变，则二者会出现冲突②；目的解释仅限于法律目的的考量，而社会学解释不仅要进行法律目的的考量，还要进行社会目的的考量，而且更进行社会效果的预测和社会利益的权衡。在有些案件，特别是新型复杂的案件中，由于社会生活的变化和个案的新颖性、特殊性，如果法官单纯地只考虑法律的目的有可能无法实现个案正义和达到最佳的社会效果，这时候可能需要社会目的的考虑、社会利益的权衡和社会效果的预测，这就是社会学法律解释方法的运用。

综上，社会学解释与立法目的解释的区别主要在于：第一，所谓目的解释中的"目的"是指立法目的，以立法者的立法意图和一定的学理分析来探求法律的客观目的；而社会学解释中的"目的"则是指社会目的③，以社会状况和具体案件的具体情况为出发点，寻求符合能带来更好的社会效果的社会目的。对于大多数法律和一般案件的处理而言，其所要实现的目的往往与社会目的是相符合的。但是，对于一些新型、复杂的案件，立法的目的与社会目的就可能不一致甚至相去甚远。第二，目的解释立足于立法意图和法律价值的考量，而社会学法律解释虽然也要考虑法律的目的和价值，但立足点并非立法目的、价值，而是立足社会目的，即进行社会利益的权衡以及社会

---

① 例如《中华人民共和国水污染防治法》第1条规定："为了保护和改善环境，防治水污染，保护水生态，保障饮用水安全，维护公众健康，推进生态文明建设，促进经济社会可持续发展，制定本法。"其立法目的和社会目的就基本重合。

② 例如1957年制定的《国务院关于劳动教养问题的决定》的立法目的为："为了维护公共秩序和促进社会主义建设，同时也有利于把游手好闲、违反法纪、不务正业的有劳动能力的人改造成为自食其力的新人。"而今天，我们的社会已经越来越注重人身自由等公民基本权利的保护，此时法律目的和社会目的就不一致甚至冲突。

③ 根据美国著名法官卡多佐的观念，社会目的是社会正义和社会福利。正如卡多佐指出："当社会的需求要求这种解决办法而不是另一种的时候，这时，为了追求其他更大的目的，我们就必须扭曲对称、忽略历史和牺牲习惯，而走向这样一种力量，即在社会学方法中得以排遣和表现的社会正义的力量。在某种情况下，当进行价值选择和判断时，社会需要一种实现更大目的即社会利益或社会福祉的时候，这时社会学解释就成为必要之举。"参见［美］本杰明·卡多佐：《司法过程的性质》，苏力译，商务印书馆2000年版，第39页。

效果的预测来阐释法律文本的含义。因此，即使在法律目的和社会目的相符的情形下，社会学解释比目的解释更为广泛，更具有时代性和现实的社会需要①。第三，社会学解释更具有综合性。虽然与目的解释有重合，但比目的解释运用更广泛，因为法律目的不可能包涵所有社会目的，而社会学解释不仅考虑法律目的，更要考虑社会目的；不仅要考量个案的公平公正，还要考虑案件判决之后给以后的当事人甚至整个社会造成的影响。也就是说，法官在裁判案件时，除了考虑具体特殊的个案后果之外，还必须考虑整体的社会效果，即判决结论对整个社会的政治、经济、道德等方面所可能产生的影响。因为法官预测个案裁决后果的目的在于，通过对案件的公正判决来指导人们以后的行为并预防类似纠纷的发生，绝不能仅为个案结果而损害整体的社会效果。②

2.3.3 社会学解释与体系解释的关系

社会学解释与体系解释有密切的联系。在苏力看来，体系解释就是狭义

---

① 例如在宪法适用层面上的社会学解释，不仅为宪法自身的发展提供了方便通道，更为重要的是它经常抛弃了宪法制定者所处的社会关系时代，把宪法解释的目的定位于回应司法者所处的社会情势及其需要，并甚至以此改变了一般立法者或普通法院对重大社会事务的思维取向。社会学解释方法对宪法解释来说，它更易于让宪法发展悖离原旨主义的精神（立法者的立法目的），使宪法条文的意旨产生与时俱进的流变性，正所谓"一部宪法所宣告的或应当宣告的规则并不是为了正在消逝的片刻，而是为了不断延展的未来"。就此也可以说，由于宪法解释者与制宪者处于可能迥异的社会条件下，他具备新时代的知识储备和价值认识，这就使得其不会也不愿再返回到制宪者的时代里去探寻立法者的立法目的。作为宪法方法的社会学解释使宪法的理解和适用更取决于司法者所处的社会语境和政治角色，很容易成为法院撬动社会生活传统和习惯的杠杆。从历史上看，美国沃伦法院时期的重大判决基本上都是在宪法争议问题上适用社会学解释方法的结果，以1954年的"布朗案"为例，联邦法院判决就宣称，比起宪法第十四修正案通过时，考虑公共教育必须按照它已充分发展的状况，同时种族隔离的社会和心理含义本身也发生了变化，包括一些社会学的"现代"权威依据也证明任何教育上的隔离都会造成对黑人孩子自尊心的无形伤害。联邦法院在该案中没有按照宪法制定时的历史意图和立法目的，而是把判决的重点放在了当时美国公共教育的发展现状和种族隔离本身对公共教育的社会影响，通过依靠来自社会学的理由，使当初制宪者确立的"隔离然而平等"的宪法原则不再适用于公共教育领域。参见杨知文："社会学解释方法的司法运用及其限度"，载《法商研究》2017年第3期。

② 崔雪丽、孙光宁："论法律解释方法中的社会学解释"，载《渤海大学学报（哲学社会科学版）》2010年第5期。

的语境解释,即"必须将一个法律文本作为一个整体来理解、把握和解释,而不能将之肢解化地加以理解"①。社会学解释实际上是广义的或一种扩大了的语境解释②,因为其强调在具体的案件中结合特定的社会环境确定解释的结果,这与体系解释(语境解释)在解释方法上是共通的。但我国台湾学者杨仁寿则认为,社会学解释与体系解释的相同之处在于,二者都是以法律条文的文义为基础和范围,在文义解释有多种解释结果时,进一步确定法律含义的方法。社会学解释与体系解释的不同在于,体系解释在确定法律文义的含义时必须考虑法律条文间的各种关联关系,使法律条文体系完整,没有矛盾或冲突的情形;而社会学解释,则偏重社会效果的预测和目的考量③。

正如前文所述,由于法律条文与案件事实之间存在天然缝隙,所以在法律解释过程中有时会出现多种意义的解释结果。如果这些不同的解释结果皆来自文义解释,即都是在文义涵摄范围之内的,那么,严格来说,它们都应该是合法的解释。当然,法官的审判使命要求他必须选择最恰当的一种。此外,司法过程中偶尔还会出现这样的情形,即法官进行法律解释获得了唯一的结果,但这种结果却严重背离社会的主流价值观念,那么,此时法官也需要对解释结果进行重新考量。因此,法官经常需要在法律因素之外寻求法律解释的结果。因为在上述各种情形中,判断哪一种解释最为恰当,并不是一

---

① 苏力:"解释的难题:对几种法律文本解释方法的追问",载梁治平:《法律解释问题》,法律出版社1998年版。
② 在实际的案件审判活动中,司法者通过社会学解释方法所要寻求的社会效果和需求,有时正是被适用的法规范在社会中的新含义。有关法概念在社会当下的新含义,包括法概念的内涵和外延在社会生活中所具有的新标准和范围,本身就构成了社会效果和需求的内容。在此意义上,社会学解释方法的运用强调社会的效果和需求就是要考虑社会当下的语境和要求,也就是说,法律规范在新的社会生活环境里应该被赋予的新含义就是社会效果和需求。在这一点上,社会学解释方法其实与体系解释方法具有可共享的路径,它们都是通过语境论的方法尝试对法律规范进行解释:如果说体系解释强调要按照法条的上下文脉来斟酌,考虑法律条文间的各种关联关系,"将一个法律文本作为一个整体来理解、把握和解释,而不能将之肢解化地加以理解",那么社会学解释则是强调法律在当前社会的妥当性,要将法律条文放置在具体案件所处的当下社会环境中来阐释,就此而言,社会学法律解释实际上就是一种扩大了的语境解释。参见杨知文:"社会学解释方法的司法运用及其限度",载《法商研究》2017年第3期。
③ 杨仁寿:《法学方法论》,中国政法大学出版社1999年版,第130页。

个简单的理论认识问题，法官可能需要预测每种解释可能带来的社会效果，通过对社会效果的考量选择预测结果较好的解释，放弃预测结果相对较差的解释，这就是社会学解释方法。① 概括地说，社会学解释是指将社会学方法运用于法律解释，着重于社会效果预测和目的衡量，在法律条文的可能文义范围内阐释法律规范意义内容的一种法律解释方法。②

而体系解释，就是根据法条在法律中所处的前后位置及与其他相关法条的关系，来阐明其规范意旨的解释方法，即是通过形式的考察来解释法条的方法。换句话说，体系解释，即把某个法律条文放在整个法律体系中，根据它在这个体系中的地位确定该条文的含义。之所以如此，是因为每个法律规范都是统一的法的整体的一部分，也是某一法律部门的一部分，它的功能的发挥或实现是以与其他规范相互配合为条件的。因此，为正确理解和适用该法律规范，就必须同其他法律规范联系起来，以便更好地了解其真实内容和含义。体系解释的根据在于，法律是以一定的逻辑关系构成的完整体系，各个法律条文所在位置及与前后相关条文之间，均有某种逻辑关系存在。③ 也就是说，体系解释是将法律条文或者法律概念放在整个法律体系中来理解，通过解释前后法律条文和法律的内在价值与目的，来明晰某一具体法律规范或法律概念的含义。体系解释最基本的考虑是要保证法律体系的融贯性，防止法律的前后矛盾性的解释。同时，对于某些法律规范来说，如果我们缺乏体系性的把握和前后语境的关照，也很难发现其准确含义。④

例如，2003 年洛阳市中级人民法院法官李慧娟办理的一起民事案件，该案的主要冲突是原告主张适用全国人大常委会制定的《中华人民共和国种子法》之规定以"市场价"计算损失，损失金额为 70 万元。而被告主张适用河南省人大常委会制定的《农作物种子管理条例》之规定以"政府指导价"

---

① 梁慧星：《裁判的方法》，法律出版社 2003 年版，第 150 页。
② 梁慧星：《民法解释学》，中国政法大学出版社 1995 年版，第 236 页。
③ 张明楷："注重体系解释实现刑法正义"，载《法律适用》2005 年第 2 期。
④ 肖中华："刑法目的解释和体系解释的具体运用"，载《法学评论》2006 年第 5 期。

计算损失，损失金额为2万元，这即为法律规范间的冲突，即需要通过法律体系的冲突规范解决法律冲突问题，即上位法优于下位法的原则，应适用《中华人民共和国种子法》。体系解释要考虑不同法条之间的关联关系，从而使法条体系完整，不至于相互冲突或产生矛盾；而社会学解释则偏重于社会效果的预测及其目的的考虑。社会学解释方法的运用，多数存在于法条存在复数解释，而不同的解释又可能产生不同的社会效果，会对人们的行为起到不同的引导作用的情况。

再如我国《民法通则》第122条关于产品责任的规定，其责任性质是过错责任还是无过错责任？依体系解释，将该条与前后条款对比，看出该条所在位置为规定特殊归责原则的第121条至第127条之间，故应属于无过错责任。再如《中华人民共和国婚姻法》（以下简称《婚姻法》）第21条第1款规定："父母对子女有抚养教育的义务；子女对父母有赡养扶助的义务。"而第2、第3款又规定："父母不履行抚养义务时，未成年的或不能独立生活的子女，有要求父母付给抚养费的权利。子女不履行赡养义务时，无劳动能力的或生活困难的父母，有要求子女付给赡养费的权利。"根据第2款、第3款，第1款中的"父母"应当指"无劳动能力的或生活困难的父母"；第1款中的"子女"应当指"未成年的或不能独立生活的子女"。这种通过上下文解释法律的方法就是体系解释法。社会学解释与体系解释的不同在于体系解释在确定文义的含义时，须考虑法律条文间各种关联关系，使条文的体系完整，不发生矛盾或冲突；而社会学解释则偏重于社会效果的预测和价值的判断，在文义涵摄的两个以及两个以上的解释中选择一个能够达到最佳社会效果的解释。如"南京同性卖淫案"中，卖淫可以解释为女性为了金钱与他人发生性关系，也可以解释为一个人为了金钱和他人发生性关系，既包括女性为了金钱与他人发生性关系，也包括男性为了金钱与其他女性或男性发生性关系。这两个解释都在"卖淫"这个词语或条文文义涵摄的范围内，法官通过社会效果的预测和价值的判断选择其中一个解释作出合理的正义的判决。

综上所述，体系解释，又称系统解释、语境解释，是指将需要解释的法律条文纳入整个法律规范体系，通过联系与之相关联的法律条文从而对该条文进行理解、解释的方法。换句话说，体系解释是指将被解释的法律规范放在整部法律中，乃至整个法律体系中，联系此规范与其他规范的相互关系来解释法律，比如根据某一法律条文在编、章节条款、项中的前后关联位置，或与相关法律条文的联系，阐明其意旨。① 苏力教授认为，社会学法律解释方法是一种扩大了的体系解释。② 这一观点是具有一定说服力的。体系解释与社会学法律解释一样，都注重考虑部分与整体的关联，有助于全面、整体的理解法律和把握法律条文的意思，也有助于克服法律条文间的不协调、矛盾甚至冲突。但二者间仍存在着明显的区别。第一，"部分"与"整体"的所指不同。体系解释是将某一法律条款与其他法律条款相联系，将需要解释的法律条文纳入整个法律规范体系来考察；社会学法律解释是将"白纸黑字"的法律文本与社会的"活法"相联系，社会学法律解释方法突破了法律文本的局限性。第二，体系解释的解释依据更具有准确性，所得出的结论更加客观、具体。社会学法律解释的解释依据来源于法律之外，所得出的结论更多的是法官的社会经验和内心的价值判断。

---

① 耿卓："我国地役权现代发展的体系解读"，载《中国法学》2013年第3期。
② 苏力："解释的难题：对几种法律文本解释方法的追问"，载梁治平：《法律解释问题》，法律出版社1998年版。

3 社会学法律解释的主要特征

3.1 社会学法律解释强调各种利益和价值的权衡

社会学解释将法律之外的社会影响或社会后果，引入法律解释的考量范围之内，即法官在解释法律的时候，除了法律理由（如维护法律的确定性、安定性、稳定性和权威性）之外，还要考虑社会政治、经济、道德、文化、价值观念，特别是公共利益、社会效果等各种社会因素，对判决后产生的利害关系和社会影响、社会效应进行权衡和比较。可见，社会学法律解释的核心是利益和价值的权衡问题。正是利益和价值的权衡，使法官在审理和判决案件时，引入了法律文本之外的社会学内容。法官在进行各种社会利益衡量之后作出价值判断，用这种价值判断指导对法律文本的解释过程。因此，利益和价值的权衡是社会学法律解释方法的首要特征。

法官在审理特定案件适用某一法律条文时，如果发现该法律条文可以有两种或两种以上的法律解释，此时法官要"认识所涉及的利益、评价这些利益各自的分量、在正义的天平上对它们进行衡量，以便根据某种社会标准去确保其间最为重要的利益的优先地位，最终达到最为可欲的平衡。法官必须仔细考量占支配地位的道德情感和探究当时当地的社会经济条件。"[1] 然后选择一种能达到最佳社会效果的法律解释。

---

[1] ［美］E. 博登海默：《法理学：法律哲学与法律方法》，邓正来译，中国政法大学出版社2004年版，第151页。

英国法学家尼尔·麦考密克强调，法官对利益和价值衡量的过程中不能只看到单一的价值和利益，要综合考量和权衡各种相互冲突的利益和价值，确认一个更重要的价值和利益作为优先地位，同时也要确保能够对被衡平掉的利益和价值的损害降到最小的方式运作。① 诚然，在不同地域、不同时代、不同文化背景下的不同民族对法律价值的认知存在差异，因而形成了不同的法价值观。但人类的理性是相通的。"价值问题虽然是一个困难的问题，它是法律科学所不能回避的。即使是最粗糙的、最草率的或最反复无常的关系调整或行为安排，在其背后总有对各种相互冲突和互相重叠的利益进行评价的某种准则。"② 社会学法律解释意味着，法官在具体案件的审理过程中要进行价值判断，法官的价值判断往往需要通过法律解释而澄清，而法律解释特别是社会学的法律解释则是对这种价值判断的说理和论证③。

---

① 参见［英］尼尔·麦考密克：《法律推理与法律理论》，姜峰译，法律出版社2005年版，第146、105页。

② ［美］庞德：《通过法律的社会控制》，沈宗灵译，商务印书馆1982年版，第55页。

③ 法官在判决书上通过法律解释特别是社会学的法律解释对价值判断的说理和论证是十分重要的。首先就是为了说服裁判者自己，这就要求案件裁判结果必须要有正当理由的支撑。如果缺少充分的说理论证，法官连自己都无法说服，如何说服别人？法官就无法确信自己裁判结果的公正性、合理性。一般来说，如果法官连自己都说服不了，那就可能存在枉法裁判，就是俗话说的昧着良心判案。其次是为了说服当事人。尽管有的当事人从自己利益出发，时常固执地坚持己见，但大多数当事人还是理性的。如果法官确实在判决中讲出了充足的道理，分清了是非，辨明了曲直，且当事人无法对法官在判决中阐述的理由进行辩驳，那么大多数当事人还是可以接受的。如果判决书没有通过法律解释讲清楚理由，即便裁判结果有道理，败诉的一方也可能认为裁判对其不公正。有些案件为什么引发无止无休的上诉甚至上访告状，其背后的原因之一，正是裁判书中没有进行充分的说理和论证，即没有讲清楚相关的道理，导致当事人对判决书难以产生信服感，并由此可能给判决执行带来困难。最后，是为了说服当事人以外的其他人包括广大的人民群众。现在是信息时代，也是法治社会，几乎所有的判决书都要在中国裁判文书网上公开，同时越来越强化对司法的社会监督。但监督必须依法进行，如果裁判是依法充分说理的，社会一般人都信服判决的理由，对这样的判决有什么理由进行批评和指责呢？现在很多人说领导批示过多，干预司法，这确实是需要改进的，但是，如果一个裁判确实讲出了充分的道理，我想这些领导也应是能够理解和接受的。现在批示太多，在一定程度上也正是因为判决书缺乏说理论证，难以说服这些领导。所以判决书的充分说理使审判公开和透明，可以有效地减少了对法官的质疑，能够对自由裁量形成一种有效地规范，并能够防止司法专横、肆意裁判。裁判结果不仅仅是要回应当事人的诉求，更应该经得起社会公众的检验。因而，其受众对象是广泛的。为了实现裁判的社会认同，法官应当尽可能充分地进行论证说理。越是通过对法律的社会学解释，增加对利益权衡和价值判断的说理和论证，越是容易实现公正或者达成公正共识，从而提高司法裁判在法律共同体和广大人民群众中的接受程度。而公正实现了，或者公正共识出现了，法院裁判的社会认同也就自然而然地不是问题了。参见王利明："要强化判决书说理"，载《当代贵州》2015年第41期。

法律条文中的概念与逻辑和数学中的概念及逻辑是不同的,它只是实现法律体系中蕴涵着的理想价值的工具,其针对的是常态的相对静止的社会的一般情况。因此,当法官面对变化无常的社会,不可避免地会遇到一些新型、复杂、疑难的案件。这时依据条文的字句所做的形式逻辑推论的结果与法律体系的最终的理想和目标相矛盾时,法官就不能将形式逻辑推导出来的结果宣称为审判的结论。当仅依条文的字句进行逻辑推理是不可能导出合理的审判的结论时,法官应在具体的事件中依据各种事实与条文的规定的内容对照,自己去做价值判断,在文义涵摄的范围内作出合理的解释,以实现实质正义或个案的公正。① 因此,法的文义解释有复数的可能性时,到底选择其中哪一种解释,常为解释者的利益和价值的权衡和判断所左右。

可见,社会学法律解释方法强调综合地权衡和考量不同裁判结论可能引起的各种后果的利弊,选择效果最好的裁决,放弃效果较差的裁决,从而作出最佳的裁判结论。社会学法律解释不仅关注裁判结论对个案的公平,还要考虑案件的判决给整个社会带来的影响和效应,以及裁判规则带给公众的合理预期和与天理人情的完美契合,避免与社会公共道德和人民群众朴素的正义观念相冲突。因此,社会学法律解释方法具有后果主义的色彩,体现着后果主义论辩的基本特征。因此,在处理案件时,法官理应对摆在其面前的各种可供选择的裁判规则,以及各种解释所可能造成的后果予以审慎考量,以权衡利弊。而法律事实作为法律解释的客观对象和前提条件,其解释结果将被用来预测案件裁决可能导致的各种后果,因而法官得以在权衡利弊的基础上采用最佳的裁判规则和解释的最佳选项。实际上,后果主义论辩就是法官在现行法律体系的支持下,全面考虑各种裁决可能产生的不同影响,从诸多相互竞争的具体利益中作出选择,发现最令人满意的裁判规则和对规则的解释,从而得出最合乎情理的符合人民群众朴素的正义观和价值观的判决结果。也就是说,法官需要在对立的可能裁判方式所造成的后果之间进行权衡。这

---

① [日]川岛武宜:《现代化与法》,王志安等译,中国政法大学出版社1994年版,第243~246页。

就需要对不同的评价指标确定不同的权重，采纳或拒绝一项规则或解释将会导致对社会造成何种程度的负面影响，或者带来多大的积极的正面的效用，都可能会作为考量因素。然后，两害相权取其轻、两利相权取其重。简言之，后果主义论辩旨在对各种裁判可能性进行仔细辨别，通过考量各种裁判规则和解释可能引发的情势来决定作出哪一种解释和判决。然而，社会学法律解释强调不仅仅在诸多相互竞争的利益之间进行价值衡量，而是重点考虑各种解释和判决给以后的当事人或整个社会造成的不同影响或后果。也就是说，法官选择何种解释不仅要考量裁判结论对当事人的相关利益的影响，还要放眼整个社会，客观理性地分析裁决可能引起的"蝴蝶效应"和所有潜在的后果。这就要求法官对案件的理解和法条的解释不仅要全面深入，而且要贴近生活实际，反映社会需要和公众要求。法官在裁判案件时，除了考虑法律之外，还必须考虑判决对社会，对整个政治制度、公共政策、公共利益、公共道德、主流价值观等各种社会因素的影响，即法官所关注的不仅仅是具体特殊的个案后果，还应当关注每种解释以及导致的裁决方案所蕴含的抽象普遍的社会后果。在德国，后果主义的审判被称为"结果导向的法律解释和适用"，即在解释法律证成法律裁判时，考量裁判的后果，并在具体案件或给定情况下，根据解释的后果来修正解释。简单地说，古典法教义学通过结合案件事实并借助给定的规则来解释法律进而控制裁判，而后果取向则通过对裁判所导致之效果的期待来解释法律和调控裁判。这种解释法律的过程就是一个"价值"透过结果（社会效果或社会影响）取向"进入"并决定"规范"解释的过程（实际上也就是运用社会学法律解释方法的过程）是基于德国法学对传统法律教义学解释规则的质疑而产生的。[①] 也就是说，传统上强调法官要严格依据成文法的形式逻辑进行判案的德国也开始进行反思和修正。

由于社会的不断变化和日渐复杂，利益冲突也呈现多样化。价值衡量要以最小付出换取最大利益，即通过对不同利益进行价值计量，并根据价值标

---

① 王彬："司法裁决中的'顺推法'与'逆推法'（下）"，载《法制与社会发展》2014年第1期。

准对利益价值进行协调，确保利益实现最大化，同时要使得被平衡掉的利益损害最小化。在利益衡量和价值判断方面，需要考虑到时间、地点、实际情况等因素的不断变化，没有绝对的一成不变的判断标准。一般而言，当各种利益发生矛盾，需要对利益价值作出选择，以整体社会成员的共同利益作为判断原则，确保实现利益最大化的目标。正如庞德指出："通过经验来发现并通过理性来发展调整关系和安排行为的各种方式，使其在最少的阻碍和浪费的情况下给予整个利益方案以最大的效果。"① 合理的利益衡量过程就是一个平衡利益冲突的过程。作为利益衡量的理论法源的利益法学，并没有给出如何去平衡利益冲突的绝对标准。因此，利益衡量在现实生活中往往太过于模糊而缺乏可操作性。但是，我们又不得不承认，每一位法官在面对众多复杂的利益时，会根据一定的标准进行利益排序，并且对于特定利益都会得出同样的序位，比如生命权、生存权总会排在第一序列，如马勒诉俄勒冈州一案中，美国联邦最高法院的法官们就认可妇女的健康、安全要高于契约自由。也就是说，法官在相互冲突的利益之间进行取舍时，总是受到特定社会条件下的价值伦理观念以及相互之间的利益关系的制约。法律的任务在于以最少的浪费来调整各种利益的冲突，保障和实现社会利益。② 具体案件中，如何平衡利益冲突，就要求法官站在法律人的角度整体分析、统筹兼顾。在具体案件中，法官首要的任务就是，在综合考虑和权衡各方面利益的同时作出慎重的价值判断，尽全力去实现个案的正义，同时保证解释和判决对社会有积极的正面的效应和影响。

必须指出的是运用社会学法律解释方法进行利益权衡和价值判断不是随心所欲的，而是有限定的。社会学法律解释方法的司法运用一般不得突破立法目标和法律内部原定的利益和价值判断范围。从社会法治秩序的形成和法律体系完善的视角看，当案件处理符合社会学解释方法的适用前提时，法院

---

① [美] 罗斯科·庞德：《通过法律的社会控制》，沈宗灵、董世忠译，商务印书馆1984年版，第63页。

② 同上书，第101页。

通过运用社会学解释方法所进行的规则创制和规则梳理，就"包含了健全法律体系所必然要求的法律的不断生成机制，成就了对于社会法治秩序形成至关重要的法律的弥散能力"，而这种机制和能力对转型中国的社会治理而言甚为需要和迫切。尽管如此，任何立法都是价值衡量和利益判断的产物，一部法律作为调整某领域社会关系的规范集中体现了国家对该领域社会生活的价值选择和利益分配，也是立法者当初在制定法律的过程中已充分考虑和设定的结果，所以，虽然司法者可以针对立法者规定过于模糊、存在矛盾或冲突、产生漏洞等方面的情形进行解释，但其需要尊重立法者已然作出的关于价值和利益判断的基本诉求等立法目标。由此而言，对中国现实的司法来说，在裁判过程中运用社会学解释方法，不仅要思忖立法者实施法律调整的真实意图和立法目标，而且独立的利益更改或填补也不能背离法律上已经明确表示出来的利益和价值取舍，司法者对法规范在社会中新含义、解释结论良好社会效应以及实现新的社会福利的寻求，一般都应立基于法律内部原定的价值及利益判断范围等立法目标来开展。①

以下举案例说明社会学法律解释方法"强调各种利益和价值的权衡"这一鲜明特征。

案例：家庭纠纷导致的杀人案

案情如下：在很长的一段时间内，李某和自己的姐夫王某之间一直存在着由家庭琐事引起的矛盾，尽管其他家庭成员多次对其调解和劝说，但他们之间的矛盾始终未能化解。后来，在两个人的一次争吵过程中，李某突然拿起放在旁边的水果刀在王某身上连续捅了二十多刀，最终导致王某死亡。李某在本案中的杀人手段非常残忍，性质特别恶劣，后果非常严重。根据我国刑法的相关规定，李某的行为已经构成故意杀人罪，且"情节严重"，应被判处死刑。但是，在受理该案件时，法官并没有简单地根据法律事实中所包含的犯罪构成要件直接判处李某死刑，而是将可能的裁判结论大致分为两大

---

① 杨知文："社会学解释方法的司法运用及其限度"，载《法商研究》2017年第3期。

类：一类认为李某的行为已经构成了故意杀人罪，而且其作案手段极其凶残，造成了严重的后果，其应当被判处死刑并立即执行；另一类认为鉴于该案件的负面影响主要集中于当事人家族内部，在对死刑判决后果全面考虑的基础上，不应对李某执行死刑，否则将会给未来改善两个家族之间的关系设置巨大的障碍。按照现有法律规则体系的明确规定，通过演绎推理的方式，以规则为大前提，以事实为小前提，法官完全可以遵循三段论的论证规则，得出判处李某死刑并立即执行的确定结论，并给出客观明晰的理由。可以看出，法官直接适用现有法律规则的做法最为便利，这样能够有效地维护法律的确定性、权威性和可预测性，人们的社会交往行为将获得明确的指引。但是，法官通过仔细分析该案件，发现李某与王某之间的矛盾完全是由家庭琐事引起的，其杀人行为存在一定程度的过激和冲动，致被害人于死地并非其当初的真实意图，而且在案件发生后，李某本人根本不能接受王某已经死亡的事实，其在关押期间积极配合有关部门的调查，悔过态度良好。另外，法官在与王某妻子的谈话中了解到，王某的大多数家庭成员根本不希望李某被执行死刑，李某的儿子也绝对不能从心理上接受他父亲将被执行死刑的事实。由此，法官作出预测，法院每作出一个死刑判决都会给党和政府树立很多敌对面，法院判处李某死刑必然会导致其家庭成员对国家产生不满和抵触情绪，而且接连失去两个重要的家庭成员，这对于任何一个家庭来说都是难以接受的，对李某执行死刑甚至会使两个家族的成员成为世代仇人，这是我们每个人都不想看到的。归根结底，王某的死亡完全是由家庭内部的矛盾所导致的，并未给社会大众带来严重的负面影响。

在本案中，法律规定故意杀人罪"情节严重"可判处死刑，但法官可以结合具体案件的情况对"情节严重"作出社会学的解释。社会学解释方法推崇的社会效果，是对社会利益综合考量后选择的最合理的结果。一般而言，社会效果意味着裁判结果满足社会需要，符合公众情感，符合广大人民群众朴素的正义观念和价值观念，并得到广大人民群众的普遍认同。社会效果也是社会利益的最大化，也是法律目的的重要组成部分，更是最大群体的利益需求，还是社会总体的优态发展。但是，影响重大或社会普遍关注的案件裁决产生的社会效果往往是多方面的，诸多利益和价值因素很难被终局裁决全部囊括，此时法官要"认识所涉及的利益、评价这些利益各自的分量、在正义的天平上对它们进行衡量，以便根据某种社会标准去确保其间最为重要的利益的优先地位，最终达到最为可欲的平衡"。[1] 也就是说，法官对利益和价值衡量的过程中不能只看到单一的价值和利益，要综合考量和权衡各种相互冲突的利益和价值，确认一个更重要的价值和利益作为优先地位，同时也要确保能够对被衡平掉的利益和价值的损害降到最小的方式运作。[2] 在上述案件中，如果法官结合案件事实，认定被告构成故意杀人罪，且"情节严重"，坚持严格适用刑法规定判处李某死刑并立即执行的做法，也许会在一段时间内减轻王某的亲人因失去了一位重要的家庭成员而受到的伤痛，使他们在法律上得到应有的公平对待。但是，当李某因为犯有故意杀人罪而被执行死刑时，其家庭成员将会因为失去了另一位重要的亲人而再次陷入深深的悲痛之中。这时，我们不能说这种案件处理方式达到了最优的社会效果。相反，在审理该案件的过程中，法官并没有一味地追求法律规范的传统理解和机械地逻辑推演，而是在充分考虑当事人之间的特殊关系和案件发生的根本原因的基础上，放弃了判处李某死刑的裁决，并基于对各种具体因素的综合考量决定判处张某无期徒刑，以便将来能够更好地改善两个家族之间紧张的社会关系。在这里，法官更加注重的是案件裁决的长远影响。法官如果对"故意杀人情节严重"作出惯常的解释，毫无疑问可以对张某严格地执行死刑判决，可以替被害人讨回公道，震慑社会中的不安定分子，增强法律的确定性和可预测性，体现法律的正义和威严。另外，由于演绎推理预先假定成立的大前

---

[1] [美] E. 博登海默：《法理学：法律哲学与法律方法》，邓正来译，中国政法大学出版社 2004 年版，第 151 页。

[2] [英] 尼尔·麦考密克：《法律推理与法律理论》，姜峰译，法律出版社 2005 年版，第 146、105 页。

提具有较高的正当性和权威性，这使得既已明确存在的裁判规则的有效性不证自明，而且三段论的逻辑推演和论证模式既简便直接，又清晰明确，法官只需对在特定案件事实中适用既定裁判规则的合理性加以论证即可。因此，一般而言，法官在司法审判中应当优先适用或采用客观确定的裁判规则和对规则的惯常解释。然而，一般的法律规则和惯常解释给出的裁判结论并非在所有的具体案件中都能实现个案正义。在特定的情境中，法官作出的理性裁决带来的后果可能并不是公众期待的最优社会效果。换言之，严格依法作出的客观公正的司法判决，并不必然得到当事人和社会一般人的认可，正当合法的判决结论也并不必然符合人民群众朴素的社会正义观和价值观。而在司法实践中，法官主要通过社会学法律解释，通过利益衡量和价值判断作出具有最佳社会效果的判决，以实现对社会关系的调整和社会秩序的维护。法官必须在多种利益、多种价值之间达成一个平衡。虽然没有客观的方法评估这些相互竞争的利益和价值，但是法官的法律素养和社会经验会在利益衡量和价值判断中发挥重要作用。具体而言，"他必须像立法者那样从经验、研究和反思中获取他的知识；简言之，就是从生活本身获取"。[1] 法官还可以在社会调查的基础上，仔细权衡和评价互争利益的大小和价值，以及不同的选择导致不同的后果。其实，社会学法律解释关键就在于以一种前瞻性的眼光，在诸多具体利益和价值之间进行权衡和考量。其目的在于通过后果考量，帮助法官作出满足社会现实需要的合理选择和决定，实现最佳的社会效果。当然，社会学法律解释确实会在所有的考虑因素中，确定一个首选利益和价值作为最优标准，但是最优标准的确定并不取决于一个单一的评价指标。社会学法律解释是一个综合了各种价值的最终判断，它借助于多种标准做判断，

---

[1] ［美］本杰明·卡多佐：《司法过程的性质》，苏力译，商务印书馆2000年版，第70页。

在对可能裁判结论的长远后果的价值评价中选择最合乎情理①的裁决。例如，在上述案例中，法官的思维既关注到了法律的确定性、权威性和可预测性，也体现了对判决结果的长远考虑，这种考虑不仅包括对犯罪行为的严厉惩治和对合法权益的有效维护，还包括防止两个家族的成员之间的冲突进一步升级，将他们之间的矛盾降到最低，并尽力改善其原本十分紧张的社会关系。一方面，该案件的特殊性在于其发生原因仅仅是家庭内部的一些日常琐事，这些家务纠纷完全是由两位当事人的共同过错引起的，两人对案件的发生均负有不可推卸的责任；另一方面，该案件造成的损失和伤害主要集中在当事人家庭的内部，被告人的犯罪行为并没有普遍的社会危害性，而且被害人的死亡也没有给当事人家族成员以外的社会大众带来严重的负面影响，公众只是以一种旁观的心态看待该杀人案件。事实上，与暂时减轻被害人家属的仇恨相比，对李某执行死刑的裁决给两个家族带来的更多的是他们之间怨恨的加深，以及使他们因为失去另一位亲人而再次陷入深深的悲痛之中，这并不是期望中的最优社会效果。尽管严格适用法律条文并对适用的法律条文作出一般的常规的解释，会得到既有法律的支持，但同时带来的将是矛盾纠纷的长期存在，甚至是社会关系的不断恶化。很明显，这与法律的价值目标背道而驰。因此，社会学法律解释要求法官综合考量各种社会因素并进行权衡。法官应该充分考虑时代的需要，社会的福利，普通人的常识、常理和常情，人民群众朴素的道德和正义观念，通行的政治理论，公共政策和公共秩序，社会主流价值观以及社会发展的趋势潮流等。如果法官只作单一的考量或只顾当前社会利益，必然会给未来社会利益的协调带来诸

---

① 法律是世俗的学问，整个法律制度都是为社会生活服务的。虽然法律构筑了精密的理论殿堂，法律职业设立了严格的准入标准，法律也不可能自绝于社会之外。裁判案件的法官不但应该是精通法律的专家，也应该是通晓人情世故的练达之人，在任何社会里，优秀的执法者，无论是职业的还是非职业的总是那些对人情世故有深刻理解的人们，是那些有相当深厚社会生活经验的人。我们可以看到古今中外，法官或其他在社会中扮演社会裁判者角色的总是年长者，因为他们对情理有非常深刻的理解。在英国和某些普通法国家，作为制度，至今法官在审判时还必须戴假发——白发苍苍的假发。从中我们至少可以看到一些古代的痕迹，因为从智识上看，戴假发并不增加法官法律思考和判决的真实性和逻辑性，最多是增加某种权威性。

多阻碍，只有以一种前瞻性的眼光对诸多具体的社会利益作出最恰当的评估，综合考量相互竞争的社会利益并进行仔细权衡和价值判断，才能作出具有最佳社会效果的裁决。

3.2 社会学法律解释强调利益衡量和价值判断标准的客观性

梁慧星在《裁判的方法》一书中将社会学解释的过程阐述为：首先，假定按照第一种解释进行判决，并预测将在社会上产生的结果是好的，还是坏的。然后，再假定按第二种解释进行判决，并预测所产生的结果是好是坏。对两种结果进行对比评价，两害相权取其轻、两利相权取其大。最后采纳所预测结果较好的那种解释，放弃预测结果不好的那一种解释。选用所预测结果较好的那一个解释，以那个解释为准。可见，无论解释者对解释的社会效果作何种预测，都无法简单地凭借对社会效果的预测就作出最终的解释，而是要对不同解释的社会效果的利弊进行权衡。就是说，判断哪一种解释最符合社会的发展方向，哪一种解释最符合公共利益，哪一种权益在这一案件中更应得到保护，从而以此来选择其中一种解释。[①] 这说明社会学法律解释强调对利益的权衡、对社会效果的考量和对价值的判断。那么法官利益衡量、社会效果和价值判断的标准是完全主观还是相对客观的呢？

一些学者认为，在人文社会学科领域中，可能没有比"社会"更复杂的研究对象了。在司法过程中，每一个案件也都是"社会地位和关系的复杂结构"[②]，对社会效果的考量，可能会导致"法律上相同的案件——关于同样的问题、拥有同样的证据支持，常常得到不同的处理"[③]。与此同时，法官对案件社会效果的考量也必定是一个充满主观价值评价行为的过程。"事实上，

---

① 武飞："社会学解释：一种'自由'的裁判方法"，载《学习与探索》2010年第6期。
② 布莱克唐：《社会学视野中的司法》，郭星华等译，法律出版社2002年版，第6页。
③ 布莱克唐：《社会学视野中的司法》，郭星华等译，法律出版社2002年版，第4页。

从法官实际操作上看，并不存在某种外在东西可以约束法官只能作出一种判决，只要愿意，法官可以作出任何判决。"① 可以说，社会学法律解释的应用大大增加了司法过程中的不确定因素，这使得法官的裁判过程更为"自由"，而这种自由的程度可能超出我们的想象。因此，他们担心社会学法律解释方法的应用会导致法律不确定的灾难。但卡多佐对此非常乐观，他指出："即使以比昔日更大的自由来使用社会学的方法也不会使我们导致这样的灾变。法律这一有机体的形式和结构都是固定的，其中细胞的运动并不改变总体的比例；与来自各方的限制法官的规则之数量和压力相比，任何法官创新的权力都无足轻重。但是，法官在某种程度上必须创新，因为一旦出现了一些新条件，就必须有一些新的规则。社会学的方法所要求的一切就是，法官将在这一狭窄的选择范围内来寻求社会正义。"② 事实上，法官也是生活于一定社会中的人，法官要作出价值判断、利益衡量等具主观性内容的裁断，必然会受到社会现实的制约，不可能随意创新，因为只有得到社会事实支持的价值观念才是可以纳入司法过程的，也只有经过社会历史发展证明的价值才被认为是客观的。③ 用卡多佐的话来说，就是他必须服从"社会生活对秩序的基本需要"④。由此，在某些情况下，社会学法律解释方法的应用可以形成对法官法律解释权的制约，防止法官恣意造法。卡多佐在此是强调利益衡量和价值判断标准的客观性，因为"社会生活对秩序的基本需要"是客观的。

社会学法律解释方法强调利益衡量和价值判断标准的客观性，其实质就是要在解释主体的主观性之外寻求一种客观标准。这些标准主要包括：公序良俗、人民群众的体感公正、社会主流价值观等。由于法律的解释和适用是法官的司法活动，而每一个法官的法律素养以及人生历练和社会经验都不同，因此绝对的客观是难以做到的。因此法官在法律解释等司法活动过程中，带

---

① 刘星：《法律是什么》，中国政法大学出版社1998年版，第65页。
② [美] 本杰明·卡多佐：《司法过程的性质》，苏力译，商务印书馆1998年版，第85页。
③ 武飞："社会学解释：一种'自由'的裁判方法"，载《学习与探索》2010年第6期。
④ [美] 本杰明·卡多佐：《司法过程的性质》，苏力译，商务印书馆1998年版，第88页。

有一定的主观成分在所难免，但我们不能因此而放弃对利益衡量和价值判断标准的客观性的追求。如果不追求其客观性，法律作为人类行为提供标准的规范作用就有可能丧失，就会造成法官滥用自由裁量权，甚至司法专横和司法腐败。但追求其客观性并不等于对法律的社会学解释本身一定要绝对的客观。

对于裁判解释中的利益衡量和价值判断的标准的问题，学术界存在较大的纷争。有学者认为利益衡量所主张的是法律解释应当更自由、更具弹性，在适用法律时考虑具体案件当事人的实际利益，最终作出一定的价值判断，这一特征使利益衡量充满了浓重的主观色彩。[①] 因此，他们认为要找到完全客观的标准是不可能的，法官在司法过程中解释法律时依据的是一般人的社会经验，因此，无法进行精确的价值判断。确实，社会学解释中利益衡量和价值判断的依据并无绝对确定和统一的客观标准，一般应当包括社会一般的或社会主流的道德观念、价值观念、公平正义的观念等，通俗来讲，就是合情、合理的标准。因此，它与一个人的人生历练和社会经验是密切相关的。但本书认为，社会学法律解释方法强调，法官对制定法的解释不是随心所欲的恣意解释，有相对客观的标准。利益衡量和价值判断的客观性确实不能与自然科学的真理性的客观相提并论，它不能像牛顿定理那样依实验或事实的观察来科学证明。社会学法律解释涉及的利益衡量和价值判断的客观性，只能是"交谈式的，即合乎情理，就是不任性、不个人化和不政治化，就是既非完全的不确定，也不要求本体论意义上的或科学意义上的确定"[②]。这种相对的客观性是可以获得的，因为虽然不同的人有不同的价值观，但"以合理讨论的方式，来获得关于最终价值乃至正义的适切知识是可能的"[③]，毕竟从全社会而言，还是存在一个共同认可的价值体系。因此，社会学法律解释中

---

① 陈兴华，李娜："论利益衡量在民法适用中的展开"，载《云南大学学报（法学版）》2004年第6期。
② [美] 理查德·波斯纳：《法理学问题》，苏力译，中国政法大学出版社2002年版，第9页。
③ [德] 卡尔·拉伦茨：《法学方法论》，陈爱娥译，商务印书馆2003年版，第117页。

利益衡量和价值判断的客观性，最终归结为该价值判断基准的价值体系的客观性问题，某价值判断只在参照一定社会中被广泛承认的价值体系的限度内，方可主张该判断属于合理的、科学的和客观的。①

博登海默指出："人的确不可能凭据哲学方法对那些应当得到法律承认和保护的利益作出一种普遍有效的权威性的位序安排。然而，这并不意味着法理学必须将所有利益都视为必定是位于同一水平上的，亦不意味着任何质的评价都是行不通的。例如，生命的利益是保护其他利益（尤其是所有的个人利益）的正当前提条件，因此它就应当被宣称为高于财产方面的利益。健康方面的利益似乎在位序上要比享乐或娱乐的利益高。在合法的战争情形下，保护国家的利益要高于人的生命和财产的利益。为了子孙后代而保护国家的自然资源似乎要优越于某个个人或群体通过开发这些资源而致富的欲望，特别是当保护生态的适当平衡决定着人类生存之时就更是如此了。上述最后一个例子表明，一个时代的某种特定的历史偶然性或社会偶然性，可能会确定或强行设定社会利益之间的特定的位序安排。"②

此外，社会学方法具有一定的科学性，为社会利益衡量标准的客观性提供了依据。法官要善于运用社会调查方法。社会学是对社会生活、社会行为进行客观研究的一门学科。有西方学者认为，法院并不单纯是一个法律机构，而是一个政治、社会、经济和文化的综合机构。法官只有走出法庭、深入社会，才能真切了解社情民意、百姓疾苦、社会常识、民风民俗以及人民群众普遍认可的价值观。③ 权衡社会利益并进行价值判断属于社会经验的范畴，司法人员除了根据社会经验主观判断外，还可以运用社会统计、社会调查等社会学方法，还可以请求一些相关专业人士的帮助，以提高利益衡量和价值判断的客观性和科学性。因此，虽然社会科学的客观无法与自然科学的客观

---

① [日]川岛武宜：《现代化与法》，王志安等译，中国政法大学出版社1994年版，第246页。
② [美]E.博登海默：《法理学：法律哲学与法律方法》，邓正来译，中国政法大学出版社2004年版，第416页。
③ 丁国强："法官办案要有社会学思维"，载《人民法院报》2016年9月12日。

相提并论，像自然科学那样的客观确实在司法实践中，特别是在法官的社会性法律解释中很难实现，但社会中多数人都认可的普遍的情理和正义观念最接近这种客观。正如美国著名法官和学者卡多佐指出："法院可以自由地以它们自己关于理性和正义的观点来替代它们所服务的普通人的观点。但法院的标准必须是一个客观的标准。在这些问题上，真正作数的并不是那些我认为是正确的东西，而是那些我有理由认为其他有正常智力和良心的人都可能合乎情理地认为是正确的东西。"[1]

社会学法律解释强调利益衡量和价值判断标准的客观性，源于法律解释中所运用的社会学研究方法，即主要是实证研究的方法。实证研究要求研究者大量收集观察资料，为提出假设或检验理论假设做铺垫。有学者指出，运用社会学解释来分析社会效果时，需要以详细的实证材料与周密的统计分析为依据，并根据需要应用概率论与数理统计上的相关分析，找寻事物之间的规律。应当认识到，进行这种社会学研究活动，首先是要做资料收集，其次是根据案件需要及样本信息作定量或定性分析，最后要能够从统计分析数据中发现与案件相关的事实。可惜的是，目前这一精致的方法在我国司法实践中还很少应用。然而，这种现实并不能阻碍我们对实证研究方法的重视。相反，以社会学研究方法为手段，正是在强调进行法律解释时是在用客观事实说话，对社会效果的预测不是凭空臆想的，确有足够的社会调查材料为依据。法官在面对具体案件进行社会效果预测时，为了使法律满足不断变动中的社会新的需要，并且实现个案判决的正义，就必须将客观案件事实与构成要件交互分析，法官的目光需要不断顾盼于构成要件与客观案件事实之间。在进行社会学解释时，法官是以经实证考察而来的客观案件事实作为法律解释的客观对象和前提条件，其解释结果将被用来预测案件裁决可能导致的各种后果，进而在权衡利弊的基础上采用最佳的裁判规则和法律解释，如此确保利益衡量和价值判断标准的客观性。

---

[1] 参见［美］本杰明·卡多佐：《司法过程的性质》，苏力译，商务印书馆2000年版，第54页。

为了确保利益衡量和价值判断标准的客观性，司法工作者要进行大量的社会调查。例如，1903年，俄勒冈州在进步运动影响下，通过一项禁止妇女每日劳动超过十小时的立法，库尔特·马勒洗衣公司不愿遵守此法，上诉到美国联邦最高法院，理由是该法违反美国宪法第14条宪法修正案，关于劳资双方订立契约自由的规定。布兰代斯[①]在这个马勒诉俄勒冈州的著名案件中为被告（俄勒冈州）的辩护律师，他非常清楚，光靠法律逻辑他几乎不可能打赢这场官司。于是，基于自己丰富的社会科学素养，他决定另辟蹊径，用社会科学研究的证据和医学文献来说话，来唤起法官的良知和民众的注意。他在法庭上出示的辩护书，仅用2页的篇幅谈及法律先例，却用了100多页的篇幅援引大量统计数据和医学报告，说明劳动时间过长对妇女健康所产生的危害。在本案中，布兰代斯提出的一份长达一百多页的辩护状都是社会调查材料，有力地说明工时过长损害劳动妇女健康、安全，不利于她们完成母亲职责，对整个民族都是有害的。在布兰代斯提出的这些客观权威证据面前，美国联邦最高法院的法官们一致认为，妇女抚育后代的特殊社会责任需要特别的保护，因为"健康的母亲为强壮的后代所必须，为了种族的强健，妇女身体健康必须成为公众利益和关怀的一部分"，因此，《俄勒冈最低工时法》有效。在此案件中，作为被告俄勒冈州就是通过大量社会学统计数据证明了《俄勒冈最低工时法》的正当性，并最终在案件审判中获得美国联邦最高法院的支持。

虽然社会学解释方法没有达到自然科学那种客观性和信服力，但其对人们的法律判断具有很重要的参考价值。中国法律实践中一个重要的司法政策就是强调审判的法律效果与社会效果的统一，这种对社会效果的关注就使得社会学解释具有了突出的地位。有学者认为不应要求法官过多考虑裁判的社会效果，这会影响法官的独立裁判和司法公正[②]，但在中国这样一个具有特

[①] 路易斯·布兰代斯，1856～1941年，Brandeis, Louis (Dembitz) 美国联邦最高法院大法官（1916—1939），犹太人，曾是一名优秀的律师，被称为人民的律师。美国进步运动的主要推动人物。

[②] 王发强："不宜要求审判的'法律效果与社会效果统一'"，载《法商研究》2000年第6期。

殊法律文化的国家，对裁判社会效果的关注可能并不是一个可以轻易说"不"的问题。无论是在中国还是在西方，对裁判效果的考量都是法官的义务。不过，在此需要强调的是，社会学法律解释中对社会效果的考察，必须建立在科学严谨的社会学方法之上，而不应是主观臆断的结果。如此，才不会背离这种解释方法的本意和初衷。① 因此为了利益衡量和价值判断标准的客观性，社会学法律解释方法要求以充足的社会实证分析资料为基础，因此在特定个案中进行社会学解释需要大量的社会调查和论证工作才能完成。法官需要在案件前期准备工作中耗费大量精力，为社会学解释工作中后续的社会效果预测及利益衡量提供科学依据。社会学解释方法在法律解释中引入了实证研究方法，法官在运用社会学解释方法处理新型疑难案件时，在事实层面有大量的实证调查材料为资源，以客观的事实作裁判论证说理的依据，在论证说理上能够更加严谨、充分，在一定程度上可以克服以往裁决论证说理中法官单纯逻辑演绎推理的尴尬，司法裁决的公信力也就更有保障。

3.3 社会学法律解释兼顾形式正义和实质正义，但更倾向实质正义

形式正义和实质正义是法理学的轴心问题。在法理学史上，在司法哲学方面，法律机械主义和法律现实主义就在这个轴心上各持一端。在司法实践中，法官的思维类型大抵分为两种：一种是形式主义（形式正义）思维，法律适用贯彻严格规则主义，严格依据法律的明确规定平等地将法律普遍地适用于每一个人，而不考虑法律适用的结果是否符合实质意义上的公平。另一种是实质主义（实质正义）思维，法律适用不囿于具体规则限制，综合考虑社会政策、民意舆论、伦理道德、人情常理等"常识性的正义衡平感觉"

---

① 武飞："社会学解释：一种'自由'的裁判方法"，载《学习与探索》2010年第6期。

（滋贺秀三语），融通无碍地寻求具体妥当的解决。这两种对立的司法哲学或理念之所以能够长期对峙，就是因为两种司法理念各有千秋，难分优劣，这与司法追求形式正义和实质正义各有利弊是分不开的。①

形式正义体现了法律适用的一致性和可预期性②，符合"相同情况相同对待，类似情况类似处理"的正义原则。法官在裁判案件时，无须考虑法律之外的其他因素，法律即是法官作出裁判的唯一标准。如果法官在适用法律的过程中，将法外因素作为衡量法律适用的标准，那么不仅会破坏法律的普遍性和一般性，而且也有违法律面前人人平等的原则。因为允许法外因素的存在，就意味着在裁判作出时还存在着其他衡量标准，而该标准对每个人而言并非是事先公布的清晰而明确的规定，这样，法官在作出裁判时就会丧失可预测性，从而使依据法律的裁判演变为个人意志的专断，可能导致滥用职权、以权谋私，从而成为滋生腐败的温床。正因为如此，司法非常强调形式正义，有时并不惜以牺牲实质正义为代价。

在司法实践中经常会产生法律与情理之间的冲突，法律的形式理性（形式正义）和实质价值（实质正义）之间的权衡问题。梁慧星先生在《裁判的方法》一书中提出的社会学法律解释方法中利益衡量的操作规则可以概括为：实质判断加上法律根据。在作出实质判断哪一方应该受到保护之后，寻

---

① 桑本谦："法律解释的困境"，载《法学研究》2004年第5期。
② 在中国当前的社会背景下，虽然形式正义的法治和实质正义的法治都是中国司法治理目标的构成内容，但是，在社会转型发展的时代语境中，人们对法律一致性和可预期性的寻求无疑都超过了以往的任何时期，它们成为我们法治建设和社会治理最应该珍视和维护的有关法律的品质之一。一方面，法律的一致性旨在寻求法律自身的和谐统一，在司法中，它体现为司法裁判应当符合法律制度作为一个统一整体而存在的逻辑性，据此法律制度能够实现其既定的重要目标。从形式理性（正义）的角度看，司法对社会学解释方法的运用应当注重法律的一致性要求，使案件裁判在逻辑上满足法律体系的一般性规定。另一方面，法律的可预期性旨在维护法律运行的安定性和可预测性，在司法中，它标志着司法裁决可以给人们提供明确的行为指引和法律后果，据此社会主体可以形成其相对稳定的生活安排。司法运用社会学解释方法对社会目的和社会效果的关注需要符合法律的可预期性价值，使案件裁判在实体上兼具法治体系的原则性理念。据此，司法过程运用社会学解释方法，即使有可能形成社会意义上的"实质理性（正义）"裁判，却也仍然能够坚持形式正义的价值和传统，有助于从总体上减少法律实施的恣意性。参见杨知文："社会学解释方法的司法运用及其限度"，载《法商研究》2017年第3期。

找法律依据，如果找到了，就按照"以事实为依据，以法律为准绳"进行判决。如果作出了实质判断后，就是找不到法律根据，亦即此实质判断难以做到合法化，这种情形，应当检讨实质判断是否正确。司法者应重新进行实质判断。显然，在此梁慧星先生强调社会学法律解释方法虽然重视实质正义，但以形式正义为前提和基础。

社会学法律解释方法注重形式正义表现为，社会学法律解释方法的司法运用应当以对既存法律文本的疑问作为开端。现代法律解释活动以被解释的法律文本是理性地形成为假设前提，法官解释法律应该推定法律文本是合理的，而不是首先就对法律文本的科学性和合理性持怀疑态度。司法对法治的维护也主要是以对法律文本的尊重和服从为标志，司法裁判要受到法规范的拘束是法治的基本原则，法治要求这种原则即使是在三段论的司法推理之外也应得到较大程度地维持，即便是疑难案件的出现也不是司法者可以随意弃置法律的理由，依法裁判的精神对法律解释而言也意味着不能抛开法律文本本身去探求法律规范的意旨。所以，从功能意义上看，虽然社会学法律解释方法在具体司法裁判中的运用可以弥合法律与案件之间的天然缝隙，填补法律对社会变革调整的缺漏，帮助司法者作出合理的判决，但是，司法者对社会学法律解释方法的运用不能离开既存法律文本去操作，而是应该发端于对既存法律文本的理解与疑问。由此而言，对中国当下的司法来说，社会学解释方法的运用不能简单地以追求社会效果或实质正义为理由不顾法律的事先规定，不得以对社会目的和社会需求的考量为名逾越法律的界限，不得完全不顾及形式正义。①

社会学法律解释方法注重形式正义还表现为，社会学法律解释方法的司法运用不能绕开法律解释的文法要素。法律解释的文法要素实质上就是文义解释方法。解释的文法要素以文辞为对象，文辞在立法者的思考与我们的思考之间起到了中介作用。因此，文法要素存在于对立法者所使用的语言法则

---

① 杨知文："社会学解释方法的司法运用及其限度"，载《法商研究》2017 年第 3 期。

的描述之中。对司法活动来说，虽然坚持实质正义意味着司法者要根据主观的正义价值、社会的实体目标及其具体的实质标准处理案件，但是社会学解释方法在司法中运用的基本前提是文义解释后出现了复数解释，尤其是在作为一般法律方法时，社会学法律解释不能避开文义解释。如果法条的表述是明确的，通过文义解释获得的结论是清晰的、唯一的，而且不存在时过境迁的问题，那么就不需要再做社会学解释。由此而言，对中国目前的司法来说，明确要求社会学法律解释方法的运用不能绕开法律解释的文法要素，可以防止司法者不顾文义解释的客观性，直接以自己的意志主张作为社会学解释的实体论点。① 此乃强调虽然司法中运用社会学法律解释以个案正义（实质正义、具体正义）为目标，但也不能枉顾形式正义。

但这并不意味着司法在任何情况下都必须死守教条，严格按照三段论的形式逻辑机械地适用法律，而将形式法治推向极端。在形式主义的法律思维中，法律被认为是完美的、没有瑕疵的、纯粹的、理想的。然而，法律并非出自先知先觉的上帝之手，法律不可能是完美无瑕之物。人类的智慧是有限的，人类的理性也是有限的。法律的滞后性、僵硬性和不完备性，可以说是一种先验且必然的结果。古希腊的柏拉图早就洞察到了法律的缺陷，说道："法律绝不可能发布一种既约束所有人同时又对每个人都真正最有利的命令。法律在任何时候都不可能完全准确地给社会的每个成员作出何谓善德、何谓正当的规定。人之个性的差异、人之活动的多样性、人类事务无休止的变化，使得人们无论拥有什么技术都无法制定出在任何时候都可以绝对适用于各种问题的规则。"②

为了保持权威性，法律要保持安定性、确定性和相对的稳定性，但是社会生活是在不断地变化中。正如梅因所说的："社会的需要和社会的意见常常是或多或少走在'法律'前面的。我们可能非常接近地达到它们之间缺口

---

① 杨知文：《社会学解释方法的司法运用及其限度》，载《法商研究》2017年第3期。
② [美] E. 博登海默：《法理学：法律哲学与法律方法》，邓正来译，中国政法大学出版社2004年版，第10~11页。

的接合处，但永远存在的趋向是要把这缺口重新打开来。因为法律是稳定的；而我们所谈到的社会是不断发展进步的，人民幸福或大或小完全决定于缺口缩小的快慢程度。"① 因此，形式主义的法律思维不能确保法官所作出的裁判都是公正的裁判，于是实质主义应运而生，以弥补形式主义之不足。由于法律的僵硬性、保守性、滞后性、模糊性等特征，以及法律的适用是在不同的语境下适用于不同的个体，因此，如果严格依据法律规定，可能会导致不公正的结果。实质主义的思维，要求法官在作出裁判时，综合衡量争诉各方的利益以及对社会的影响，对规则背后的目的进行"利益衡量"或"价值判断"，从而实现裁判结果的公正。实质主义的思维，使法官在适用法律时，不再奉行制定法"万能主义"，增加了对法律规则背后社会目的的探寻，从而使法律适用具有更大的灵活性和开放性，增加了法律回应社会生活的能力。因此，为了实现个案公正和实质正义，有时也不惜以牺牲形式正义为代价。

　　无论追求形式正义和实质正义，对于司法而言都是各有利弊的。司法是维护社会正义的最后一道防线，法官作为国家司法人员应该尽可能兼顾形式正义和实质正义。作为法官，在本质上是依据法律来作出裁判的人。法官之所以是公正的法官，全在于其严格依据法律的规定来作出裁判。正如拉德布鲁赫所言，如果法官在作出裁判时，不是将法律作为自己至高无上的信条，而是抛开法律而靠自己的道德良知和正义感来裁判案件，从而使裁判脱离法律理性的约束，那将会成为社会的灾难②。法官，顾名思义就是适用法律的官员。职此之故，法官在适用法律时，应首先维护法律的统一性、普遍性、确定性和权威性，严格依据法律的规定来作出裁判，以实现规则的正义、法律的正义。当法律规则缺位、不明确或者严重落后于社会的发展时，法官应以谦抑的品格，秉持其良知和职业操守，在既定的法律框架和法律规则可能的"射程"范围内，对其作社会利益、社会需要和社会效果等社会因素的考量，拓宽正义的疆界（从形式正义到兼顾形式正义和实质正义），将法律的

---

① ［英］梅因：《古代法》，沈景一译，商务印书馆1959年版，第15页。
② 牟治伟，李慧："裁判是如何作出的"，载《人民法院报》2015年8月14日。

稳定和灵活、保守与开发熔于一炉，以调和规范与事实、稳定的法律与不断变化的社会需要之间的张力或紧张关系，促进法律的发展、社会的治理和法治的进步。而这正是司法中运用社会学法律解释方法期望达到的目标。

从现实看，中国社会的转型发展与司法的社会需求之间的确存在着紧张的关系，在很多案件的裁判活动中，法院或法官将当事人争议的处理过程更容易聚焦于协调相关法律与社会需求的关系方面，与严格追求合法性的形式主义司法相比，其更倾向于实质正义，即对实际社会纠纷的妥善解决。特别是在法律体系基本建成的条件下，要建设法治体系则意味着司法发展不仅需要更加关注案件裁判及其法律实施的效果问题，而且需要进行整体性的步骤规划与效益考量，即不仅考虑个案是否合理、公平，还要考虑个案的判决对整个社会带来的影响和效应。尽管如此，司法治理作为社会治理的组成部分和表现形式，主要通过圆满履行其案件裁判的职能来实现，司法工作的特性也决定了其所担负的社会治理职责，必定是一种通过裁判的社会治理。司法者正是借助法律的适用与案件纠纷的解决发挥社会治理的功能，而"面对司法实践，法律规范、原理和方法等都存在如何运用的问题"，在这其中，对包括社会学法律解释在内的裁判方法的运用往往就影响着良好社会治理的实现程度，以及法律的发展和法治的进步。[1]

人类事务的本质就是它自身的未来是不确定的，法律不可能对未来不可知的事情面面俱到地予以规范，法律需在开放性与自足性之间来回移动。缺少必要的开放性，自足的法律会逐渐蜕化为僵硬枯槁之物，并因不能回应社会问题而使法律自足的体系崩溃；但开放性过度，法律过多地受制于临时性事务的影响，法律的稳定性和可预期性就有可能消失在层出不穷的各种事变和压力之中。法官在作出裁判时，经常在形式主义（形式正义）与实质主义（实质正义）的思维之间来回穿梭。[2]

形式正义和实质正义之间存在着此消彼长的矛盾关系，在司法中片面强

---

[1] 杨知文："社会学解释方法的司法运用及其限度"，载《法商研究》2017年第3期。
[2] 牟治伟、李慧："裁判是如何作出的"，载《人民法院报》2015年8月14日。

调形式正义，或片面强调实质正义都是不妥的，因此在司法中要兼顾形式正义和实质正义，在形式正义和实质正义之间寻找一个平衡点。而在司法中运用社会学法律解释的方法就是试图寻找这个平衡点的重要举措。

社会学法律解释要从法律文本恒定的措辞和文义出发，考量变动中的环境、社会需要和特定案件的具体情况，寻求法律文本最有意义的意思。① 因此，在运用社会学法律解释的过程中，法官从对不同社会效果的考量出发，合理地进行利益衡量，作出具有正当性的判决，需要一个条件的约束，那就是他们最终作出的判决必须有法律上的理由。即社会学解释的结论不能在裁判中孤立地出现，必须有法条的支持。也就是说，实质性合理并不等于最后的司法判决，司法判决的结论仍需要法律条文作依托，仍需要经由逻辑三段论的演绎分析而得出。法官在进行社会学法律解释工作中必须实现这一步，以阐释裁判的合理性和可接受性。单纯地主观臆断将会架空社会学解释方法，使其落入法律虚无主义的陷阱之中，降低司法的公信力或信服力。也就是说，社会学法律解释强调要尽可能尊重法律规范蕴含的文义，以及法律条文的文字表述和逻辑推演，保持法律的确定性、统一性、安定性和一贯性（形式正义），但又不必拘泥于法律条文（常见或习惯的）的字面含义和逻辑推演，要求法官要考虑社会生活的变化，并综合考虑各种社会因素，权衡各种社会利益，在法律文本文义涵摄的范围内，作出符合社会大多数人民群众的价值观和时代需要的解释和判决（实质正义）。正如美国著名学者和法官霍姆斯指出："法律的生命并非逻辑，而是经验。可以感受到的时代的要求、盛行的道德和政治理论、公共政策等，其作用丝毫不亚于逻辑推演。"②

当法律存在漏洞，且在现行法体系内依据一般的解释方法已经无法获得答案时，法官可能需要进行"超越法律的法律续造"。在拉伦茨看来，其中

---

① 王利民："社会学解释方法初探"，载《司法前沿》（第二辑），人民法院出版社2009年版，第7页。

② ［美］E. 博登海默：《法理学：法律哲学与法律方法》，邓正来译，中国政法大学出版社2004年版，第159页。

重要的标准就是要"遵守由事物的本质所得的一般观点"①"特别在与正义的要求（相同事物作相同处理，不同事物作不同的处理）结合时，事物的本质更显其重要性：它要求立法者（有时也包括法官）针对事物作不同的处理"②。那么什么是事物的本质？拉德布鲁赫说，"事物本质"是"生活关系的意义"，此种"意义"是"在现实中显现的价值"———"事物本质"是"存在确定与价值判断之联系"③。从概念表述中可知，虽然"事物本质"并不是一个容易说清楚的概念，但可以肯定的是，"事物本质"不是一种实体，相反却是一种"关系"，它是形式正义与实质正义之间的中间点。④"'事物本质'在某种程度上并不出现在自然中。然而它并非因此而不是现实的。它具有关系的性格：它是存在与当为之间，生活事实与规范性质之间实际上存有的关系"⑤。具体来说，法律作为一种社会规范，来自人类社会生活，法律规范及其适用只有遵循社会生活的本质和规律才能促进社会的良性运行。在司法过程中，"事物本质"要求法官针对不同的事物进行不同的处理。假使法律规定严重有悖于事物的本质时，法官就有必要通过运用创造性的社会学的法律解释来更正法律，以实现个案正义或实质正义。

尽管社会学法律解释方法强调实质正义，但也注意兼顾形式主义。社会学法律解释强调要尽可能尊重法律规范蕴含的文义以及法律条文的文字表述和逻辑推演，保持法律的确定性、统一性、安定性和一贯性，因为维护法律的确定性、统一性、安定性和一贯性是实现社会秩序、保持社会长治久安的基本保障，因此是一个社会的基本利益。但社会学法律解释更强调实质正义，反对拘泥于法律条文的（常规的习惯的）字面含义进行逻辑推演，机械地适

---

① 拉伦茨：《法学方法论》，陈爱娥译，商务印书馆2003年版，第289页。
② 拉伦茨：《法学方法论》，陈爱娥译，商务印书馆2003年版，第290页。
③ 转引自考夫曼：《类推与"事物本质"———兼论类型理论》，吴从周译，我国台湾学林文化事业有限公司1999年版，第105页。
④ 考夫曼：《类推与"事物本质"———兼论类型理论》，吴从周译，我国台湾学林文化事业有限公司1999年版，第103~105页。
⑤ 考夫曼：《类推与"事物本质"———兼论类型理论》，吴从周译，我国台湾学林文化事业有限公司1999年版，第133页。

用法律。正如卡多佐指出："法律的确定性、一致性确实是一个社会的基本利益，但是如果法律的确定性、一致性影响到一些更重要的社会利益时，确定性、一致性就不是一个好东西了，这时确定性、一致性所服务的社会利益就一定要通过衡平和公道或其他社会福利的因素所服务的社会利益来保持平衡。"①

社会学法律解释虽然兼顾形式正义，抽象正义，但更倾向实质正义、个案正义。社会学解释主要是针对具体个案适用法律规范的过程中的一种法律解释方法。社会学法律解释并不是在任何个案中都普遍适用或必须适用的②，其对法律规范解释的结论也不像最高人民法院公布的司法解释一样具有普遍的拘束力。社会学法律解释的司法场景通常是，个案中如果运用文义解释无法实现个案正义或实质正义，而且个案适用的法律规范有两种或两种以上可供选择的解释，不同的解释会导致不同社会效果的判决③，此时法官通过各种价值和利益的权衡，形成对个案更综合和公正的判断，从而选择符合广大人民群众一般情理的更加公正的解释和判决。实际上，文义解释通常会遇到文义出现复数解释的可能。文义解释出现两种以上的结果，法律规则本身无法作出判

---

① [美]本杰明·卡多佐：《司法过程的性质》，苏力译，商务印书馆2000年版，第69~70页。
② 如果运用文义解释就能够合理的解决纠纷，或者说能够实现个案正义（实质正义）就不必再运用社会学解释方法。社会学法律解释是一种根据社会效果确定法律条文含义的技术，即"将社会学方法运用于法律解释，着重于社会效果预测和目的衡量，在法律条文可能文义范围内阐释法律规范意义内容的一种法律解释方法"。杨仁寿也认为，"社会学的解释，系以法条之文义解释为基础，当文义解释结果，有复数解释之可能性时，进一步地确定其含义，使之明确的一种操作方法，须在文义解释可能之文义范围内作成，偏重于社会效果的预测及其目的之考量。"司法者为解决诉诸法院的个案纠纷，倾向于围绕个案事实寻找和确定法律。由于一定的原因，出现对法律规范意义的多种理解是常有的事情，特别是"如果这些不同的解释结果皆来自文义解释，即都是在文义涵摄范围之内的，那么，严格说来，它们都应该是合法的解释"。据此，作为法律方法的社会学解释与文义解释等其他法律解释方法存在一个适用顺位上的排序问题。在现有法律方法的一般框架下，文义解释是各种法律解释方法运用的出发点，在文义解释处于优先顺位的前提下，各种法律解释方法最终也都服务于法律条文的文义确定，"在这种意义上，文义解释也具有相对于社会学解释的优先性，并且，社会学解释也是旨在阐释法律条文的文义，社会学解释方法不仅要从法律文本的可能含义出发，而且最终要阐释法律的文义"。（参见杨知文："社会学解释方法的司法运用及其限度"，载《法商研究》2017年第3期）故运用社会学法律解释方法是在形式正义（法律文本）的基础上实现实质正义。
③ 社会学法律解释的司法场景还可能是一些新型的案件出现了法律的空白或漏洞，这时法官通过对与案件相关的法律条文进行社会学解释以填补法律的漏洞。

决。这时，只有运用社会学法律解释方法，即在文义解释之后的复数解释结果中，对复数解释进行社会效果的预测、社会利益的权衡和社会目的的考量，才能最终确定适用复数解释中的哪一种解释，进而实现个案正义或实质正义。

我们可以通过一个案例来具体说明如何运用社会学法律解释方法在实现实质正义同时兼顾形式正义。2005年，高某因携带价值50万元人民币的古旧象牙入境未申报而被法院判决构成走私珍贵动物制品罪。这一案件的核心问题是古旧象牙是否应认定为珍贵动物制品。在这一问题上，学界和实务界存在不同观点。一类观点认为，象牙制品应分新旧，所谓法不溯及既往，法律不能规范其实施以前的行为。如果古旧象牙经鉴定属于文物，一般文物属于可以入境的范围，那么未进行入境申报就属于一般的违法行为，不构成犯罪，因为只有走私珍贵文物才可能构成走私文物罪。另一类观点认为，无论古旧象牙还是新的象牙制品，都应该属于禁止贸易的范围。因为《濒危野生动植物种国际贸易公约》并未对新旧象牙进行区分，所有的象牙制品贸易都是被禁止的。对于这一问题，相关部门作出的解释是：如果某一动植物标本是在"公约"的规定对其生效前获得的，并具有管理机构为此签发的证明书，标本持有者在进出口时可不受"公约"约束。规定中的"生效前获得"是指当事人获得标本的时间早于其居住国成为"公约"缔约国的时间，并且，该标本仍然需要有管理机构确认后签发的许可证或证明书。根据《中华人民共和国刑法》（以下简称《刑法》）及相关解释，即使珍贵动物制品是购买地允许交易且当事人并非作为牟利之用，但珍贵动物制品价值超过人民币10万元的，依然要追究刑事责任。法院正是依据这一解释作出了裁判。如果在此案中使用社会学解释方法，会获得何种结果呢？上述解释中提到，"收藏者获得牙雕的时间要早于其居住国成为'公约'缔约国的时间"，那么，收藏者购买象牙制品后办理进出口许可证就可以带回国。但实际情况是，根据《中国商报》的报道，由收藏者办理进出口许可证的做法可操作性非常低。因为在中国，办理进出口许可证的具体做法是由当事人在出口国办理出口许可证，然后再到国内其户口所在地的林业部门申报，由地方林业部门申报到国家林业局。经国家林业局批准后，再拿着相关申报材料到户口所在地的国家林业局濒危物种进出口管理中心办事处办理进口许可证。难度之大，可想而知。更重要的是，《濒危野生动植物种国际贸易公约》规定禁止象牙贸易的宗旨，或者说其背后的价值追求和实质意义，是为了通过禁止象牙及象牙制品贸易从而保护大象。而在本案中涉及的古旧象牙贸易显然并不会造成对现在存活大象生存环境的威胁。如果将购买的古旧象牙制品认定为珍贵动物制品而不是文物，则收藏者们也将无法进行相关的回购活动。此外，这一问题还可能牵涉相关的古代犀角、黄花梨、紫檀等制品，如果将这些一概定性为珍贵制品，则不利于中国传统文化的传承和保护。由此，此案中所言的行为不应被定性为走私珍贵动物制品罪，这种判决可能是更易于社会接受的结果，有利于实现个案正义和实质正义，同时又兼顾了法律正义和形式正义（我国刑法规定购买珍贵动物制品价值超过人民币10万元的，要追究刑事责任，但如果不被定性为走私珍贵动物制品罪，当事人不被追究刑事责任就不违反刑法的刚性规定）。[1]

3.4 社会学法律解释强调变通性和适应性

社会学解释方法引入了既定法律教义之外的社会因素，重视社会的效果、社会影响和现实需求是社会学解释方法在司法裁判中运用的主要价值所在。因此，法官巧妙地通过运用社会学法律解释方法探求法律规范的含义，以克服法律的僵硬性缺陷，使法律适应社会生活的发展变化、当下需求及其对法律运行的要求和效果，成为法律不断进化和成长的重要推动力。据此而论，社会学解释方法可谓是法律"进化的棱镜"，过往的制定法规范正是借助由这种"进化的棱镜"所导出的解释通过司法活动顺应了现代的条件，实现了

---

[1] 武飞："社会学解释：一种'自由'的裁判方法"，载《学习与探索》2010年第6期。

自身的与时俱进。如果说司法行为不只是纯粹地自动地适用成文法，那么司法者在确需创造性地发展既有的成文法规则的时候，社会学解释方法就是十分必要的手段和方式，也正是通过对社会学解释方法所映射出的有关社会目的与效果等因素的思虑，既往的法律规定获得了新生，在被赋予了新的蕴意的情况下保持了鲜活的生命。①

法律来源于社会又服务于社会，而社会生活纷繁复杂且变动不居，因此无论是制定法还是判例法，其总是存在着矛盾或空白的，法官总是需要借助一定的标准来选择最佳答案。如何在每个案件中尽其可能地通过一个恰当的规则来满足正义和社会效用的要求，是运用社会学法律解释方法的目的。社会学法律解释能够适用的最根本原因就在于，法律总是要随着社会发展而不断变化的。司法最重要的任务是妥当地解决纠纷，法律本身是规制人们社会行为的手段而不是目的，如果过去的制定法所适用的社会事实基础已经发生了实质性的变化，那么法官应探求适应现在社会的"法律"来进行裁判。社会学法律解释强调当法律的规定和社会的现实要求和需要不一致时，应该按照社会的现实状况和需要来解释法律的含义。如此，法律之外的一些社会因素就对司法裁判具有了实质性的影响。从长远来看，这样做的最大益处便在于使法律能够适应不断发展变化的社会关系和社会生活；而对具体的司法裁判而言，其可以克服法律的僵硬性、填补法律的缺漏、弥合法律与案件之间的天然缝隙，帮助法官作出合理公正的判决，同时使法律具有更强的生命力、更好的适应性和变通性。②

社会学法律解释方法强调对某一法律规范或法律条文的解释不是固定不变的，可以随着时代或时间的不同，以及法官审判的特定案件的不同可以有不同的解释。法律来源于社会，又服务于社会，而社会生活和社会关系处于不断地变化中。因此，有时候必须对法律文本进行变通的社会学解释以避免得出荒谬的结果，实现个案正义。卡多佐指出："制定法一旦有了解说，其

---

① 杨知文："社会学解释方法的司法运用及其限度"，载《法商研究》2017年第3期。
② 武飞："社会学解释：一种'自由'的裁判方法"，载《学习与探索》2010年第6期。

含义就趋向于将这种解说按照第一次确定的形式合法的予以定格。"① 卡多佐认为，随着社会的发展，制定法的含义就僵化了，只有通过社会学解释，它才能保持它的变通性和适应性，从而发挥其应有的作用。"从所有这一切得出的结论就是，一个制定法的解释一定不必永远保持相同。谈论什么某个排他性的正确解释，一个将从这个制定法的一开始到其结束都是正确的含义，这是彻底错误的"②。美国著名的法学家弗兰克在其所撰写的一部很有影响的著作《法律和现代精神》（Law and the Modern Mind）一书中论证说，法律规则不是美国法官判决的基础，人们关注法律规则的知识在预测某个特定法官所作的判决时，几乎不能给他们提供什么帮助。他指出："在作出一项特定的判决（裁决、命令或裁定）以前，没有人会知道在审理有关案件或有关特定情形、交易或事件时所适用的法律"。他把那种认为人有能力使法律稳定且固定不变的观点看作是一个"基本的法律神话"（basic legal myth）。③ 因此，如果法官在审理特定案件对某一法律规范进行传统的文义解释而出现明显不正义的结果，社会普通民众很难接受这种不正义的判决，这时法官应该对该法律规范在其文义范围内作出不同于"惯常"的变通的社会学解释。例如"南京同性卖淫案"涉及被告是否构成组织卖淫罪，关键在于对"组织卖淫"的解释。对"组织卖淫"的惯常的解释是"组织女性卖淫"，而在本案中，法官则作出了不同于惯常的变通的适应性的解释：组织卖淫的对象，主要是指女性，也包括男性。而这个解释显然也是在法律文本文义的涵摄范围内。

立法者在制定法律时必须对既定的社会条件予以充分论证，由于这些社会条件随着社会发展不断变化，同时，由于我国是一个幅员辽阔的多民族的经济发展不平衡的大国，每个民族有它们各自的风俗习惯，各个地方也有它们各自的风土人情，法律规范往往与现有社会条件与社会事实大相径庭。这

---

① [美] 本杰明·卡多佐：《司法过程的性质》，苏力译，商务印书馆2000年版，第51页。
② [美] 本杰明·卡多佐：《司法过程的性质》，苏力译，商务印书馆2000年版，第51~52页。
③ [美] E. 博登海默：《法理学：法律哲学与法律方法》，邓正来译，中国政法大学出版社2004年版，第164页。

时运用法律规范进行裁判时，尤其是在涉及社会习俗、文化传统或者是社会公德等方面的问题时，需要考虑社会效果和社会影响，也就是要考虑运用社会学法律解释的方法，对适用的法律规范在文义涵摄的范围内作出不同于常规的变通的解释，以适应社会生活的变化和具体案件的具体情况，满足人民群众朴素的公平正义的追求。

　　社会学法律解释之所以强调变通性和适应性，是因为社会学法律解释是运用社会学方法，而社会生活在不断的变化中。社会学法律解释方法简单地说，就是在司法中法官用社会学的理论和方法来解释法律，或者说是社会学方法在法律解释领域的运用。法律来源于社会，又服务于社会。法学从本质上说，是一门社会学问。法官既要熟悉司法实务，又要深刻理解社会，更要善于在司法过程中运用社会学方法。司法活动本身就是一种社会实践。社会学是研究人类社会活动的一门学科。法律问题也是社会问题，法律现象也是社会现象。每一起案件后面都有复杂的社会关系，面对当下深刻变动的利益格局和瞬息万变的社会生活，法官要注重从社会学的角度来研究和思考法律现象、法律问题。马克思指出："社会不是以法律为基础，那是法学家的幻想。相反，法律应该以社会为基础。法律应该是社会共同的，由一定的物质生产方式所产生的利益需要的表现，而不是单个人的恣意横行。现在我手里拿着的这本 Code Napoleon《拿破仑法典》并没有创立现代的资产阶级社会。相反地，产生于18世纪并在19世纪继续发展的资产阶级社会，只是在这本法典中找到了它的法律表现。这一法典一旦不再适应社会关系，它就会变成一叠不值钱的废纸。你们不能使旧法律成为新社会发展的基础，正像这些旧法律不能创立旧社会关系一样。"[①] 因此，法律只有通过变通而适用社会生活的变化，才能使僵死的法律焕发生机和活力。

　　法官既要关注"本本上的法律"，更要关注"社会生活中的法律"；既要像法律人一样思考，又要学会像社会学家那样思考。法律的生命不是逻辑而

----

① 《马克思恩格斯全集》（第6卷），人民出版社1961年版，第291~292页。

是经验，法之理在法外，法官面对的表面上看是一个个具体的案件，实际上涉及复杂的社会关系和不断变化的社会生活，法官要善于从日常生活中获取法律精髓，从法律之外思考法律问题、观察法律现象、分析法律与社会的复杂关系，以此提高处理新型、复杂、疑难案件的能力。面对新型、复杂、疑难的案件，法官简单照搬法律规范是无济于事的，必须结合案件涉及的政治、经济、文化、社会因素进行综合分析和解释。一名优秀的法官不仅要有法学理论造诣和司法专门技术，更要有丰富的社会阅历、广远的社会见识、开阔的社会视野。法官既要熟悉司法实务，又要深刻理解社会。法律来源于社会，法律是整体社会事实的一部分，法律演进是社会变迁的反映，是社会生活的百科全书。改革开放40多年来，我国社会发生了巨大变迁。当前，我国仍然处于社会转型期，利益格局深刻调整、社会矛盾交织叠加、社会冲突日趋复杂，这些都会通过司法这个渠道反映出来。面对纷繁复杂、层出不穷的社会问题、法律现象和具体案件，法官不能机械地照搬法律条文，必须要学会熟练地运用社会学法律解释方法。法官的知识体系应该是开放的、多元的，法官尤其不能将自己封闭在单一的法律知识体系里面，要善于倾听法学界、法律界以外的声音。美国学者柯特莱尔指出："法学家在其职业环境中形成的修饰过的典型的法律观使他们长久地过于自信，自以为理解得全面、深刻，以致竭力抵制来自法律界以外的不同的或者是相反的关于法律本质和作用的观点。"[1] 有学者担心社会学解释方法可能把法律因素部分丢弃，而进行新的"立法"。"法律因素在解释中是否被丢弃，是衡量一个社会法治程度的标准之一"。实际上，这一担心是多余的，法官关注和思考社会现象、社会问题和社会利益，根据社会生活的变化和新的社会需要对抽象的法律进行适应性的变通的社会学解释，是为了更加全面、准确地把握法律规范包含的社会和文化内涵，如此可克服法律的僵硬性缺陷，使法律更具有适应性、灵活性、周延性和稳定性，使法律能够更好地适应社会生活的发展变化。[2]

---

[1] 转引自丁国强："法官办案要有社会学思维"，载《人民法院报》2016年9月12日。
[2] 丁国强："法官办案要有社会学思维"，载《人民法院报》2016年9月12日。

以我国发生的多起肖像权侵权纠纷案例来说，对于在非营利时擅自使用他人肖像的行为是否构成侵犯公民肖像权的问题，社会学法律解释方法可以提供合理的解决。按照我国《民法通则》的规定，"公民享有肖像权，未经本人同意，不得以营利为目的使用公民的肖像"。从法条字面意思上看，只有以营利为目的擅自使用他人的肖像才构成侵权，如果是非以营利为目的就不构成侵权。然而，在现实中，不经同意也不以营利为目的使用他人肖像的现象时有发生，根据法律的规定，此类案件的受害人权利的确很难得到保护。如果运用社会学法律解释方法，此类案件的裁判则就能具有较大的合理性，即"以营利为目的"作为肖像权侵权责任的构成要件不仅与现实生活的情况不符，而且没有考虑到社会发展的状况，特别在互联网及其技术不断普及的新时代，擅自使用他人的肖像变得更为容易，即便是不以营利为目的而使用也会对他人的生活造成不利的影响，故将侵犯肖像权的行为仅限定于以营利为目的，显然已不符合人们生活和社会发展的需要，在司法实践中必须进行变通适用，以适应社会生活的变化，满足社会发展的实际需要。①

3.5　社会学法律解释是连接立法目标与司法目的的纽带

立法目标与司法目的都是为了实现社会正义。但法律针对的是一般的人和事，法律具有一般性和抽象性，而社会生活是复杂的、具体的。同时法律是为社会生活服务的，法律具有相对稳定性，而社会生活和社会关系在不断地发展变化。因此在司法实践中，法官将抽象的相对稳定的法律适用于具体的现实的案件时，就要进行解释，特别是社会学的解释，以便使法律能够适应社会生活的变化和特定案件的具体情况。如果不进行社会学解释就有可能使法律暴露其僵硬性缺陷，而无法适应社会生活的变化和包罗万象的复杂的

---

① 杨知文："社会学解释方法的司法运用及其限度"，载《法商研究》2017年第3期。

具体的社会生活（案例），当然司法也就无法实现立法目标（社会正义）。在司法实践中运用社会学法律解释旨在通过司法来实现立法目标和司法目的，即社会正义。社会学法律解释正是连接立法目标与司法目的的纽带。正如卡多佐指出："如果你们要问，法官将何以得知什么时候一种利益已经超过了另一种利益，我只能回答，他必须像立法者那样从经验、研究和反思中获取他的知识；简言之，就是从生活本身获取。事实上，这就是立法者的工作和法官工作相接的触点。"[1] 但是，卡多佐强调法官对法律条文进行社会学解释有一定的限度，不能违背法律原则和精神。他指出：实际上每个法官都在他们的能力限度内进行立法，他只能通过社会学解释在法律的缺陷处和空白处进行立法，以弥补法律的僵硬性缺陷和法律漏洞。法官到底可以走多远而不超出其限度，没有人为其规定明确的界限。法官应该像从事艺术实践多年的艺术家，在舞台上如何保持恰到好处的分寸和感觉一样。甚至就是在法律的缺陷和空白之内，某些难以界定而只能为各个法官感觉到的限制都在限定他的活动。这些限制是由遵从通行的法律精神的义务建立起来的。[2]

立法者在立法时也想使法律实现社会正义的目的，但社会生活的复杂性、具体性和多样性，有时使立法者的立法目标难以实现。"立法者绝不可能发布一种既约束所有人同时又对每个人都真正最有利的命令。法律在任何时候都不可能完全准确地给社会的每个成员作出何谓善德、何谓正当的规定。人之个性的差异、人之活动的多样性、人类事务无休止的变化，使得人们无论拥有什么技术都无法制定出在任何时候都可以绝对适用于各种问题的规则。"[3] 为了保持权威性，法律要保持相对的稳定性，但是社会生活是在不断地变化中。正如梅因所说的："社会的需要和社会的意见常常是或多或少走在'法律'前面的。我们可能非常接近地达到它们之间缺口的接合处，但永

---

[1] [美] 本杰明·卡多佐：《司法过程的性质》，苏力译，商务印书馆2000年版，第70页。
[2] [美] 本杰明·卡多佐：《司法过程的性质》，苏力译，商务印书馆2000年版，第70~71页。
[3] [美] E. 博登海默：《法理学：法律哲学与法律方法》，邓正来译，中国政法大学出版社2004年版，第10~11页。

远存在的趋向是要把这缺口重新打开来。因为法律是稳定的；而我们所谈到的社会是进步的，人民幸福的或大或小，完全决定于缺口缩小的快慢程度。"① 这时，在司法中运用社会学法律解释方法，既实现了司法目标，又实现了立法目的，使社会学法律解释成为连接立法目标与司法目的的纽带。以下以"南京同性卖淫案"为例，来说明社会学法律解释如何成为连接立法目标与司法目的的纽带？

案情如下：南京有一酒店招收"公关先生"，酒店管理人员胁迫这些"公关先生"打扮成女性模样，穿着暴露在该酒店夜总会的舞台上来回走台步，如果被来该酒店消费的男同性恋者看中，就要被带走"开房间"，"公关先生"如不从就会被打。有一"公关先生"被打得遍体鳞伤逃离魔窟后报警，警察包围了这个酒店，逮捕了酒店的经营者李某等人。检察院对酒店的经营者李某以构成组织卖淫罪提起公诉。法庭上被告的律师提出了辩护意见："长期以来'卖淫'是指'女性出卖肉体'。目前我国刑法及相关司法解释对同性之间的性交易是否构成'卖淫'无明文规定，根据'法无明文规定不为罪'和'罪刑法定原则'②，被告人李某的行为不构成组织卖淫罪。"该案经央视"今日说法"栏目报道后受到人民群众的广泛关注和热烈讨论，并在法律理论界、实务界都引起了较大的争议。

该案中法官该如何运用社会学法律解释方法以便成为连接立法目标与司法目的的纽带呢？如果判决被告人李某的行为不构成组织卖淫罪，将不利于

---

① ［英］梅因：《古代法》，沈景一译，商务印书馆1959年版，第15页。
② 不确定概念是"明文"的一种表现形式。比如"其他方法"这一不确定概念便是法律的明文规定，只不过这一规定不确定而已。学者们的主要分歧即在于对"明文"的理解上。我们认为刑法规范为适应社会生活，采取必要的立法技术，设置一些概括性的规定或不确定概念，不应认为是违反"罪刑法定原则"和"法无明文规定不为罪的原则"。这不仅反映了立法者的立法前瞻性，而且也是立法者客观评判某一行为的态度。因此不能混淆"明文"和"明确"，无明确规定并不是无明文规定。对刑法的不确定概念的解释并不违反罪刑法定原则。随着罪刑法定由绝对到相对的演变，为刑法条文进行社会学解释提供了契机。在相对罪刑法定原则下，在一些新型案件中法官可以通过对不明确的法律条文进行社会学的解释，以便在刑法领域法官也可以在一定范围内行使司法自由裁量权，以实现立法目标和司法目的。参见陈金钊、焦宝乾："中国法律方法论研究学术报告"，载《山东大学学报》2005年第1期。

维护社会秩序,如此将无法实现立法目标,也无法实现司法目的。而这就涉及对"卖淫"的解释。根据法社会学或社会法学派的理论,任何一种法律解释如果不考虑社会生活的变化,僵化刻板地解释法律,就是试图扼杀法律文本固有的开放性和延展性,都会无情地吞噬法律文本的精神和生命力。社会学法律解释方法就是试图克服法律的僵硬性缺陷,正视法律文本的开放性和延展性,强调适应社会生活的变化来科学地界定法律文本的确切含义。该案的争议焦点是对"卖淫"的解释。对"卖淫"传统的解释就是"女性出卖肉体",但是随着社会的发展出现了新的情况,显然这个对"卖淫"的传统的法律解释已经僵化了,不适应社会的变化。社会学法律解释要求法官要考虑社会生活的变化,并结合特定案件的具体案件事实,将维护社会秩序、实现良好的社会效果等社会学因素引入法律解释的考量中,来阐释法律条文在当前现实生活或具体案件中应该具有的含义。也就是说,社会学法律解释强调对法律条文的解释应当适应社会生活的变化,结合现实案例的特定事实,作出既符合法律的原则和精神又能达到维护社会秩序、保护社会公共利益的解释。

该案主审法官运用社会学法律解释方法于该案中,强调随着社会的发展,制定法的含义就僵化了,只有通过社会学解释,它才能适应社会生活的变化,从而实现立法目的,发挥法律应有的作用。也就是说法官对某一个法律条文或法律概念的解释并不是固定不变的,其内涵和外延也要随着社会的发展而发展、变化而变化。刑法中"卖淫"在以前是指"女性出卖肉体",但目前社会生活发生变化即出现了同性卖淫现象,刑法中"卖淫"的概念随着社会事实不断出现而不断发展产生新的含义[1]。

---

[1] 基于法律条文在社会中新的含义的论点展现了司法者对社会生活中不断变迁的同步价值的寻求,它使得法律文本能够保持对人们生活环境的适应性,体现的是法律调整与社会关系所有的具体的、历史的统一意义,这本身其实就是一种社会效果和需求。当社会学解释方法的运用根据这样的论点展开时,法律在适用上保持了与社会的互动,纸面上的法也就转换为了行动中的法,在这其中,司法的社会效果和需求既是社会生活对法律的效果和需求,也是法律自身对社会生活的需求和效果,是法律对社会生活变化发展的主动回应和自我适应。从回应型法的特点看,为了使法律更多地回应社会需要,主张扩大法律相关因素的范围,正是为了让"法律推理能够包含对官方行为所处社会场合及其社会效果的认识",使法律机构能够"更完全、更理智地考虑那些法律必须从它们出发并且将被应用于它们的社会事实。"参见杨知文:"社会学解释方法的司法运用及其限度",载《法商研究》2017年第3期。

被告的辩护律师将"罪刑法定原则"中"法无明文规定不为罪"理解为"法无明确规定不为罪",违背了法律的精神和价值,忽视了法律作为维护社会公共秩序(公共利益)的工具的重要性,是错误的。因为即便法律规则以及相关司法解释,对某一类行为是否构成犯罪并未作出明确的规定,但结合该案例若能在认真揣摩立法者的立法目的、准确地把握法律的精神[①]的基础上,科学地运用社会学的解释方法将"组织同性卖淫"行为解释进我国刑法的明文规定之中,则对该行为进行定罪量刑就并不违反"罪刑法定原则",相反,恰恰是坚持了"罪刑法定原则"。最终法院判决被告人李某的行为构成组织卖淫罪[②]。这个案件的判决,既符合法律的理性、精神和价值,维护了法律的统一性、确定性和权威性,实现了立法者的立法目的。同时这个判决符合社会公众的道德情理和社会主流价值观,维护了社会公共秩序[③],有力地打击了犯罪,给受害人("公关先生")伸张了正义,产生了正面的积极的社会反响。同时因为根据媒体的报道,艾滋病的发病率逐年上升,开始向普通人群蔓延。艾滋病的发病渠道原来主要是血液传播,现在主要为性传播,特别是通过男性与男性之间性行为而传播,而该案的正义审判和判决有利于遏制男性与男性的性交易行为,因而维护了社会公共利益,如此实现了司法目的。因此,该案中社会学法律解释成为连接立法目标与司法目的的纽带。

[①] 我国刑法设立"组织卖淫罪",立法目的或法律精神是禁止任何危害社会公共秩序和良好的社会风尚的卖淫行为。

[②] 法院审理认为,根据我国刑法规定,组织卖淫罪,是指以招募、雇佣、引诱、容留等手段,控制多人从事卖淫的行为。组织卖淫的对象,主要是指女性,也包括男性。本案被告人李某以营利为目的,组织"公关先生"从事金钱与性的交易活动。虽然该交易在同性之间进行,但该行为亦为卖淫行为,被告人李宁作为组织者,其行为侵害了社会生活秩序和良好的社会道德风尚,有一定的社会危害性,符合组织卖淫罪的构成要件,故对被告人及其律师的辩护意见法院不予采纳,判定被告李某的行为构成组织卖淫罪。

[③] 社会公共秩序是公共利益的核心。

4 司法实践中运用社会学法律解释方法的必要性

"徒法不足以自行",法律必须经由解释才能予以适用。法律来源于社会,在社会生活瞬息万变的今天,社会学法律解释尤为必要。社会学法律解释方法以能够实现良好的社会效果和满足社会的现实需要为考量,以实现一定的社会目的为旨归,并把社会效果建立在对实际观察与预测的基础上。如果要承认法律是实现社会目的之手段的话,那么就必须通过司法实践对法律实现社会目的能否有效地促进社会发展进行评估和校正,法律规范就有可能在法官的扩展解释或限缩解释中增加或减少含义。可以明确的是,法律适用中的扩张解释、限缩解释以及法律漏洞填补等正是借由社会学解释方法所提供的价值诉求与导向来实现并获得证成的。无论如何,在制定法的解释一定不必永远保持相同的语境下,在社会变化和社会需求愿望强烈的条件下,无论解释的结果是对法条含义的修剪还是增添,抑或是经由解释的路径创造新的规则,司法者都要从社会学视角出发借助社会学解释这个"进化的棱镜"来阅读和宣布法律的意义[1]。因此,社会学法律解释方法的运用对转型时期的中国司法治理活动有着重要影响和意义。具体来说,在司法实践中运用社会学法律解释方法的必要性主要表现在以下几个方面:

---

[1] 杨知文:"社会学解释方法的司法运用及其限度",载《法商研究》2017年第3期。

4.1 法律语言具有模糊性的特征

哈特在《法律的概念》一书中提出了法律语言中心结构的理论。哈特指出："任何选择用来传递行为标准的工具—判例或立法，无论它们怎样顺利地适用于大多数普通案件，都会在某一点上发生适用上的问题，将表现出不确定性或模糊性特征。"① 哈特认为人类任何语言中的词语的意义都存在着一个意义中心和边缘地带。在中心，意义是明确的，但在边缘地带，意义是模糊的，愈边缘意义愈模糊。② 也就是说，人类语言的词语的意义有中心意义和边缘意义之分，中心意义明确，但边缘意义是模糊的，有争议的。例如"早晨"这个词语指一天天亮开始的一段时间如 5～9 点，其中心意义就是 6～8 点，也就是说 6～8 点属于"早晨"非常明确没有争议，但 5～6 点、8～9 点是"早晨"这个词语的边缘意义，也就是说 5～6 点、8～9 点是否可以称为"早晨"是有争议的③。虽然法律语言有许多专业术语，但仍然有大量的日常用语。举例说，有一法律条文："禁止车辆进入公园"。对于"车辆"其中心意思是非常确定的，即轿车、大汽车、摩托车等属于"车辆"含义覆盖的范畴。但是，大型玩具车、电动车、救护车、自行车等是否属于该法律条文中"车辆"的范畴就比较模糊了。类似这样的模糊的情况，法官在适用法律的时候就必须进行合理的解释，特别是社会学的法律解释，以便使僵硬的法律能够适应具体案件的具体情况和社会生活的变化。

语言本身具有"开放性"的特征，它会因语境的不同而出现歧义和模糊，法律语言也不例外。法律必须通过社会学解释才能在社会生活和具体案件的适用中得到较为准确的适用。一般而言，立法者立法时必然力求立法语

---

① ［英］哈特：《法律的概念》，张文显等译，中国大百科全书出版社 1996 年版，第 127～129 页。
② ［英］哈特：《法律的概念》，张文显等译，中国大百科全书出版社 1996 年版，第 124～135 页。
③ 5～6 点可能用"清晨"表述更合适，而 8～9 点也可以界定为上午了。

言的准确性，以期制定的法律能够得到严格的统一的遵守和适用，起到准确调整一定领域内的社会关系和法律关系的作用。然而，模糊性却是不可避免地存在于各种法律条文之中，可以说准确性和模糊性都是立法语言的本质属性和鲜明特征。

"二战"后英国最著名的法官和享有世界声誉的法学家阿尔弗雷德·汤普森·丹宁（Alfred Thompson Denning）指出："有时候你可能无法——不是由于你的过错——使自己表达得更清楚，这可能是语言本身的弱点。它可能不足以表达你想要说明的意思，它可能缺乏必要的确切性。"①

早在1904年，梁启超在讨论立法问题的《论中国成文法编制之沿革得失》一文中，就提出了"法律之文辞有三要件：一曰明，二曰确，三曰弹力性。"② 这里所谓"弹力性"就是指模糊性。梁启超先生指出，法律语言有三个鲜明的特征，即"明白易知""用语准确""灵活周延"。"明白易知""用语准确"是强调法律语言的内涵，而"灵活周延"则是强调法律语言的外延。法律如果全是晦涩难懂的文字，人民大众无法理解法律的内容和意义，就是没有做到"明白易知"。古代的法律就是这样，这个已经过时了。所谓"用语准确"就是要求法律语言不能过度模糊甚至有歧义，即法律语言不能既可以这样理解，也可以那样理解。法律语言的最重要的品质就是准确无歧义。所谓"灵活周延"就是要求法律语言的外延意义甚广，能够包容纷繁复杂和不断变化的社会生活和法律现象，在适用到具体案件的具体情况或者新型疑难的案件时，执法和司法人员可以对法律条文进行解释，特别是社会学的法律解释，以克服法律的滞后性、僵硬性缺陷，以便使法律具有包容性、适应性、稳定性和灵活性。

表面上看，法律语言的两个特征"用语准确"和"灵活周延"是不相容的，实际上却不是这样，而是相辅相成的。"用语准确"是强调法律语言内涵确定，没有歧义，而"灵活周延"是强调法律语言具有概括性、抽象性和

---

① ［英］丹宁勋爵：《法律的训诫》，龚祥瑞等译，群众出版社1985年版，第4页。
② 梁启超：《梁启超法学文集》，范忠信选编，中国政法大学出版社2004年版，第182页。

包容性，其外延意义是不确定的，法官可以通过社会学解释在具体案件中确定其含义以实现社会正义、具体正义和实质正义，以便使法官的裁定或判决能够达到最佳的社会效果。因此，法律语言的明确性（准确性）和模糊性都是法律语言甚至所有语言的本质特性。法律语言的模糊性有利于使法律能够克服僵硬性缺陷，使法律具有概括性、周延性和灵活性，使法律能够适应不断变化的丰富多彩的社会生活。也就是说，法律语言的模糊性使法律条文不必要进行频繁修改而能够保持对社会的适应性，而这就离不开法官在具体案件适用法律时对法律条文的社会学解释。

　　法律语言的模糊性和法律语言的准确性一样都是法律语言固有的特征。法律语言具有模糊性的原因是多方面的：第一，语言的模糊性是语言的本质属性之一，语言本身的模糊性是法律语言具有模糊性的重要原因。语言的离散性、有限性与客观物质世界的连续性、无限性之间的矛盾导致了法律语言的模糊性。"语言的非精确性，即模糊性是语言的本质属性之一。"[①] 第二，法律规范的概括性也是法律语言具有模糊性的原因，即为了解决法律的一般性和抽象性与社会生活的复杂性和具体性之间的矛盾，要求法律必须具有概括性，如此造成法律的模糊性。第三，法律现象的复杂性也是法律语言具有模糊性的原因之一。法律现象的复杂性表现为法律是不同利益集团互相争执和妥协的结果，如此造成法律的模糊性。法律现象的复杂性还表现为法律现象本身是模糊的，如此导致法律语言的模糊性。

　　总之，法律语言不同于文学、哲学等其他语言在于法律是人们行为的社会规范，代表社会公平和正义，具有国家强制性和极高的权威性，如此形成了法律语言特有的风格和特性，其中准确性是法律语言毋庸置疑的最重要的特性。但是，法律语言贯穿于立法、执法和司法等法律运行的全过程，在法律运行的过程中人们发现明确的法律规范在复杂多样且不断变化的社会生活面前要么无法适应，要么显得模糊笼统。事实上，在立法、执法和司法等各

[①] 伍铁平：《模糊语言学》，上海外语教育出版社1999年版，第132页。

个领域，模糊的法律语言比比皆是。因此，法律语言的模糊性也像法律语言的准确性一样，都是法律语言的重要特征和本质属性。模糊性的立法语言可能使得法律条文看起来不是那么清晰、准确，但是，法律语言的模糊性或者说立法语言的适当模糊却有诸多优势或积极功能。也就是说，法律语言的模糊性有弊端或消极的一面，但也有优势或积极的一面。法律语言的模糊性使法律具有一定的灵活性、开放性、适应性和包容性，如此能保证法律不必频繁修改而保持较长时期的稳定性，增强了法律的安定性和权威性。概括性的模糊的法律语言比精确的语言传递更多的信息，以有限的法律资源尽可能涵盖不断变化且纷繁复杂的社会生活中的各种情况，最大限度地避免可能出现的法律漏洞或空白。立法语言的适当模糊赋予了执法者和司法者一定范围内的自由裁量权，是对法律的僵硬性缺陷的一种补充，有利于法官根据具体案件的具体情况对法律进行社会学的解释，从而作出符合具体案件具体情况的最佳的社会效果的判决。

由于语言本身具有模糊性，导致文义解释难免会出现复数解释的情况，此时社会学解释以文义解释的解释结果为基础，考量或预测每一种结果的社会影响和社会效果，选择能够达到较好的社会效果的一种解释或政策性判断。在司法实践中，有时在对法律条文进行解释文义时，可能会出现"恶的结果"，而这种结果可能对社会长期建立起来的社会道德造成冲击，社会上一般人们都难以接受，这时就应该考虑对法律条文的变通解释，即在法律条文文义涵摄的范围内，运用社会学法律解释的方法提出符合具体案件的具体情况、符合社会道德和公平正义的解释，以弥补文义解释的不足。

4.2 法律具有概括性、一般性和抽象性的特征

法律规范的概括性是指法律规范为一般人的行为提供了一个模式、标准或方向，它的对象是抽象的、一般的人，而不是具体的、特定的人，它是为

了在同样的情况下可以反复适用，而不是只适用一次。由于我国地域辽阔、各地经济社会发展水平严重不均衡，尤其在风险社会和社会转型的大背景下，法律不可能对社会生活的方方面面作出详细具体的规定。所以，立法上只要求对某一类行为的性质作出概括性的规定，无需也不可能对社会生活中可能出现的各种具体行为作出明确详明的规定。因此，法律规范是将现实社会生活中个别的、具体的法律现象进行抽象、概括出共同要素后形成的，不是对社会生活中具体行为样态的简单罗列和直观描述。换言之，法律规范并不是为个别的事件而设立，而是为一类事件而设立，而同类事件的具体情况又是复杂多样的，作为法律规范必然舍弃了具体情况的差异性和多样性，就一类事件进行概括性的规定，以便将现实生活中发生的个案能够涵摄于该规范之下。所以，法律规范并不是针对特定人在特定时间的特定行为所做的规定，而是一个抽象的概括性的规定。换句话说，成文法的规定较为抽象，通常是就一般情形作出的规定，而不会就特定的具体情形作出规定。

例如，我国刑法规定了组织卖淫罪，在界定"卖淫"的概念时，一般针对的是"组织女性出卖肉体"的现象，但在立法时没有考虑"组织男性出卖肉体"这一特殊情形，如果一概将"组织男性出卖肉体"排除在"组织卖淫罪"的概念之外，则对该规则的运用就过于机械或僵化。如果在司法实践中出现了"组织男性出卖肉体"的案例，就需要法官运用社会学的法律解释方法，通过探求立法者的本意，考虑国家、社会在不同时期的主流价值观念和社会需要，平衡各方当事人的利益，在这些抽象概念中确定具体的规则或者确定这些概念适用的具体对象与范围，从而丰富法律的内容。[1] 因此，法律解释特别是社会学的法律解释可以有效地克服成文法的刚性或僵硬性，弥补其不足。从这个意义上，法律解释特别是社会学法律解释越发达，科学性越强、司法中运用的频率越高，成文法的生命力就越长久、越强，其在社会生活中的规范效果或者说判决的社会效果就越好。因此，如果相关的法律解释

---

[1] [法] 雅克·盖斯坦、吉勒·古博：《法国民法总论》，陈鹏等译，法律出版社2004年版，第415页。

4 司法实践中运用社会学法律解释方法的必要性

的技术比较落后,或者说法官对社会学法律解释方法的运用还比较陌生,则成文法在遭遇现实生活的挑战之后的生命力就显得十分脆弱,一般的抽象的法律很快会暴露出其僵硬性缺陷并最终被废弃。

法律解释特别是社会学的法律解释,是将抽象的法律规范适用于具体的社会现象或包罗万象的法律事实的必要途径。法律来源于社会,又服务于社会,而社会生活和社会关系纷繁复杂且处于不断地变化中。因此立法者只能用概括性的语言来表述千差万别、异彩纷呈的法律现象。换句话说,立法者只能对各种各样的法律现象进行分析、归纳,抽象出它们的共同特征,然后用概括性的语言,以图制定出具有普遍适用的法律规范。因此法律规范通常是一些抽象的、概括的行为规则,法律不可能也不应该对一切社会问题和社会关系都作出详尽无遗的规定。因此法律条文只有经过解释,特别是根据案件的具体情况和社会生活的变化作出的社会学解释才能成为法院或法官适用和判决的依据。也就是说,法律必须通过解释,特别是社会学解释才能使法律语言在具体案件的适用中得到较为准确的表达。

英国著名法官丹宁勋爵指出:"必须记住,无论一项法律什么时候被提出考虑,人们都没有能力预见到实际生活中可能出现的多种多样的情况。即使人们有这种预见能力,也不可能用没有任何歧义的措辞把这些情况都包括进去。"[1]"法律条文有限,社会事实无穷,不能就每一事项,纤细无误的予以规定,故条文字句多抽象晦涩"[2]。在法的实施过程中,要把一般的法律规定适用于千差万别的具体情况,对各种具体的行为、事件和社会关系作出处理,就必须对法律作出必要的解释,特别是社会学的法律解释。

法律的概括性、一般性和抽象性特征使法律只注意其适用对象的普遍性而忽视其特殊性,然而适用于一般情况能导致正义的法律,适用于个别情况或具体案件的结果即可能是不正义的,即法律常常在获得了一般正义的同时丧失了个案的正义。换句话说,法律针对的是一般的人和事,法律不可能对

---

[1] [英]丹宁勋爵:《法律的训诫》,龚祥瑞等译,群众出版社1985年版,第13页。
[2] 杨仁寿:《法学方法论》,中国政法大学出版社1999年版,第133页。

社会生活的方方面面都作出非常细致的规定。而社会生活却是纷繁复杂、多种多样的。例如，法律规定："故意杀人罪判十年以上有期徒刑、无期徒刑直至死刑。"但在社会生活中故意杀人的情况有许多种，如仇杀、情杀、激情杀人，为财而杀人等。法律不可能详细罗列以上各种杀人的情况分别作出具体的规定。因此，法官在处理有关杀人的案件①时，就有必要对法律条文进行社会学的法律解释。

还例如，在法律实践中，抢劫罪和抢夺罪是两个不同的罪，抢劫罪是比抢夺罪更为严重的犯罪，受到法律更为严厉的惩罚。抢劫罪和抢夺罪的区别在于犯罪分子在抢走受害人财物的过程中是否使用暴力。使用了暴力就构成抢劫罪，反之就属于抢夺罪。但在社会实际生活中抢劫罪和抢夺罪之间也没有泾渭分明的界限，"未使用暴力"和"使用暴力"是一种渐变的过程。有关"使用暴力"实施抢劫可能出现以下几种情形：第一种情形，犯罪嫌疑人用刀架在受害人的脖子上抢去受害人脖子上的金项链；第二种情形，犯罪嫌疑人在后面猛推受害人，在受害人倒地后一瞬间夺走受害人脖子上的金项链；第三种情形，犯罪嫌疑人和受害人迎面而过，犯罪嫌疑人故意用肩膀擦碰受害人，在受害人与其理论时，趁其不备快速夺走受害人脖子上的金项链。以上三种法律现象中，第一种情形"使用暴力"是非常明确，没有争议。但第二种情形、第三种情形中犯罪嫌疑人是否使用暴力，就要根据具体案件的具体情况对法律条文进行社会学的解释，以期能够使案件的判决符合具体案件的具体情况，并达到最佳的社会效果。

总之，由于社会生活的具体性、特殊性与复杂性，因此要求法官不能机械地适用法律，不能仅考虑普遍性的问题，还应该关注案件发生时的具体情

---

① 例如一对夫妻吵架，妻子一气之下抱起不满一岁的女儿跳河，后妻子被人救起，而婴儿死亡。还例如一母亲将刚出生的不久的婴儿放置在一小区门口导致婴儿死亡。还例如一对夫妻因为感情不好而分居（住在三室一厅里，各住各的房间），妻子在早晨锻炼回来发现平时爱晨练的丈夫还在睡，她好奇地推门进入丈夫房间发现房中有炭火（用于取暖），窗户关闭，考虑到丈夫平日对其不好，故未采取救助措施，最后导致其丈夫死亡。法官在处理以上案件时，必须要对一般的抽象的法律进行法律解释，特别是社会学的法律解释。

境和具体案件的具体情况,主动地去发现法律甚至通过法律解释来创造法律,使案件的结果更加符合社会公平正义的要求。换句话说,法官应该通过社会学的法律解释对法律作出相应的变通,力争作出符合具体案件的具体情况的最佳的社会效果的判决。

4.3 法律具有相对稳定性的特征

虽然法律的主要内容是对法律主体的权利和义务的规定,但法律毕竟是对人们行为的一种约束,如果法律经常修改、废止或变化会导致人们好不容易习惯了某种约束,又要适应新的约束而无所适从。同时法律的制定和修改是需要成本的,加之如果法律经常变化也极大地损害法律的一贯性、确定性和权威性,因此法律一经制定没有特殊情况就要在一定的时间内保持稳定性。但是法律来源于社会,又服务于社会,社会日新月异、瞬息万变,社会生活和法律要调整的社会关系都处在不断地变化中。为了解决法律规范的相对稳定性与社会生活的不断变动性之间的矛盾,立法者就会选择一些概括性的词语以便使法律能够适应未来可能出现的新情况和新变化,但"这些概括性的词的含义可能随着时代、场合甚至使用者的不同而发生变化。词义有赖于所讨论的问题和这个词的语境"①。因此,在司法实践中法官有必要根据社会生活的变化和具体案件的具体情况对法律条文进行社会学的法律解释。

法律规范是相对稳定的,而社会生活却是不断发展变化的,要把相对稳定的法律规定适用于不断发展变化的法律实际,就需要对法律规范作出必要的解释,以此在保证法律的稳定性和权威性的同时,能够适时根据法律规范的基本原则和精神,对新情况、新问题作出符合实际的处理。换句话说,法律来源于社会,又服务于社会。法律一旦制定就要在一定时期内起作用,不

---

① [英]丹宁勋爵:《法律的训诫》,龚祥瑞等译,群众出版社1985年版,第6页。

能朝令夕改，因此法律具有相对稳定性的特点，而社会生活和社会关系则是在不断变化的，立法者无法预见到未来社会的各种具体的发展情况，只能从现有的情况出发制定规则，如此使得法律无法完全适应丰富多彩和变化多端的现实生活。因此，在遇到新型复杂案件时，法官也需要克服法律的僵硬性，对法律文本进行适应社会生活的变化和新情况、新形势以及新的社会需要的社会学解释。

庞德指出："法律必须稳定，但又不能静止不变。因此，所有的法律思想都力图使有关对稳定性的需要和变化的需要方面这种互相冲突的要求协调起来。我们探索原理……既要探索稳定性原理，又必须探索变化原理"[①]。法律具有相对稳定性或滞后性的特点，要克服法律的滞后性，保持法律与时俱进的秉性，唯一有效的途径就是通过运用法律解释特别是社会学的法律解释方法，在司法中通过解释法律使法律适应社会的变化而不断发展法律。法律解释，特别是社会学的法律解释，是调节法律的稳定性与社会关系、社会发展的变化之关系的媒介。

法律的相对稳定性是法律的权威性的必要保障和前提，法律经常变化不仅造成公民无所适从，同时也损害了法律的权威。我国先秦法家的代表韩非子和管子分别指出："治大国而数变法，则民苦之。"[②]（《韩非子·解老》）"号令已出又易之，礼义已行又止之，度量已制又迁之，刑法已错又移之。如是，则庆赏虽重，民不劝也，杀戮虽繁；民不畏也。故曰：上无固植，下有疑心。国无常经，民力必竭。"[③]（《管子·法法》）先秦法家强调法律要保持相对的稳定性，不能朝令夕改。没有相对的稳定性，法律随之丧失可信度，没有可信度的法律就没有权威可言，刑虽重民众不畏惧，赏虽厚也起不到鼓励的作用。因为法是全国臣民奉行的准则，统一、固定，百姓才好遵守；朝令夕改，就会使人们无所适从。而且，如果各种法律政令不统一，那么奸臣

---

① [美]庞德：《法律史解释》，曹玉堂等译，华夏出版社1989年版，第1页。
② 张觉：《韩非子译注》，上海古籍出版社2007年版，第207页。
③ 黎翔凤：《管子校注》，中华书局2004年版，第295页。

刁民看到原先的法令对自己有利，就按原先的法令来办事；看到新的法令对自己有利，就按新的法令来办事；看到新旧法令有相互抵触之处，就会进行诡辩来维护自己的私利。所以，韩非认为"法莫如一而固"①。古希腊著名思想家亚里士多德认为：轻易地改变法律，另制定新法的做法，削弱了法的根本性质和作用，也严重损害法律的权威②。正因为如此美国的宪法几百年基本不变，只是以修正案的方式进行"小修小补"。博登海默指出："一旦法律制度设定了一种权利和义务方案，那么为了安全、自由及预见性，就应当尽可能地避免对该制度不断地进行修改和破坏。"③ 但是法律来源于社会，又服务于社会，社会生活的法律现象和法律调整的社会关系在不断地发生变化，法律制定出来实际上就已经过时了。正如美国法学家埃利希指出："法律一经制定出来，就已经过时了。它既难以管理现在，也难以遑论未来。"④ 也就是说法律的制定需要一定的时间和成本，法律必须保持相对的稳定性，而社会生活日新月异、瞬息万变，立法者只能根据当时社会生活的情况制定法律，

---

① 必须指出的是中国先秦法家在强调法律不能朝令夕改，即要保持相对稳定性的同时，也强调"法与时转"，即法律要与时俱进。如《管子·任法》："法者，不可恒也""皆随时而变，因俗而动"《商君书·壹言》："圣人之为国也，不法古，不修今，因世而为之治，度俗而为之法。"即法家认定国家的历史是进化的，社会是不断发展变化的，则治理国家的法律也不能固化。因此法家强调法要因时制宜。在法家看来，法律是适应社会的需要而产生的，因而就不可能一成不变，就像社会关系不可能固定不变一样。这说明随着时势的变化，法制应相应地进行变革，但这只是从时代的高度来看问题。在某一个时期，法令一旦制定，就必须具有统一性、稳定性，不能"数变法"。总之，"法与时转"是为了使法令适合不断变化的客观现实，"法一而固"是为了使法令具有相对的稳定性以便于实施，两者都是考虑到法令的实际功效而提出来的。固法论与变法论看似矛盾，实际上其宗旨是一致的。它们都是值得借鉴的立法原则，无论废弃其中的哪一个方面，都会犯片面性的错误。只有辩证地看待这不可或缺的两个方面，从实际出发适当地处理好这"变"与"不变"的关系，才是明智之举。人们既称道商鞅变法，又赞赏萧规曹随（汉初萧何为丞相，制定律令制度，后曹参继萧何为相，完全根据萧何的成规办事），原因就在于此。在法家看来，法律既要"变"又要"不变"，"变"是为了避免法律受历史的束缚，而与时代的需要不相符；"不变"是保持法律的相对稳定性，保证法律不被疑虑而保持法律的威信。"变"与"不变"辩证地结合起来，才能保证法律既不墨守成规，又不朝令夕改，从而发挥法律应有的功能。先秦法家这个立法原则在现在看来仍然给我们莫大的启示。

② 董晓波："立法语言的模糊性——一个法社会学的视角"，载《河南大学学报（社会科学版）》2007年第2期。

③ [美] E. 博登海默：《法理学：法律哲学与法律方法》，邓正来译，中国政法大学出版社1999年版，第402页。

④ 张文显：《二十世纪西方法哲学思潮研究》，法律出版社1996年版，第129～130页。

虽然立法者也知道法律也要适应未来社会的需要，但立法者无法预见还未发生的未来社会的各种情况和需要，因此法律总是滞后于社会生活，即法律具有滞后性的缺陷。而通过对法律条文的社会学法律解释可以使僵硬的法律焕发生机，如此则有利于实现法的相对稳定性，弥补法的滞后性缺陷。

今天的法律无法适用于明天发生的事件和行为，则必然对法律进行适时的修改，或者制定新的法律来调整新近出现的各种矛盾、纠纷。但是，频繁地变动法律无疑会给普通民众造成一种朝令夕改、无所适从的感觉。当社会处于转型时期，社会生活发生重大变化，对法律及时进行修改是非常必要的。但法律来源于社会，社会生活和社会关系不断地发展变化，许多新情况、新问题不断涌现，法律的修改也无法及时解决法律适用上的所有问题。修改法律其实也属于立法的范畴，其本身也要符合立法的程序。法律的修改要经过一系列复杂的程序，如立法机关及其工作人员要经过社会调研、调查或听证，然后起草、审议法律草案等需要付出相应的立法成本。从立法成本的角度来看，因为立法和法律的修改要动用大量的社会资源和司法资源，要经过大量的社会调查和科学论证，需要许多法律工作者付出艰辛的劳动，对法律进行频繁的修改或者频繁地制定一部新的法律，导致立法的成本过高，这显然是不经济，不现实的。同时法律的修改过于频繁也损害法律的权威性和立法机关的公信力，不利于法律的普遍实施。因此，法律特别是一些基本法律在制定之后必须要在相当程度上保持稳定性，不能朝令夕改。可以说，法律的不完善性、滞后性是成文法固有的本质特征，毕竟法律不适合被经常修改，否则可能影响人们对法律规则的合理预期。这也使得法律无法及时应对日益凸显的法律漏洞，这就需要通过法律解释特别是社会学的法律解释，及时有效地回应社会生活的变化和社会发展的需要。从这一意义上说，法律解释特别是社会学的法律解释是法律保持"长盛不衰"的秘密[1]。

从比较法的经验来看，在调整社会关系过程中，并非所有的问题都需要

---

[1] 王雷："民法规范的性质——游走在自治与管制之间"，载《法学杂志》2009年第12期。

通过立法来一一解决，事实上，从国外的成熟经验来看，相当多的新问题可以通过法律解释特别是社会学的法律解释来解决。所以，面对大量涌现的新问题，把希望完全寄托于立法机构的想法也是不太现实的。这不仅仅是因为立法的成本问题，还因为立法的程序性要求决定了其难以在司法判决的法定期间内对这些问题一一作出回应。人民群众将其诉讼纠纷提交到法院之后，法官不能以法无明文规定或法律的空白或漏洞为由而拒绝裁判，更不可能等待立法回应之后再作出判决。唯一可行的，只能是法官按照科学的法律解释方法特别是社会学的法律解释方法来弥补法律的滞后性和僵硬性缺陷，及时回应现实生活中不断涌现的新的法律现象、公平合理地解决现实社会生活中的争议，以便使判决达到最佳的社会效果，实现法律效果和社会效果的统一。

在司法实践中，法官运用社会学的法律解释方法可以使法律具有一定的灵活性、开放性、适应性和包容性。随着社会生活和社会关系不断地发展变化，法官通过对法律进行合情合理地社会学解释，使得滞后的、僵硬的、封闭的法律具有灵活性、开放性、适应性和包容性，使得执法人员和司法人员在面对变动不居的社会现实和不断出现的各种新型复杂的案件时，能够在保持法律相对稳定性和安定性的前提下赋予法律以新的含义，以适应不断变化的社会现实和社会发展的需要，这样虽然法律语言的"外壳"没变，但其内容和意义则随着社会的发展和变化悄无声息地生长和变化。因此通过对法律进行社会学的法律解释，将适应社会发展需要的新内容和新价值吸收到法律中来，法律因此不动声色地发展着，从而在法律的稳定性与变动性之间寻找到一个科学的平衡点，如此加大了法律对于社会变动的适应力度，有利于弥补法律的滞后性缺陷，使法律保持相对的稳定性，增强了法律的安定性和权威性。

总之，法律具有确定性和稳定性，法律的这种稳定性与确定性是对生活中人们日常行为安全预期的保障，可是社会生活和社会关系在不断地变动，法律也必然呈现动态发展倾向，而成文法必然出现滞后性和僵硬性缺陷。如何将具有确定与稳定的独特逻辑属性的法律，同变动不居的社会关系和社会现实结合起来必是法官面临的一大难题。在司法实践中法官通过对法律条文进行社会学的法律解释，在一定程度上可以避免由于法律的滞后性而频繁地修改法律，增强法律条文的灵活性、包容性，以帮助法律更好地适应现代高速发展变化的社会现实，使得法律在不必频繁地修改而保持其相对的稳定性的同时，也能对发展变化了的社会关系进行有效的调整，以解决各种新出现的矛盾与纷争，从而使法律在变动性与稳定性中间找到一种平衡。因此，为了使法律适用未来社会可能出现的各种情况，有效地平衡法律的稳定性与社会的变动性之间的矛盾，社会学的法律解释方法的运用确有必要。

4.4 立法者的认知能力是有限的

由于人认知客观事物的能力受环境、时代和人的认知能力等条件的制约，在一定历史时期内，人们不可能对所有法律现象、法律行为逐条作出准确地界定和定性。马克思主义哲学把认识发生的自然因素和社会因素结合起来，确认人所特有的实践活动是认识发生的现实基础。实践活动所属的环境是相对静止的，但实践活动却是不断发展、永不停息的，导致人类受自身观察、感知、生理以及想象、理解等认知能力的局限，往往既不能正确认识自己所处的自然世界，也不能全面认识生活于其中的社会，更不能详尽地预测未来。在一定历史时期内，人们不可能对所有的法律现象毫无遗漏地准确地作出界定或为其定性。换而言之，在人类有限的认知能力和潜在的法律现象之间存在一个空白地带，该空白地带需要法官通过运用社会学的法律解释方法来充实和填补。如对"安乐死"这种行为，既有被法律认定为是犯罪的，也有被法律认定是无罪的，二者的关键就在于对生命的认知存在着分歧。被法律认定是无罪的人认为生命是有价值的，当生存只意味着痛苦而没有价值时，就应该帮助他结束苦难。被法律认定为是犯罪的人则认为生命本身就是价值，即使是活着很痛苦，也不能随便剥夺他人的生命。至今，这种争论仍在继续。

因此遇到具体案件时，就需要法官在适用法律时要根据具体案件的具体情况对法律条文进行社会学的法律解释。

人的认识能力和制法能力总是有限的，任何法律体系中都不可避免地存在着应规定的未作规定、规定不够准确清晰或界限不明等诸如此类的法律漏洞[1]。为了弥补法律漏洞，使法律规范得以实施，有效地进行法律调整，法律解释特别是社会学法律解释就是必不可少的手段。由于人类认识客观世界的局限性和立法者的立法能力等原因，决定了法律漏洞是任何国家的法律都不可避免存在的一个问题。在司法实践中，由于法律的不完善和缺失，法官经常面临适用法律的困难。法官有时无法找到据以裁判案件的依据，有时找到的依据不止一个，且存在着冲突，这都会使法官的裁判面临困难。在此种情况下，立法机关很难在短时间内作出反应，法官只能通过法律解释特别是社会学的法律解释积极地填补法律漏洞，以顺利完成案件的审判。从这个意义上讲，通过社会学的法律解释填补法律漏洞是法官行使司法审判权过程中的一项重要活动。总体上说，法学的发展正呈现出一种积极鼓励法官通过社会学法律解释发挥其在填补法中漏洞方面的造法功能，发现社会生活中的活的法律以便给法律带来了新的生命和活力的趋向，此种趋向已对法学的发展产生了十分重要的影响。[2]

法律规范毕竟只是一套形诸文字并由概念和规则交织复合而成的逻辑系统或准逻辑系统，繁复庞杂的社会事实不可能与之天然吻合，立法者在立法过程中必然会产生法律的漏洞、歧义、含混不清等无法避免的情况。虽然立法者力图将法律规定的内容尽量包罗万象、完美无缺，但法律的漏洞、缺陷

---

[1] 所谓法律漏洞是由于立法者由于各种主观或客观的因素未能充分预见待调整的社会关系，或者未能有效协调与现有法律之间的关系，或者由于社会生活和社会关系的发展变化超越了立法者立法时的预见范围等原因，而导致立法存在缺陷，这种缺陷表现为：调整特定社会关系的具体法律规范的缺失，或者既有法律规范之间存在矛盾或冲突，或者既有法律规则在今天的适用明显违背了法律对公平正义的基本要求。法律漏洞是中外法学界共同面临的法律难题，如何对法律漏洞进行填补已成为几十年来中外法学界共同讨论的核心问题之一。参见王利明："论法律解释之必要性"，载《中国法律评论》2014年第2期。

[2] 王利明："论法律解释之必要性"，载《中国法律评论》2014年第2期。

还是难以避免的。因此，在司法实践中，法官对案件的解决或法律的适用离不开对法律的解释，特别是社会学的法律解释。故对于法律实践者来说，了解法律解释之方法，利用各种解释方法特别是社会学法律解释方法，来填补法律的空缺、清除瑕疵，使得复杂疑难案件的裁判更贴近法律自身的意旨和社会需要应当说意义重大。法律解释特别是社会学的法律解释，是克服立法者认知能力的局限并发展和完善立法的必要途径。

在成文法背景下，法官没有主动创造法律的权力，但在出现法律漏洞等情形时，法官只能通过解释法律特别是社会学的法律解释来发展和完善立法。在此背景下，法官唯一能够做的，就是通过解释法律来弥补立法的缺陷，进而维护和推动立法体系的发展和完善。在任何社会，包括立法者在内的人类理性和能力都是有限的，立法者不可能预见到未来的一切并设计出制度方案。社会关系纷繁复杂，不同利益之间的冲突也越来越频繁和尖锐。但立法者无法对所有的具体法律关系提供一一对应的调整规范。充分发挥法律的调整功能，并不等于要制定出数量庞大、事无巨细的法律。人类法律发展史上曾经出现过制定"完备"法律的努力。1794年的《普鲁士普通邦法》是法律汇编模式的典型代表，全法多达17 000余条，包括了行政法、刑法、民法等多个部门的法律。该法典规定了大量的细节规范，但历史证明，这种体例事无巨细的立法努力并不成功。事实上，即使法律再完备，也不能包罗万象，总是会给法官留下大量的解释空间。回顾人类法律发展史，我们也能看到法律的发展过程在很大程度上是法官不断补充完善法律规则、填补法律漏洞的过程。有的立法者希望通过立法本身的高度完善去消除法律解释活动的必要性，但事实证明是徒劳的。其根本原因在于，法典由法律语言构成，法律语言是语言的一种，与纷繁复杂的社会现实生活相比，法律语言的描述功能和信息载体功能是十分有限的，无法涵盖与描述全部的社会生活，立法者的理性和认知能力根本不可能预见到未来社会的发展变化所提出的各种新问题、新情况，法律漏洞和法无规定的情况比比皆是，法律只能借助法官的解释特别是社会学的法律解释使法律不断适应新的社会需要，解决社会生活中不断涌现的新的矛盾、冲突和纠纷。

我国目前正处于社会转型时期，新问题、新矛盾层出不穷。然而，一旦出现某种复杂的社会现象和新型纠纷，有人就撰文呼吁制定新法，似乎只有不断频繁立法才能有效解决社会中的各种矛盾。这种思路在我国基本民事法律体系尚未建立、重要的部门法律尚不健全的时期，确有一定合理性。诚然，法治首先要做到有法可依，但是，有法可依也并非要通过大规模的立法活动来完成。过多的法律可能会使得人们在规范选择面前变得无所适从，法官的法律适用也变得异常困难。其实，立法应当重点解决社会生活的主要矛盾，但显然不是要去规范社会生活中的一切问题。在社会生活的基本法律确定之后，通过一定的法律进行必要的配套，再辅之以法律的解释，如此，就可以解决社会生活的法律规范问题。立法并非是多多益善，繁杂但又不实用的法律，不仅将耗费大量的立法成本，也会导致有些法律形同虚设，影响法律的权威和人们对法律的信仰。

总之，立法者的理性和能力总是有限的，法律不可能完美无缺，只有通过法律的解释特别是社会学的法律解释，使法律在适用时尽可能符合社会生活的具体情况。

4.5 有利于增进判决的说服力和权威性

众所周知，我国目前判决书的说理严重不足已经成为广为社会所诟病的问题，并直接影响了裁判的权威性。判决书的说理又称论证或论理，是用概念、判断、推理的思维形式反映客观事物，阐明其内在联系，揭示事物内在本质和规律的表达方式，是裁判文书或判决书最重要的表达方式和核心部分。理由部分是判决书的灵魂，是指认定案件事实和适用法律的理由。如果不说理或者说理简单、格式化，用空话、套话代替说理，亦即说理不充分甚至说理与查明的事实自相矛盾，就容易使人对判决的合理性甚至合法性产生怀疑，进而滋生抵触情绪。判决必须依法进行，一篇好的判决书仅有客观的充分的论据和正确的结论尚不够，还必须具备严密有序、严谨通透的推理论证过程，以及公正的、合理的、容易让人理解的论证内容，做到以理服人。我们的司法判决也要像英美法系国家法院的判决那样，向整个社会解释、说明该判决有法律依据且符合立法目的、符合法律的原则和精神并符合社会的一般情理以及主流价值观念，并说服整个社会，使公众满意，这是司法公正的内在要求。法官所制作的判决书能否做到格式规范、内容客观、表述准确、说理透彻，是检验和衡量其司法能力与业务水平的重要标准，也是确保法律正确实施、不断提高审判工作质量的重要保障。其中"说理透彻"最为重要。裁判文书的说理是多元的、丰富的，表现在：一是事理——案件的事实真相；二是论理——裁判所适用的法律依据、司法政策、司法解释和指导案例；三是学理——裁判文书所用的科学理论与专门知识；四是文理——裁判所适用的语言、文字、数据、逻辑。讲文理就是要符合形式要件，讲求说理技巧，做到文字准确、通顺、恰当，让当事人真正能看懂、读懂判决的内容；五是情理——裁判所遵循的公序良俗、社会民意和社会主流价值观。总之，判决书的说理透彻要求法官做到立足事实、以事说理，着眼法律、以法论理，并要求法官做到客观、公正、充分、平实，并将其心证过程跃然纸上。显然，判决书要做到"说理透彻"要求法官自觉运用社会学的法律解释方法，以表明其判决既有法律依据，又公平合理，实现法律效果和社会效果的统一。

近年来，随着审判方式改革进程不断深入，加之法官队伍文化素质水平明显提升，因此法院诉讼文书制作水平也明显提高。但目前通行的判决文书仍然在不同程度上存在制作简单、粗糙，说理程式化、制作缺乏文理与法理的特点，一些当事人难以服从判决，无端申诉事件频频发生。判决书作为法院裁判的直接载体，是法院整个认定事实和适用法律整个审判活动的书面记录。我们都说以理服人，判决书也是这样。判决理由是判决书的灵魂，没有灵魂的判决书只是几页具有权力属性的纸张。判决理由是将案件事实、法律条文和判决结果有机联系在一起的纽带。其核心内容是法官根据查证属实的事实、证据，针对案情特点，运用法律规定作出合理公正的判决的理由。一直以来判决不说理；说理简单，用空话套话代替说理问题时有发生，埋下了重大隐患。人民群众，特别是诉讼当事人往往对判决的合理性、合法性产生怀疑，滋生抵触情绪，严重影响了司法公正，动摇了人民群众对司法机关的信任，极大地损害了司法公信力。我国的法律传统与诉讼模式更接近大陆法系，法官在裁判过程中遵循的是理性三段论模式，三段论的必要性在法官的判决中得到强调与运用。司法实践中，法官在处理具体案件时，通常以相关法律条文为大前提，以案件事实为小前提，然后结合法律与事实推导出判决结论，但其中的论证和说理严重不足。加强判决书的说理不仅涉及对案件事实认定的加强，也包括在裁判理由部分的深入论述。一个裁判结果的作出，不单单是法律的适用，还涉及案件事实的认定以及案件事实与法律条文的契合的程度。审判过程并不是简单既定的结合证据适用法律，还有其他不得不考虑的利益权衡、价值判断、社会影响、社会效果等社会因素，所以一个优秀的法官应当综合考虑全局，使得社会利益最大化，这就离不开社会学的法律解释方法。

判决书是人民法院代表国家行使审判权，通过审判活动对案件实体问题依法制作的具有法律效力的文书，是案件办理过程的真实呈现，也是公正司法的客观反映。判决书是审判程序的最后一环，它的完美才意味着整个审判程序的圆满。判决书说到底就是为了约束双方当事人，我们所希望的约束不是强迫，而是心甘情愿的接受，一位高素质的法官不会仅仅依靠自己的权力去压，而是通过自己的说理去化解。而说理需要法官有着相关的法律知识，高尚的人文情怀，正确的价值观念，更为重要的是要善于自觉运用社会学的法律解释方法。要求法官在司法实践中自觉运用社会学的法律解释方法，主要针对的是法条主义理念，旨在用来克服法条主义带来的缺陷。它要求法官针对当事人的诉求来说理，不能对庭审持一种消极的态度，不能只对法条机械的适用，而应该在判决书中充分展现自己对于案件的理解，充分阐述其对所适用的法条的理解，并论证其判决符合立法的目的和社会的一般情理、符合法律的原则和精神、符合社会普遍认可的主流价值观念，并坚信自己的判决能够实现社会效果和法律效果的统一。但司法实践中，一些法官的判决不针对当事人的诉求来说理，或者虽讲出了一些道理和理由，但毫无针对性。有的判决甚至根本不援引具体的法律规则，而只是援引法律原则（如诚信原则、公平原则）裁判，此种情况俗称"戴高帽"的判决，意思就是说，判决的依据直接从民法的基本原则而来，看起来层次很高，但实际上，由于这些基本原则放之四海皆准，可以适用于任何案件，因此等于没有援引法条裁判。许多判决书，不要说当事人看不懂理由，就是法学专业人士，在看完之后也是一头雾水。大量的判决在陈述了案件事实以后，在真正需要分析、说理和论证的时候"打住"，直接写明"依据……条，判决如下……"但援引的该法律条文究竟是什么含义，案件事实与法律条文是否契合，根据该条得出的裁判结论或判决结果是否合乎情理、是否符合公平正义的基本要求，判决书对这些问题都没有做任何阐释，以至于其既不能说服当事人，也无法说服社会公众，甚至有时连法官自身也无法被说服。①

　　导致这一问题的原因有很多，但其中一个重要的原因就在于法官不善于运用社会学法律解释方法。事实上，社会学法律解释本身就是一种说理和论证的方法和技术。法律解释是一个逻辑推理的过程，因为要把法律大前提准确运用到具体案件，就是要充分说明大前提的内容和小前提的性质。而这一过程本身就是一个从"一般到个别"的逻辑的展开。在进行社会学解释时，法官以经实证考察而来的案件事实作为法律解释的客观对象和前提条件，法律解释结果被用来预测案件裁判可能导致的后果，即具体特殊个案的后果和整个社会效果，在权衡的基础上采用最可为公众所接受的社会后果作为裁判的参考。因此社会学法律解释是能够为人们所理性认识和检验的。正是基于这种具有共识性的法律解释方法，法律人方能在法律解释结论这个大前提上达成一致意见，从而最终有利于三段论逻辑推理的展开和妥当裁判结论的得出。社会学法律解释方法是保障法官准确理解法律含义，作出公正、合理案件裁判的基础。法律只有通过社会学法律解释方法来发现、补充和修正，才会获得运用自如、融通无碍的弹性。②

---

　　① 王利明："论法律解释之必要性"，载《中国法律评论》2014 年第 2 期。
　　② 季卫东："'法律解释的真谛——探索实用法学的第三道路'对西方法律解释理念发展史的回顾与总结"，载《中外法学》1998 年第 5 期。

4 司法实践中运用社会学法律解释方法的必要性

司法判决对做法律所做解释的理由需要有不同程度的展示，社会学解释方法的司法运用是立基于一定的社会效果和社会需求来构建关于法规范解释的理由论点。从方法论上讲，"法律解释与法律适用相关联，将被视为司法裁判的正当性证明过程的一个基本环节"①。社会学法律解释的过程本身就是论证说理的过程，因为，要论证法条对特定案件事实的可适用性，就需要充分阐明为什么应当按照某一种方式去理解该法律规则。在进行社会学法律解释时，法官要在尊重基本法律事实的基础上，根据个人利益、社会公共利益的不同需求，权衡各种利益的价值大小，作出与法律精神和社会价值要求相一致的价值判断。通过合理的利益衡量，达到情、理、法相统一，实现法律效果与社会效果的统一。而传统的法律解释方法尽管可发挥很大的作用，但其大多时候是从欲实现的法律目的出发，只考虑法律在客观上的适用范围，而对于其运行的社会效果的考虑相对较少。而运用社会学的法律解释方法，法官可以根据社会生活的实际情况以及具体案件的具体情况充分解释法律，特别是阐明法律的精神和立法宗旨，有利于让受众更好地理解和接受立法，从而更好地接受判决的权威性。反之，在那些复杂的问题上，如果法官简单地以文义作为法律解释的依据，实际上回避了对该问题的分析与评判，未能积极履行法官通过判决执行法律和让当事人与社会公众理解法律的职责。

在司法实践中，尤其是在利益和价值冲突的时候，社会学法律解释能够反映出社会主流价值和社会主要倾向，从而使民众更易接受法院裁判结果。比如在"穆勒诉俄勒冈州案"中便是在经济效率的价值与妇女权益保护之间发生了冲突，通过社会学的方法统计和调查，最终美国联邦最高法院认为在当时情况下对妇女权益的保护更值得选择，从而认可了《俄勒冈最低工时法》。同时在该案件中，也正是因为对妇女权益保护反映了社会的主流倾向，判决结果才更容易为人们所接受，如此增进了判决的说服力和权威性。

---

① 杨知文："社会学解释方法的司法运用及其限度"，载《法商研究》2017年第3期。

5 司法中运用社会学法律解释方法要考量的因素

司法中运用社会学法律解释方法要考量的因素是社会学法律解释方法研究的重点和难点。目前法学理论界和实务界关于司法中运用社会学法律解释方法要考量的因素众说纷纭、莫衷一是,本书在综合前辈研究的基础上提出司法中运用社会学法律解释方法要考量的因素应该包括公共利益、社会效果、社情民意、民俗习惯和公共政策五个方面。虽然这五个方面之间也有交叉和联系,如公共政策以保护公共利益为价值目标、社情民意对社会效果产生重要影响等;同时在每一个案件中,法官运用社会学法律解释方法要考量的因素可能不只是这五个因素中的一个因素,可能涉及五个因素中的几个因素,而且这几个因素的权重可能不同,但是这些都不妨碍我们对运用社会学法律解释方法要考量的这五个因素分别进行分析、研究和讨论。

5.1 公共利益

公共利益,从字面上理解,可称为公共的利益,简称公益。虽然自古以来国家的形式变化多样,对国家和法律存在的理由也有不同的解释,但是毫无疑义,公共利益是国家和法律存在的正当性理由,因此,司法中运用社会学法律解释方法要考量公共利益是首要的和理所当然的。在西方倾向于用

"社会福利"来表示"公共利益",实际上是同一个意思,只是话语习惯不同而已。实现公共利益(社会福利)有时是司法者倾向于运用社会学解释方法的正当理由,尽管这可能被认为是司法权的扩张。在经典的传统司法哲学的视野里,司法裁判主动寻求新社会福利的做法往往受到质疑,因为拓展新的社会福利一般是立法者或行政部门的职能。然而,历史和现实却不断证明,司法裁判时常关涉国家和社会的一般公共福祉,特别是需要对某项法律的社会目的进行考量的时候,能否实现新的社会福利就会成为释法的重要标准。基于实现新的社会福利的论点在英美国家的司法裁判中较为常见,尤其是在涉及社会学法律解释的案件中。卡多佐对此认为,"法律的终极原因是社会的福利",未达到其目标的规则不可能永久地证明其存在是合理的,当法官应召就现存规则应如何延伸或如何限制而发言时,"他们一定要让社会福利来确定路径,确定其方向和其距离。"也正如此,社会学解释方法的运用发展出基于实现社会福利(公共利益)的论点,使司法者在很多案件中更具立法者的角色,成为在法律社会化阶段的社会工程师。①

社会学法律解释所关注的利益衡量中所考虑的利益至少应由两部分组成,一是个体利益,二是公共利益。个体利益的行使不得侵犯社会利益,但社会公共利益的实现在一般情况下也不能以牺牲个人利益的方式为代价。由此可见,在进行利益衡量时,我们不仅要考虑保护社会公共利益的需要,还要考虑到对合法合理的私人权利空间的保护,特别是宪法赋予公民的基本权利如生命健康权、受教育权的保护。也就是说,对法律进行社会学解释,在利益衡量和价值判断时,并不是盲目地选择公共利益,抛弃个人利益。在社会利益和个人利益之间,法律更多地考虑和保护公共利益,并不等于对公共利益进行绝对的保护。有时,公共利益也应作出牺牲,即使在优先保护社会公共利益时,对牺牲的个人利益也应给予补偿。也就是说,在选择个人利益和公共利益的价值时,不管在什么情况下,都不能完全确定公共利益必然优先于

---

① 杨知文:"社会学解释方法的司法运用及其限度",载《法商研究》2017年第3期。

个人利益，或者说必须让个人利益作出牺牲来维护社会公共利益。而是应当根据实际、具体的情况作出选择，因为在特殊条件下，个人利益也有先于社会公共利益的情况。比如在公共道路上孕妇急于生产，为了保证孕妇和孩子的生命安全，则需要打破当时的公共交通状况，为其提供专门的通道送达医院。在这样的情况下社会利益需要作出让步，因为根据一般的社会经验和价值判断，在当时的情况下，公民的生命健康权即孕妇和孩子的利益优于当时的公共交通需要。因此，公共利益优先只是在一般情况下，或是价值总量衡量后所得出的结果。在利益衡量和价值判断方面，以社会公共利益的优先保护为原则，但也不排除社会公共利益也有退让于个人利益的时候。选择牺牲个人利益时，只有在清晰地确认公共利益的价值总量大于私人利益的情况下，并应当为个人利益提供补偿。因此社会学法律解释以公共利益作为考量的重点，并不意味着盲目地选择公共利益，或者说在任何情况下当公共利益和个人利益冲突时都优先保护公共利益。

在17~18世纪，西方处于自由资本主义阶段，强调个人自由和权利本位，不太重视公共利益。那时的政府是"守夜人"的角色，即管的最少的政府是最好的政府。但从19世纪末开始，西方主要资本主义国家由自由资本主义进入垄断资本主义阶段，垄断使各种社会矛盾趋向激化。与此同时，资本主义法律制度与资产阶级革命时期提出的民主和法治思想之间的差距越来越大，由工业革命所带来的社会问题日益严重，如贫富差距、道德沦落等。在这种情况下，资本主义国家不得不关注以往与国家不相关的劳动、福利、教育等方面的问题，并运用政治法律手段加以调节。于是劳工法、社会保障法、环境保护法等社会立法不断制定出来，"法律社会化"成为时代潮流。法律社会化充分反映出社会价值观念的重大转变，即从强调绝对的个人自由到对自由的适度限制、从强调所有权自由处分和私有财产神圣不可侵犯到私有财产所有权的处分也要受到限制（如不得损害社会公共利益）、从突出个性、个人利益和强调权利本位到个人权利的适度限制和重视社会公共利益的转变。[1]

---

[1] 沈宗灵：《现代西方法理学》，北京大学出版社1992年版，第306~308页。

5 司法中运用社会学法律解释方法要考量的因素

司法中运用社会学法律解释方法要考量公共利益的难点,在于公共利益具有不确定性。社会学法律解释中的社会公共利益的确定不只是一个单一的评价标准,在绝大多数情况下,要综合评价多个价值标准后才能作出判断。英国法学家尼尔·麦考密克强调法官对利益和价值衡量的过程中不能只看到单一的价值和利益,要综合考量和权衡各种相互冲突的利益和价值,确认一个更重要的价值和利益作为优先地位,同时也要确保能够对被衡平掉的利益和价值的损害降到最小的方式运作①。也就是说,在某个具体案件中,哪种社会价值和社会利益将起支配作用,很大程度上必定取决于诸多社会利益的相对重要性和相对价值②。因此,社会学法律解释中的社会公共利益或社会福利的确定要借助于多项标准做判断,是一个综合了各种价值的最后总判断,甚至对这些价值所导致的对立结果也需要进行协调和权衡。

法官在审判实践中,经常遇到诸多的利益权衡和价值判断的问题,例如,在生命权与财产权发生冲突时,应当优先考虑对生命权的维护;当公共利益与个人利益发生冲突时,一般情况下优先考虑公共利益③。例如,在"贾某诉长沙市某区政府房屋征收补偿安置纠纷案"中,法院认定某区政府在确定拆迁补偿安置协议时程序合法,驳回了贾某的诉讼请求。在该案中,尽管贾某并没有质疑区政府征收其房屋的正当性,法院在判决中还是对某区政府的房屋征收与补偿安置决定权作了解释,指出案件所涉及的长沙市棚户区改造项目属于"城建重点工程建设项目,其目的是为了加快长沙市城市化进程,提升城市品位,改善人居环境,符合公共利益的需要"。类似情形在"宁夏金山石油城诉石嘴山市政府拆迁行政纠纷案"中也有呈现。该案原告金山石油城向法院起诉认为,石嘴山市政府在对石油城房屋作出拆迁决定的程序以及拆迁补偿资金的提供方面存在缺陷。宁夏高级人民法院维持了一审法院所

---

① [英]尼尔·麦考密克:《法律推理与法律理论》,姜峰译,法律出版社2005年版,第146页。
② [美]本杰明·卡多佐:《司法过程的性质》,苏力译,商务印书馆2000年版,第69页。
③ 但是,在司法实践中,社会学法律解释考量"公共利益"是一种非常复杂和艰难的过程。

做的原告败诉的判决,并在论述石嘴山市政府作出拆迁决定的合法性时,指出其"是基于治理公路危险路段、实施绿化工程等公共利益的需要"。①

以下再举一个真实的案例来说明,法官在司法中如何运用社会学法律解释方法对公共利益进行考量。

案例:益民公司诉河南省周口市政府等行政行为违法案②

2003年4月26日,周口市计委向亿星公司、益民公司等13家企业发出邀标函,着手组织周口市天然气城市管网项目法人招标,同年5月2日发出《周口市天然气城市管网项目法人招标方案》(以下简称《招标方案》)其中称,"受周口市人民政府委托,周口市发展计划委员会组织人员编制了周口市天然气城市管网项目法人招标方案"。该方案规定,投标人中标后,市政府委托周口市建设投资公司介入项目经营(市政府于2003年8月15日作出周政(2003)76号文撤销了该公司,该公司未实际介入项目经营)。该方案及其补充通知中还规定,投标人应"按时将5000万元保证金打入周口指定账户,中标企业的保证金用于周口天然气项目建设"。益民公司在报名后因未能交纳5000万元保证金而没有参加最后的竞标活动。同年5月12日,正式举行招标。在招标时,周口市计委从河南省方圆招标代理有限责任公司专家库中选取了5名专家,另有周口市委副秘书长和市政府副秘书长共7人组成评标委员会。同年6月19日,周口市计委依据评标结果和考察情况向亿星公司下发了《中标通知书》,其中称:"河南亿星实业集团有限公司:周口市天然气城市管网项目法人,通过邀请招标,经评标委员会推荐,报请市政府批准,确定由你公司中标"。同年6月20日,市政府作出周政(2003)54号《关于河南亿星实业集团有限公司独家经营周口市规划区域内城市管网燃气工程的通知》(以下简称54号文),其中称:"为促进我市的经济发展,完善城市基础设施建设,提高居民生活质量,市政府同意周口市燃气城市管网项目评标委员会意见,由河南亿星实业集团公司独家经营周口市规划区域内城

---

① 杨知文:"社会学解释方法的司法运用及其限度",载《法商研究》2017年第3期。
② 有关该案的详细案情,可参见《最高人民法院公报》2005年第8期。

市天然气管网工程"。54号文送达后，亿星公司办理了天然气管网的有关项目用地手续，购置了输气管道等管网设施，于2003年11月与中国石油天然气股份有限公司西气东输管道分公司（以下简称中石油公司）签订了"照付不议"用气协议，并开始动工开展管网项目建设。益民公司认为，市计委、市政府作出的上述《招标方案》《中标通知》和54号文违反了法律规定，并侵犯了其依法享有的管道燃气经营权，向河南省高级人民法院提起行政诉讼。

本案的原告是周口市益民燃气有限公司（以下简称"益民公司"）。著名行政法学家张树义和应松年担任被告周口市人民政府（以下简称"市政府"）的委托代理人，马怀德担任被告周口市发展计划委员会（市计委）的委托代理人。1999年4月原告经工商注册成立，并未取得燃气经营资格，其经营范围是管道燃气、燃气具等。2000年7月7日，原周口地区建设局批复其为周口市城市管道燃气的惟一专营单位。（因为"一个城市只允许批准一家管道燃气经营单位"）后原告依法在该市诸多地区铺设燃气管道。在未依法撤销益民公司的燃气专营权的情况下，市政府和市计委又授予亿星公司天然气独家经营权。因此，益民公司不服市计委的招标方案、中标通知和市政府的同意决定，认为这些行政行为违法，侵犯了益民公司的管道燃气经营权，将市政府和市计委作为被告、亿星公司作为第三人诉至河南省高级人民法院。河南省高级人民法院判决驳回原告益民公司的诉讼请求，益民公司不服该判决，上诉至最高人民法院。

最高人民法院经审理认为，虽然市计委作出《招标方案》、发出《中标通知书》及市政府作出54号文的行为存在适用法律错误、违反法定程序之情形，且影响了上诉人益民公司的信赖利益，但是如果判决撤销上述行政行为，将使公共利益受到以下损害：一是招标活动须重新开始，如此则周口市"西气东输"利用工作的进程必然受到延误。二是由于具有经营能力的投标人可能不止亿星公司一家，因此重新招标的结果具有不确定性，如果亿星公司不能中标，则其基于对被诉行政行为的信赖而进行的合法投入将转化为损失，该损失虽然可由政府予以弥补，但最终亦必将转化为公共利益的损失。三是亿星公司如果不能中标，其与中石油公司签订的"照付不议"合同亦将随之作废，周口市利用天然气必须由新的中标人重新与中石油公司谈判，而谈判能否成功是不确定的，在此情况下，周口市市民及企业不仅无法及时使用天然气，甚至可能失去"西气东输"工程在周口市接口的机会，从而对周口市的经济发展和社会生活造成不利影响。根据最高人民法院《关于执行〈中华人民共和国行政诉讼法〉若干问题的解释》第五十八条关于"被诉具体行政行为违法，但撤销该具体行政行为将会给国家利益或者公共利益造成重大损失的，人民法院应当作出确认被诉具体行政行为违法的判决，并责令被诉行政机关采取相应的补救措施"之规定，应当判决确认被诉具体行政行为违法，同时责令被上诉人市政府和市计委采取相应的补救措施。由于周地建城（2000）10号文已被周口市建设局予以撤销，该文现在已不构成被诉具体行政行为在法律上的障碍，因此就本案而言，补救措施应当着眼于益民公司利益损失的合理弥补，以实现公共利益和个体利益的平衡。①

5.2 社会效果

社会效果是司法实践中法官运用社会学法律解释方法选择法律解释考量的重要因素。实际上，古代的法学家就重视法律的社会效果。正如古罗马法学家塞尔苏斯指出："法律的关键不在于对法律条文的咬文嚼字，而在于领悟法律的意义与效果。"② 美国著名法官卡多佐也指出："倘若依照常规适用法律会造成非常不好的后果，那么必须用社会利益③来进行平衡，而这种创

---

① 《最高人民法院公报》2005年第8期。
② 孔祥俊："论法律效果与社会效果的统———一项基本司法政策的法理分析"，载《法律适用》2005年第1期。
③ 判决的社会效果是检验法官对社会利益和价值进行判断是否合理的反映。法官对社会利益和价值判断合理，社会效果就好；反之，社会效果就不好。

造性本身就是司法传统的组成部分。"① 在德国，这样的观点被称为"判决的后果考量"，是指法官在对案件进行判决的时候，对判决结果可能造成的影响进行考虑并以这种考虑来影响判决，例如会将公众对于判决的接受程度、对社会稳定所造成的影响和社会效果纳入考量②。

正如前文所述，从学说史上看，奥地利学者埃利希于1903年发表了《法的自由发现与自由法学》，1913年又发表了《法社会学原理》，强调法律发展的动力源于社会，法官应自由地探求生活中的法，此后，社会学方法被运用于法律解释，几乎成为一种风尚。在埃利希看来，法条并非包括全部的法，社会中大量存在的活法是支配生活本身的法，成文法和司法判决（判例）也给不出法律生活的任何完整的图景，社会学法律解释方法要求通过生活的切身观察来补充成文法和司法判决（判例）所获得的结果。同样地，在美国法社会学派的视野中，法院的判决应该重视社会要素，"法律源于生活经验，应能适合社会的需要和目的"，"法律的生命不是逻辑，而是经验"。特别是在现实主义法理学的推动下，人们区分了"纸面的规则"和"实际的规则"，而后者是与现实的司法行为相符合的规则，是法庭的实践行为中真正的规则。因此，卢埃林就认为，忽视法律的社会效果就是忽视法律的意义，坚持对法律用社会效果来进行评价和分析才是有价值的，而根据现实的社会效果来判断司法裁判的优劣就成为应然之事，社会需求和社会效果也成了对法律进行解释和适用的一种要求。在当前社会变革转型阶段，中国的司法治理迫切需要案件裁判者有意识地把对社会目的和社会效果的预测提升到法治思维所要求的法律方法层面，通过遵循社会学解释方法所提供的操作路径、实体论点形态及其界限等要求，基于司法者应有的法治立场将裁判中应予权衡的社会需求和社会效果进行符合法律理性的选择。③

---

① 转引自［美］A. L. 考夫曼：《卡多佐》，张守东译，法律出版社2001年版，第148页。
② 王彬："司法裁决中的'顺推法'与'逆推法'（下）"，载《法制与社会发展》2014年第1期。
③ 杨知文："社会学解释方法的司法运用及其限度"，载《法商研究》2017年第3期。

司法是法实施的重要途径，法律条文正是通过个案的公正判决达到最佳的社会效果最终达到规范社会的目的，实现立法者预期的社会秩序。将社会效果纳入判决的考虑范围并非我国法学理论和司法实践所独有的，在外国或其他地区也讲案件处理的社会效果，只是他们没有这种提法而已。如，在美国，1992 年 4 月，加州地方法院作出裁决宣布 4 名打黑人的白人警官无罪。仅仅两小时后，熊熊大火在洛杉矶四处燃起，黑烟弥漫，枪声四起，很多人趁火打劫，涌进商店哄抢，1/4 的城区陷入火海，社会秩序一度陷入混乱。更为严重的是，暴乱出现蔓延趋势，全国各大城市都出现动乱迹象。当时的美国总统老布什，不得不在电视上向全民信誓旦旦地保证，联邦政府将尽最大努力恢复社会秩序。1993 年美国联邦法院以触犯联邦民权法的刑事罪名重新起诉这 4 名白人警察，最终，打人警察被判入狱后才平息了这场暴乱。再如，1995 年的辛普森案。表面上看辛普森被判无罪是警察取证不合法造成的，而实际上却并非如此。辛普森是黑人，杀死的是自己的白人妻子，虽然辛普森在黑人圈子里并不受欢迎，因为他不像篮球巨星迈克尔·乔丹与魔术师约翰逊那样致力于服务黑人。但是，辛普森毕竟是黑人，他受审的那天，全美很多地区的黑人都准备闹事，一旦辛普森被判有罪，将会引起社会动乱，连当时的美国总统克林顿都推掉一切公务，全美警察录取一级战备。在这种情况下，辛普森被判无罪，但需承担全部民事责任。所以说，提倡法院判决的"社会效果"并不是中国的特色。

我国的审判实践非常重视法律效果和社会效果的统一，实际上就是强调在司法实践中运用社会学解释方法的重要性，因为社会学解释方法是实现法律效果和社会效果有机统一的重要方法①。在司法活动中，法律效果是人民法院严格依法对各类案件进行审判，正确适用法律对争议案件进行评价，其强调的是"法律至上"和形式正义的司法理念。而社会效果是社会各界和人民群众对人民法院裁判的评价和认可的程度，其强调的是司法结果要到达的

---

① 时显群："论社会学法律解释方法在司法实践中的运用"，载《贵州社会科学》2017 年第 11 期。

实体正义,即判决要符合当时现实社会的主流价值观,符合广大人民群众的朴素的正义观,获得公众的普遍认可和接受。一个良好的裁判应有良好的法律效果,同时也应该有良好的社会效果。法律效果是以法律和事实演绎推理、归纳推理和类比推理为主要内容;社会效果则以化解矛盾,维护社会稳定,维护社会秩序,维护社会正义以获得人民群众的普遍认同为主要内容。法律效果倾向于法律的证明,侧重于法律条文的准确适用,维护法律的一致性、确定性和权威性;而社会效果倾向于法律价值的实现,侧重于个案正义和实现司法目的,以维护法律的实质正义、实体正义和社会正义①。

作为司法审判者,法官不仅要了解法律条款的字面含义,更要准确把握法律的深刻内涵、实质精神和价值取向。当法律条款的字面含义不适用于社会现实或者法律存在漏洞时,审判者应对通过各种法律解释方法特别是社会学解释方法,对法律条文作出合理的社会学解释。在此过程中,应作出合乎社会现实的价值判断和合乎法律原则和精神的价值取舍,以便在法律的框架内实现最佳的社会效果。有的人对审判工作"社会效果"的这一提法和要求还持有怀疑乃至抵触态度,认为法院、法官应当只讲求法律效果,并认为这是法治国家的"通行"实践。这种认识是片面的,以其指导实践,势必会陷入法律形式主义或机械司法的泥潭,不仅不会使判决获得良好的社会效果,而且有可能使判决无法实现个案正义和社会正义,甚至如"许霆案"和"彭宇案"的判决对社会产生非常负面的社会效果,如此将会损害司法机关的公信力和法律的权威,动摇人民群众对国家的信任和对法治的信任。

尽管社会学法律解释要考量的社会效果带有极大的模糊性和不确定性,但是相对确定的社会效果预测及判断规则还是存在的。这些规则及判定的原则是:需在法律文义的可能范围内进行预测;需要保证诉讼双方享有平等地进行社会预测的权利;预测需符合公序良俗和科学规律;如果有可援用、真实可靠的数据、文献资料等依据,应在此基础上进行预测;如果常人之常理

---

① 李国光:《中国民商行政审判的回顾与展望:我的最高法院岁月》,人民法院出版社 2003 年版,第 264 页。

亦不能确定，法官需本着诚实、善良、公正、公开的秉性进行预测，不得主观臆断；诉讼双方要有对对方以及法官的预测进行合理质疑的权利。①

著名法学家王利明指出要实现良好的社会效果至少做到以下几个方面：一是不能机械地理解和适用法律，即不能以法律条文的字面含义作为解释法律的唯一依据；二是案件的处理结果在程序和实体上是公正的；三是案件处理要服务于社会需要，即一个国家特定时期政治、经济、文化、社会的趋势和需要，甚至特定时期还包括党和国家的工作大局；四是案件的处理符合人民群众朴素的公平正义观念，得到人民群众的普遍认同。②

诚然，对社会效果的判断一般依赖于法官的社会综合知识、社会经验以及对社会敏锐的洞察力，但有时法官还必须请求相关专业人士的帮助。以下举法院请相关专业人士帮助对社会效果进行预测和权衡的一个案例。广西柳州市中级人民法院审判了一个继母和亲生母亲争夺小孩抚养权的案件。案情如下：有一对夫妇因为性格不合协议离婚，由于孩子的母亲没有稳定的工作，经济条件不好，经过双方协商，1岁的孩子由经济条件较好的父亲（一个公司的董事长）抚养。后男方再婚，妻子为另一个更大的公司的董事长。婚后不久，该男子突患重病。在生命的最后一段时间里，男方和自己的父母（孩子的爷爷奶奶）商量还是考虑将孩子送给其亲生母亲来抚养，毕竟他们之间有血缘关系。当他告知前妻自己突患重病的情况并希望由她来抚养孩子，当时孩子的亲生母亲也答应抚养孩子，但提出要先支付孩子的抚养费8万元。但孩子的爷爷奶奶按照孩子的父亲的授意支付给孩子的亲生母亲8万元后，她又提出要孩子的父亲一次性支付100万元的抚养费才肯抚养孩子。此时孩子的爷爷奶奶和孩子的父亲都认为孩子的亲生母亲不可靠，并不爱孩子，只对金钱感兴趣。同时考虑到孩子和继母一起生活，继母对孩子视如己出，于是孩子的父亲在弥留之际将孩子托付给其现在的妻子即孩子的继母抚养，继母也欣然同意。不久后，孩子的父亲去世。孩子的亲生母亲将孩子的继母告

---

① 陈金钊：《法律方法论》，中国政法大学出版社2007年版，第186页。
② 王利明：《法律解释学导论以民法为视角》，法律出版社2009年版，第382页。

上法庭，要求取得孩子的抚养权。在法庭上，孩子的亲生母亲作为原告指出她和孩子有血缘关系，孩子的父亲去世了，孩子由她抚养理所当然，并指出被告即孩子的继母作为一个公司的董事长，工作繁忙无暇照顾孩子。而孩子的继母也为自己更适合抚养孩子进行了辩论，表示与孩子一起生活的过程中建立了亲情，愿意腾出时间照顾孩子。在本案中，孩子的亲生母亲和孩子的继母都有抚养孩子的权利，也有抚养孩子的义务，她们都是孩子"法律上的母亲"。也就是说法官无论判给谁从法律上来说都是可以的。在这种情况下，法官依照法律规定可以作出不同的判决结论，此时要求法官结合特定案件的具体情况，将社会正义、社会利益、社会效果和社会福利等因素引入到判决的考量中。在本案中，法官要运用社会学的司法方法权衡孩子判给继母和判给亲生母亲造成的不同的结果和后果。从法社会学的视角来看，凡是涉及孩子的抚养权争议，孩子的利益即未来孩子的成长环境和教育的条件是法官主要的考虑，因此法官首先要凭借自己的直觉和经验作出判断：孩子和谁一起生活更有利于孩子的成长、受教育和未来的发展。但法官不能仅仅凭借自己的直觉和经验草率地作出判断，在必要时法官可以运用社会调查等社会学方法，还可以请求一些相关专业人士的帮助。首先，法官走访和调查了孩子的爷爷奶奶以及其他亲友和邻居，他们都建议由孩子的爷爷奶奶来抚养非常合适，但孩子的爷爷奶奶认为自己年数较大无力照顾孩子，一致主张将孩子由孩子的继母抚养，并表示如果法官将孩子判给其亲生母亲抚养将令他们非常担忧。由于孩子还未满八周岁，根据《民法总则》的规定，孩子是无民事行为能力人，所以法官没有征求孩子的意见。在本案中法官请几位儿童心理学的专家协助权衡比较孩子和继母还是和亲生母亲一起生活更有利于孩子的成长。几位儿童心理学专家将孩子分别与亲生母亲和继母在一个单向玻璃（专家在另一个房子里观察但不会影响他们的互动和相处）的屋子里做游戏，观察他们互动和相处的情况，以判定孩子和两位母亲的相处模式和亲密关系。最后专家得出一致的结论，孩子与继母更加亲密自然，而与亲生母亲有隔阂，而且亲生母亲表现得非常尴尬、不自然，也许是孩子从小就和继母生活而作为亲生母亲则很少来看孩子的原因。通过心理专家的协助，法官作出判决：将孩子的抚养权判给继母。法官非常清楚，孩子判给继母抚养，孩子的亲生母亲会监督继母。如果继母没有尽到作为母亲的责任，孩子的亲生母亲随时可以再提起诉讼要求变更抚养权。但是，假如法院将孩子的抚养权判给亲生母亲，如果以后亲生母亲没有尽到作为母亲的责任，继母将丧失提起诉讼要求取得孩子抚养权的权利，孩子将无依无靠，这将对孩子非常不利，这也是法官将孩子判给继母的重要考量。

对于孩子的亲生母亲和继母争夺抚养权的案件，根据我国的法律规定，虽然亲生母亲和继母都是孩子"法律上的母亲"，但我国的法律规定的"父母有抚养孩子的义务"或者说"父母有对孩子的监护权"，其中"父母"主要是指亲生父母。当亲生父母中的父亲或母亲去世，那孩子的监护权一般就属于在世的父亲或母亲。这是一般的惯常的对该法律条文的解释。这个案子的判决特别之处在于法官运用社会学法律解释的方法，比较和权衡了不同的法律解释的社会效果后，对法律文本作出了不同于惯常的变通的解释[①]。于是，在通过社会调查并专业人士的帮助下，对不同判决的社会效果进行比较，最后判决将孩子的抚养权和监护权判给继母。可以说这个判决达到了较好的社会效果。

社会学法律解释的操作一般认为分为两个步骤，即首先对每一种解释可能产生的社会效果进行分析预测。其次，对各种预测结果（社会效果）进行分析比较，两害相权取其轻，两利相权取其大，最后采用能产生最佳社会效果的解释。社会效果的预测和权衡是社会学法律解释运用的最重要的过程。此外，还要加上说理和论证，以阐释裁判的合理性和可接受性。[②] 在本案中，法院通过社会调查特别是通过相关专业人士的帮助，协助权衡不同的判决所

[①] 这种变通的不同于惯常的解释也是在法律文本文意涵摄的范围内，因为继母和亲生母亲都是孩子"法律意义的"母亲。法官将孩子判给继母，或者判给亲生母亲都符合法律的规定。

[②] 袁春湘："社会学解释方法在案件裁判中的运用"，载《法律适用》2011年第11期。

造成的结果和后果,作出了最符合情理的具有最佳社会效果和社会福利最大化的判决。

再例如目睹自己母亲被十一人凌辱奋起搏斗刺死一人,却被法院判了无期徒刑的"于欢案"。曾经炒得轰轰烈烈的于欢故意伤害一案终于等来了二审判决,山东省高级人民法院认为原判决认定于欢犯故意伤害罪正确,审判程序合法,但认定事实不全面,部分刑事判项适用法律错误,量刑过重,故改判于欢有期徒刑五年。现今信息社会,社会舆论的力量极其强大。对于某些涉及敏感话题的案件,如果法院判决处理不当,很容易引起舆论的大爆炸,从而产生负面的社会效果,影响法院判决的公信力和法律的权威。当然,法官的判决也不能完全屈从于舆论,有些起初处理不当的案件在舆论参与之后,如果法院屈从于舆论的压力,缺乏理性思考,矫枉过正,对社会和法治有可能造成"二次伤害"。因此,法官要运用社会学的法律解释方法,对判决的社会效果进行仔细的权衡并进行充分的论证,以便使判决既有法律依据,又能够实现良好的社会效果。还是以于欢案为例。

于欢案的发生有着现实的社会背景。一段时期以来,民间借贷泛滥,利率畸高,非法集资,非法讨债,已经成为影响社会和谐的重要因素。法院在处理与民间借贷有关的案件时,尤其是刑事案件,不应当拘泥于案件本身的评判,而应放眼于整个社会,综合考量案件处理结果可能产生的社会效果。一审判决忽略了人格尊严的重要性,忽略了亲子伦理关系在中国道德体系中的地位,忽略了民众对高利贷、非法讨债的厌恶情绪,对于欢处以重刑,因而引来骂声一片,社会效果不好。

二审判决强调了人格尊严和人伦的意义,对非法讨债手段予以否定,对于欢改处轻刑;同时又对过当的防卫行为实施一定的刑罚,引导人们通过法律途径维护自己的权利,而不鼓励私力救济,既安抚了民众的不良情绪,又不屈服于"无罪"舆论,应该说判决取得了良好的社会效果,实现了法律效果和社会效果的统一。

实际上这个案件的关键是对"正当防卫"和"防卫过当"的解释。我国

《刑法》规定:"为使国家、公共利益、本人或者他人的人身、财产和其他权利免受正在进行中的不法侵害,而采取的制止不法侵害的行为,对不法侵害人造成损害的,属于正当防卫,不负刑事责任。正当防卫超过必要限度造成重大损害的,应当负刑事责任,但是应当减轻或者免除处罚。"法官对于以上刑法条文的解释不同就会得到不同的判决。这个案例也说明法官要对法律作出最佳社会效果的解释和判决,就要实现从单纯的"法律思维"到"法律思维与社会思维相结合"的转变。在社会转型时期,许多纠纷都不是纯粹的法律纠纷,一定意义上可以说是一种社会事件。法院除了具有运用审判手段解决案件的司法功能外,还肩负着社会管理的政治功能。因此,无论是从案件性质还是从法院功能的角度出发,都要求法官必须将法律思维与社会思维结合起来,不仅要善于从"案件之中"来研究案件,而且还要善于从"案件之外"多角度、多方面地分析思考问题,决不能就案办案、机械司法,而要仔细权衡和比较对法律文本不同的解释导致的不同的判决的社会效果①,然后选择能够实现最佳社会效果的解释。

5.3 社情民意

"一个社会的法律的全部合法性最终都必须而且只能基于这个社会的认可,而不是任何国外的做法或抽象的原则。最终说了算的,必须是以各个方面表现出来的民意。"② 因此,在司法实践中,法官对适用的法律规范进行社会学法律解释,要考量社情民意。而要了解社情民意可运用社会调查的方法。费孝通说:"通过社会调查可以如实地反映社会实际,认真地观察人们在社会里怎样生活,把它具体地记录下来。根据这些调查得来的资料,进一步分

---

① 这意味着法官运用社会学法律解释对社会效果的考量时格局要大,不能只考虑如何合适地处理个案纠纷和个案公平,还要考虑案件判决给以后的当事人和整个社会带来的影响和效应。

② 苏力:"面对中国的法学",载《法制与社会发展》2004年第3期。

析、研究，了解人们社会生活各方面的情况和相互联系，它们在变动中是怎样相互影响的，然后积累可以比较的资料，去发现社会结构和社会变动的规律。这就是社会学的内容。"① 1944年11月5日，时任绥德地委书记的习仲勋在陕甘宁边区绥德分区司法会议上作了《贯彻司法工作的正确方向》的讲话，他指出："我们司法工作人员，必须有走出'衙门'，深入乡村的决心（但这不是说到乡村去睡觉，而是从思想上工作上去深入）。必须如此，才能把我们的司法政策贯彻好，才能使司法工作同人民取得密切联系。"② 习仲勋同志提到的走出衙门、深入乡村、接触群众、接触基层，就是要求司法人员深入了解社会、了解社情民意。当然，随着社会的发展，法官除了亲力亲为进行社会调查外，还可以通过网络、电视等新闻媒体了解社情民意。新闻媒体具有公共表达的社会整合功能。分散于不同角落的社会群体被凝聚到某一新闻事件或社会问题上，通过集中展开讨论、自主发表意见达成某种社会共识，进而形成一支对社会价值取向具有支配性的力量。近年来，伴随着信息技术特别是网络技术的快速发展和公众权利意识的不断觉醒，新闻媒体整合社会的功能愈发明显，作为一种监督权力而存在的新闻舆情对法律实施活动的影响也日渐增强。在执法和司法的过程中运用社会学法律解释方法时，社情民意应当成为重要的考量因素。

近年来，关于社情民意如何介入司法或司法是否考量社情民意的讨论是如火如荼。时任最高人民法院王胜俊院长在讲话中曾谈到，判决死刑案件应充分考量法律规定、社会总体治安状况和社会及人民群众的感觉三大因素，可以说这是第一次最高人民法院通过讲话确定了社情民意介入司法的正当性。而这之中，把"社会总体治安状态和社会及人民群众的感觉"作为司法的依据，就是在司法过程中运用社会学法律解释方法考量社情民意的最好体现。社会学法律解释方法注重法律的本质是应用和服务于社会，它把法律视为工

---

① 钱颖一、李强：《老清华的社会科学》，清华大学出版社2011年版，序言。
② 转引自丁国强："法官办案要有社会学思维"，载《人民法院报》2016年9月12日。

具而不是目的，社会效应①才是最终的目的。"法律的概念是达到社会目的的一种手段，而不是目的本身。因此，法律中的任何一部分需要经常地以其目的和效果来检验，并且要从这两个方面以及它们彼此之间的关系来判断。社会的概念也是不断变化的，而且通常比法律变化的更快，因此要不断重新检视各部分法律与社会需要相适应的程度。"②

社情民意往往体现了一个社会主流的价值观和社会主流倾向、传统的伦理道德观念以及人民群众的一般情理。例如，1998 年 10 月，由于冰箱里储存的角膜因长时间保存已经坏死，如果找不到新的角膜，一位烧碱烫伤的病人眼球很快就会腐烂失明，只有从新鲜的尸体上可以获取到有用的材料。于是，出于挽救病人的目的，时任北京人民医院眼科医生的高伟峰去医院太平间，用随身携带的剪刀和镊子取出了一具新鲜尸体的眼球，后被死者家属发现报案，由此引起一场法学界和伦理学界的轩然大波。2007 年 8 月，郑州某医院太平间，刚刚去世的宁姓患者远离了亲人，静静地躺在太平间，而他的主治大夫王林却走了进来，私自摘取了宁姓患者的双眼眼球。第二天，宁姓患者的眼角膜又在一张姓患者的眼球上出现。"眼角膜不见了，谁偷走的？"还在沉痛中的宁姓患者的家人，又遭遇惊人事件，立即向公安部门报案。公安部门

---

① 在司法实践中，通过诉诸基于解释结论良好社会效应的论点进行法律适用的案例较为普遍。例如，在"好意同乘"遭遇车祸要求车主赔偿的案件中，司法实务界大多会主张，车主应当对遭受损害事故的无偿同乘人给予适当补偿（不是赔偿），即便是在适用法律上的人身损害赔偿责任规则的情况时，在坚持相应的标准的前提下，也应当基于诚实信用和公平等原则衡平减轻施惠方的侵权责任，毕竟同乘人无偿受惠，判决施惠方全赔在诚实信用和伦理情感上有失妥当性。实际上，这种在赔偿上适当减轻的做法也是出于对社会效果的预测，"因为如果一概过错全赔，施惠方就会不堪承受其重，会影响人们积极搭乘方便的互助积极性，反倒不利于这种绿色环保出行方式的推行"。可以说，这正是社会学解释方法运用过程中根据可能的良好社会效应而展开的说理论证。再以"微信"商标案为例，在该案中，虽然腾讯公司首次推出命名为"微信"的服务应用程序晚于创博亚太公司的商标申请，但是法院把"庞大的微信用户已经形成的稳定认知，以及改变这种稳定认知可能形成的较大社会成本"解释为"公共利益"，显然也是进行了有关的社会效果预测。尽管法院对有关"不良影响"的阐述借助于《商标法》上的事先规定，但是对保护何种利益才会带来良好社会效应的判断无疑为其中解释结论的选择提供了指引。参见杨知文："社会学解释方法的司法运用及其限度"，载《法商研究》2017 年第 3 期。

② 张芝梅：《美国的法律实用主义》，法律出版社 2008 年版，第 67 页。

调查找到宁姓患者生前的主治大夫王林，王林坦然地承认了自己摘取眼球的行为，公安机关提请检察院以侮辱尸体罪批准逮捕王林。类似这样的案子还在不断地上演。如果司法机关机械地适用法律，涉事医生将涉嫌构成侮辱尸体罪。事实上，类似这样的案件，有的检察院对涉事医生提起侮辱尸体罪的诉讼，而有的检察院则不予起诉。这里就涉及对"侮辱尸体罪"的社会学的法律解释。

司法机关处理类似的案件，对于涉事医生是否涉嫌构成侮辱尸体罪，就要考虑社情民意。考虑社情民意就是运用社会学法律解释方法的应有之义。而社情民意依赖于人民群众的一般情理和传统观念。依据我国传统的伦理道德观念和人民群众的一般情理，无论死者为何人，"尸体"应得到社会的妥善安置与保护，决不允许任何人以任何借口对其进行侮辱与亵渎。在侮辱尸体行为中，行为人对死者尸体的不法侵害实质上是对一定的社会秩序及伦理道德观念的侵犯，是伤及社会风化的行为。但本案的情况却非常特殊，普通人民群众凭直觉涉事医生应该不构成刑事责任，因为刑事责任追究的行为是严重危害社会的行为，严重侵犯法益的行为。而类似涉事医生的行为虽然侵犯了他人（死者近亲属）的利益，但性质并不严重。而且涉事医生虽然客观上对死者尸体进行了不法侵害，也可能伤害了死者亲属的感情，但主观目的是为了救治病人，因此不属于伤及社会风化的行为。

在司法实践中运用社会学法律解释方法，要求法官不能机械地适用法律，要考虑社情民意，不仅要考虑人民群众的一般情理和传统观念，还要考虑普通民众的社会文化基础和背景，否则判决将因不符合社情民意而难以服众。例如在天津摆气球射击摊的赵春华，于2016年12月27日被天津市河北区人民法院一审以非法持有枪支罪，被判处有期徒刑三年六个月。2017年新年伊始，这则"天津大妈气枪射击摊案"在网上炒得沸沸扬扬，这一判决虽然法官于法有据，但广大民众并不认可，认为在大街射气球是我国长期形成的一种游戏习惯，将玩具或仿真枪完全等同于真枪定罪量刑的判决违背社情民意。因此，司法的正确与否，往往并不是要求法官去努力迎合某个客观的标准，而是要去看看自己判的案子能不能和大众达成共识，能不能得到大众的认可，也就是说，把群众满意还是不满意、群众接受还是不接受作为司法追求的重要目标。这种以达成"共识"为目的，把社会效应、社会影响以及人民群众的可接受度作为司法目标的法学方法就是社会学法律解释方法。如果以法律解释学的观点来看，法官是法律这个文本的读者之一，其实，对于法律或法律事件，读者还包括很多，比如：当事人、民众、其他组织、政党等，社会学法律解释方法把达成"共识"作为司法的目的，其也就是追求和其他读者保持一致性，要追问这样的判决大众是否满意，故社会学方法的解释学立场是读者中心主义。因此，法律本身就是社情民意的产物，是社会存在的反映。

　　社会学法律解释要考量社情民意，就意味着人民司法要充分考虑案件发生的特定社会环境和历史背景，揣摩人民群众的感受，在法律规定的限度内做到因人制宜、因时制宜、因案制宜。如果司法只关注刚性的法律标准，而不体察和重视社情民意，缺乏对案件涉及社会情况和当事人的了解，就会影响全面收集、判别、认定事实和证据，就不可能很好地化解社会矛盾。法官在审判案件适用法律时，只有在不与现行法律冲突的情况下，对群众生活、情绪、诉求有了切实的体察和感受，才能使司法的过程和结果真正符合群众期待，符合广大人民群众的价值观和朴素的正义观念，做到司法为民。例如，司法要保障人权，但我们不能按照西方的人权观，只重于保障被告人的人权而不顾及受害人和人民群众的感受；人民群众有冤屈，希望有错必究，我们就不能固守西方的"既判力""一事不再理"的观念，应该坚持实事求是，依法纠正错误。我国古代司法讲究"酌以人情参以法意""揆情度法"就是强调社情民意，这是我国宝贵的法律文化遗产。美国法官的"十条训诫"也强调法官要具备人之常情，要了解案情、世情、社情和人情。当然，司法尊重民意，但不应受民意支配，不是以民意代替审判，法官对于民意应当由自己独立判断和理性分析。[①]

[①] 袁春湘："社会学解释方法在案件裁判中的运用"，载《法律适用》2011年第11期。

必须指出的是，社会生活是在不断变化的，因此社情民意也是动态的和变化的。因此，法官对不明确的模糊的法律进行社会学解释时，应注意社会一般观念及伦理标准的变迁和社情民意的动态变化。法律的模糊性是法律语言固有的特性，模糊的法律规范中的主要功能之一便是使法律能够适应社会经济发展和伦理道德观念之变迁。因此当社会的一般观念和伦理道德发生变更以后，法官不可墨守成规，仍依变更前的社会观念和伦理道德标准来解释现时的法律现象。如在计划经济时代，贩买贩卖行为被斥之为投机倒把；对改革开放之初一些年轻人的出格举动，有人认为是耍流氓等，不一而足。社会观念的变迁必然带来对法律规范中不确定概念解释的变化。从社情民意的视角来看，某一种行为在以前看来可能属于"情节严重"，而在现在则是"情节显著轻微"。反之亦然。此处所谓的民意或社会一般观念非指社会应有之观念，而是指时下已存在、流行，或发展、形成中的一般观念。法官有义务将这些一般观念加以吸收，并运用到现时的法律解释活动中去。例如美国曾经有一个案件，一个法律禁止进口植物果实，但不禁止进口蔬菜，有人进口番茄，因此发生了番茄究竟属于植物果实还是蔬菜的争议。对普通百姓来说，更多的人会认为番茄是蔬菜，而对于植物学家或海关人员来说，番茄则可能被视为水果。美国联邦最高法院认为："没有证据表明水果和蔬菜这些措辞在贸易或者商业上已获得特殊含义，因而必须按照其普通含义进行确定。在人们的日常用语中，番茄的典型含义是蔬菜。"[①] 因此，法官在对模糊的法律条文进行社会学解释时，要考量社情民意或社会的一般观念。

法官对不确定概念的具体化，并不是为不同的案件制定统一的标准，而是根据具体案件的具体情况，依照社会、经济、政治、文化、伦理道德所倡导的主流价值取向或社情民意进行必要的解释，以求得个案的公平与正义。正如世界上没有两片完全相同的树叶一样，也没有两件完全相同的案件，尽管有相同法理的案件大量存在。所以，我们不能用对不确定或模糊概念进行

---

① 杨仁寿：《法学方法论》，三民书局1987年版，第154页。

了社会学解释的案件来作为认定其他案件的判例。在对每件涉及不确定概念的案件审查处理时，都要明确说明尽可能详尽的理由。例如曾经备受社会关注的许霆案，广州市中级人民法院作出一审判决，以盗窃罪判处许霆无期徒刑。判决后，社会反映强烈，认为量刑过重，而后此案经过重审，改判许霆有期徒刑5年。这就说明此案在重审时，显然充分考虑了社情民意、社会一般观念和社会公众的普遍感受。

"许霆案"案情如下：由于自动取款机（ATM）故障，许霆发现，他在ATM里取了1000元后，银行卡里才扣掉1元，他尝试性地再取一次钱，还是取1000元扣1元……许霆利用他余额170多元的银行卡，分171次从ATM中提取了17.5万元。在被银行发现后，许霆携款潜逃一年，一年之后被警方抓获。一审判处他无期徒刑，他不服，提起上诉，二审改判为有期徒刑5年。

许霆一审被判处无期徒刑，法官判决于法有据。法官判处许霆无期徒刑的法律依据有：《刑法》第264条规定"盗窃金融机构，数额特别巨大的处无期徒刑或者是死刑。"1998年《最高人民法院关于审理盗窃案件具体应用法律若干问题的解释》第3条规定，数额特别巨大的标准是"3万元至10万元以上"，第8条规定，"盗窃金融机构"是指盗窃金融机构的经营资金、有价证券和客户的资金等，如储户的存款、债券、其他款物、企业的结算资金、股票等，不包括盗窃金融机构的办公用品、交通工具等财物的行为。因此，只要承认自动取款机中的款项是金融机构的经营资金，就不能否认许霆的行为属于盗窃金融机构。因此，严格从法律的逻辑推演来看，法院一审判决没有错[①]，判无期徒刑是在法定量刑中较轻的。这个判决从"以事实为依据，以法律为准绳"的审判原则来看，是无可厚非的，也就是说，该案实现了其

---

① 法院一审判决没有错，是指法官严格遵循法律的逻辑推演，于法有据。但许霆案的一审判决确实错了，错在没有考虑社情民意。法官适用法律时以僵化的司法思维方式，盲目且机械地适用法律以及相关的司法解释，而未考虑这个判决是否符合普通民众的心理预期，是否符合广大的人民群众朴素的正义观念，是否能够实现法律效果和社会效果的统一。孟德斯鸠曾经把这种法官形象比喻为"自动售货机"，指的就是法官在适用法律的时候完全充当法律条文的"奴隶"，许霆在一审中获得的无期徒刑的判决，即是在此种情况下的产物。

法律效果。但是，社会反响不好，因为这一判决引起了广大人民群众的一片质疑之声和社会舆论的强烈反应，也就是说该判决不符合社情民意，或者说判决只是机械地适用法律，没有考量社情民意和广大人群群众的感受及心理预期。

可以说许霆案一审判决出来以后，全国上下一片哗然。一轮又一轮的口诛笔伐、一波又一波的唇枪舌剑见诸报端，基本是围绕"插卡取款的行为构不构成盗窃罪和ATM机是不是金融机构"这两个问题展开。虽然讨论的人数和话题都很多，但最终还是大体形成了一个比较主流的意见，基本认同许霆是犯了盗窃罪，但是刑判得太重了。即社会主流观点认为这一判决量刑过重，不符合普通民众的心理预期和公平公正的观念。一个没有多少文化和法律意识的进城务工的农村青年，因为自动取款机（ATM）故障，没有抵挡住金钱的诱惑，结果被判处无期徒刑，这个判决实在和广大民众的心理预期相差太大。大多数的普通民众在心里想，遇到这种情况说不定自己也会抗拒不了这种诱惑。因为ATM机出错，许霆这样做虽为人所不齿但情有可原，按照一般的理，他有罪但不应该判这么重。之所以出现这种情况，是因为法官拘泥于法律条文，严格依照逻辑推演，机械地适用法律，没有考虑到案件发生时的具体情景和社会生活的变化①，没有考虑案件的判决是否符合社会正义的要

---

① 根据1998年《最高人民法院关于审理盗窃案件具体应用法律若干问题的解释》第3条的规定，数额特别巨大的标准是"3万元至10万元以上"。而该案发生的时间是2006年，8年过去了，社会经济生活发生了很大的变化（我国正处于转型时期，这一时期我国经济高速发展，经济、社会等各方面发展较快），而该案的发生地在广州，是我国经济发展最快的地区之一，用8年前的罪行标尺来衡量当时的犯罪行为，显然与当时经济发展水平和社会生活的实际情况相悖。8年来，盗窃罪的量刑标准并没有根据国民经济、人均收入的提高作相应调整。该案清晰地告诉立法者：因为司法实践中总有一些法官不善于或不屑于运用社会学法律解释方法，因而会像该案的一审判决一样拘泥于法律条文，机械地适用法律，而不考虑社会生活的变化和判决的可接受度。因此立法机关应当定期对盗窃罪等财产犯罪的数额认定标准根据经济发展以及社会经济条件的变化作相应调整，从而使法律规则更符合社会生活的实际情况，更符合立法目的，更符合普通民众的正义情感和社情民意，否则就难以确保实现立法目标和司法目的，难以获得人民群众的普遍认可和接受。该案还清晰地告诉法律实施者：法律来源于社会，又服务于社会，法律一旦制定就要在一定的时期内起作用，不能朝令夕改，法律具有相对稳定性的特点，但是社会生活和社会关系却在不断地变化中。要使得相对稳定的法律适用于不断变化的社会生活，就要求行政官员和法官不能机械地适用法律，而应该根据变化了的社会现实，自觉运用社会学的法律解释方法力图作出符合社情民意得到广大人民群众普遍认可的裁定或判决。

求，是否符合社情民意，是否符合人民群众朴素的正义观，是否能受到公众的普遍认可。"在法律适用中，规范性不能不讲，还有法律逻辑，概念的解释，因此规范性、逻辑性、概念性这是决定法律适用中最重要的。但不能死抠，法律适用还要看是否符合法律目的、社会正义以及人民群众朴素的正义观念"。①

当发现严格适用某一法律规则可能导致明显不合理、不公平，广大人民群众无法接受的判决时，法官首先应该想到的是有没有其他的法律规则可以适用，因为在法治的社会里，法官必须在法律的框架内寻求最佳的结果，也就是必须依法裁决，这是底线不得突破。"许霆案"的二审从一审判处无期徒刑改判为有期徒刑5年，其中的原因是二审主审法官没有适用《刑法》第264条，而选择适用《刑法》第63条。我国《刑法》第63条规定："犯罪分子虽然不具有本法规定的减轻处罚情节，但是根据案件的特殊情况②，经最高人民法院核准，也可以在法定刑以下判处刑罚。"法官在审理案件的过程中，特别是遇到复杂、疑难或新型案件时，如果出现了"法律的竞合"，即有多个法律规则可以适用时就要考虑社会学法律解释方法。社会学解释，是指在法律文本出现复数解释的情况下，将社会效果、社情民意等因素的考量引入到法律解释中，以解释文本在当前社会生活中应具有的含义，从而阐释法律文本的意义。这就要求法官进行社会效应和可接受度的预测，即预测选

---

① 梁慧星：《裁判的方法》，法律出版社2003年版，第58页。
② 在本案中的"特殊情况"在于"自动柜员机出现异常"。如果把自动柜员机等同于金融机构，那么就是金融机构（银行）出现异常。这就意味着被害人（银行）存在过错。这一过错虽然不能成为许霆无罪的理由，却可以成为适用特殊减轻的根据。银行的情况出现异常类似于诱导性犯罪，使一个原本没有犯罪意图的人临时产生了想占便宜的想法和行为。也就是说银行的过错产生了巨大的金钱诱惑，从而诱发了许霆的犯罪。很多人可能都会这样想：遇到这样的机器，我可能也会多取钱。正因为如此，一审判决无期徒刑时绝大多数民众认为判得太重。毕竟许霆是利用自动取款机的故障而窃取财物，这和（立法者所预期）的采用破坏自动取款机甚至非法潜入金融机构的盗窃行为即普通盗窃金融机构相比，客观社会危害程度和主观恶意程度较轻。该案给司法人员的启示是：法律针对的是一般的人和事，法律不可能对社会生活的方方面面都作出非常细致的规定，法律具有一般性和抽象性的特点。但是社会生活却是纷繁复杂多种多样的。要使得一般的抽象的法律适用于复杂的具体的社会生活，就要求法官不能照搬法律条文，而应该自觉运用社会学法律解释方法，根据具体案件的具体情况作出符合一般情理和社情民意的，能够得到广大人民群众普遍认可的裁定或判决。

择不同的裁判规则使案件裁决可能导致的各种后果，进而在权衡利弊的基础上采用最佳的裁判规则。法官在裁判案件时，除了考虑具体特殊的个案后果之外，还必须考虑整体的社会影响和效应，即要考虑判决结果是否符合人民群众的一般情理和朴素的正义观念①，以及裁判结果对整个社会的政治、经济、道德等方面所可能产生的影响和效应。简言之，法官要通过权衡得出结论：某个法律规则导致的判决可能比另一个法律规则导致的判决更公平合理，更加符合人民群众的一般情理和朴素的正义观念，即选择可能更加符合社情民意的解释，以便增加裁判结果的可接受度，提高法律的权威和司法机关的公信力。

在一审被判无期后，许霆表示要上诉，案子到二审法院时，鉴于当时全国上下讨论得热火朝天，二审法院反复权衡后以"事实不清，证据不足"为由，发回重审。2008年2月22日，案件在一审法院重审。在如此庞大的舆论重压之下，同年3月31日，案件重审宣判，许霆被以盗窃罪判处5年徒刑。一样的法院，从无期到五年如此悬殊的改判让人震惊。其实不难看出，能有这样的结果，有人说最后的判决是社情民意的胜利。

但必须指出的是，很多学者认为司法考量社情民意和司法独立制度有冲突。因为权力制衡理念要求立法、行政、司法权各司其职、互相制衡，要达到权力制衡的效果就要保持权力运行的独立性。而司法的独立性，就要求法官只能把法律视为唯一的上司，而尽量去排斥其他权力或社会因素的干扰，要和媒体、民意保持一定的距离，保持理性，不能为感性所左右，以独立性确保司法的纯洁性、权威性和公正性。但按照现在的司法政策，法官在判决之前，要先去考察本案的社会影响力如何，社会反响怎么样，目前的社会治安状态如何，当事人反应怎么样。但是客观地讲，法官对民情本身，对社会治安状况的判断是不确定的，有许多感受上的差异，这里面很多的东西是没有办法通过统计学的方法精确计量的。最为关键的是，社情民意本身是最不确定的。例如，在一个具体的案例中，当事人"激动、不满和愤怒的指数"

---

① 社情民意依赖于人民群众的一般情理和朴素的正义观念。

常常会通过来信来访、庭审表现和联名上书等诸多方式来体现。大众的个体差异性，脾气、个性及其忍耐力的不同，导致不同的人看待同一事件的情绪将会各有不同。而普通民众的法感和法律人的法感在很多的地方很难达成一致，民意本身又是很容易被引导和操控。民意的涓涓细流要形成真正的洪流常常是通过媒体来完成的，但目前新闻独立一直是个悬而未决的问题，现在媒体声音的客观真实性还要受到诸多因素的影响。同时，新闻职业化程度低，新闻媒体从业人员的素质良莠不齐也是很大的问题。但是新闻媒体的影响力却是巨大的，因此，法院如何处理好和媒体的关系也是重要问题。无论是单纯的社情民意还是新闻媒体的报道，最终要对法院的判决形成影响，几乎都是要靠官方来传递信息的。现在的当事人往往是通过大规模、地毯式的多部门信访去实现其通过法律本身不能获得的利益，再通过行政领导向法院施压以达到其目的。新闻媒体的报道往往也只有通过某些官员的督促才能达到影响司法的效果。本来是把民意引入司法，如不小心，就可能把司法大众化搞成了司法行政化、地方化。这个问题才是前面所说的司法独立的真正敌人。而把社会效果，人民感受或社情民意作为判案依据的社会学法律解释方法，其实质并不是要走向司法的行政化，而是强调对司法权的监督，让司法和民众达成大家满意的"共识"。司法独立的目的是为了防止立法权、行政权过大，对司法权进行干扰，而社会学法律解释方法是民众对司法权本身的监督。前者说的是权力之间的制衡问题，后者说的是民众对司法权力的监督问题，并不矛盾。因此，我们在使用社会学法律解释方法的过程中也要注意方法，不能过分地误用民意而损害了法律本身。[①]

因此在司法实践中，法官运用社会学法律解释考量社情民意时，应当注意以下几点：第一，社情民意是运用社会学法律解释时的重要参考因素，但并不具有决定作用。第二，社情民意并不意味着法官在解释法律时必须以多数人的意见为准，要注意"司法民粹主义"。第三，社情民意并不是简单的

---

① 彭语良、马建威："试论社会学方法对司法公正的制衡与互进"，载《人民论坛》2013年第2期。

媒体或者网络平台所呈现出来的观点，能够直接所观察到的社情民意仅仅只是社情民意整体的一小部分。法官必须通过社会调查深入理解广大人民群众对案件的真切感受。第四，社情民意不能成为舆论干预司法的工具，法官在解释法律时可以适当考虑社情民意，但决不能以其作为裁判的依据。法官必须以事实为依据，以法律为准绳。法官判决必须在法律的框架内，即于法有据。同时判决又符合人民群众的一般情理和朴素的正义观念，即与社情民意相契合，以便使判决能够得到广大人民群众的普遍认可和接受。

5.4 民俗习惯

我国的立法对民俗习惯的忽视，在很大程度上弱化了它的解释力和贡献。事实上，民俗习惯是现实法律规则的制约力量与生成力量。民俗习惯不仅可以为立法者提供传统制度借鉴，还可以阐释中国人特有的观念，如天理、孝、孽、报应等，尤其是在蕴含了丰富民族习俗与文化心理的婚姻家庭领域，立法者若忽视了这些观念，就可能影响立法质量。[①] 立法的不足需要通过司法来补救。因此，社会学法律解释除了考量公共利益、社会效果和社情民意之外，还要考量民俗习惯。

民俗习惯可大致分为三类：

第一，善良民俗习惯。即为社会大众所普遍接受，具有深厚的群众基础，深受民众的传承和发扬，内容符合法律的基本原则及精神，且对社会无害的习惯。如春节、端午节、中秋节、清明节作为中华民族传统民俗习惯就是善良民俗习惯。国家进行社会管理或治理时要尊重善良民俗习惯。立法机关制定法律法规时要尽可能把这些体现中华民族精神的善良习惯转化为法律，行政机关和司法机关在执行或适用法律时也要尊重善良民俗习惯。国务院假日

---

① 谢鸿飞："建构中国风格的法律社会学"，载《人民日报》2015年7月14日。

办将端午节、中秋节、清明节调整为法定假日，且增加了春节的法定假，就是对这种善良民俗习惯的尊重。

第二，一般民俗习惯。即具有一定的群众基础，深受民众的传承，内容不违背法律的基本原则及精神，但也不符合现代文明的发展趋势，而且如果社会管理不善，则不利于社会公共利益甚至对社会可能有潜在危害的民俗习惯。一般民俗习惯有一个显著特征就是民众对此类习惯褒贬不一，众说纷纭。如农村土葬的习惯以及人们在节日期间燃放烟花爆竹的民俗习惯。农村土葬的民俗习惯由来已久，占用了大量的林地甚至良田，不利于我国宝贵的土地资源的充分利用。同样，在节日燃放烟花爆竹也是中国传统民俗习惯，但有潜在的危害，每年都有人们由于燃放烟花爆竹受到伤害甚至死亡，同时在中国目前的环境污染非常严重，燃放烟花爆竹使本来就糟糕的环境"雪上加霜"，因此一些城市或地方基于安全和环保考虑，制定地方性法规和地方政府规章宣布禁止燃放烟花爆竹。对此，群众的意见分歧很大，有的坚决支持，有的强烈反对。在社会管理或治理中对于一般民俗习惯，要非常慎重，既不能整齐划一，也不能放任不管，而应该循序渐进，因时制宜，因地制宜，因势利导。

第三，邪恶民俗习惯。一般指因袭封建传统，违背法律的原则和精神，背离社会的一般传统道德观念和社会主流价值观，且社会危害极大的民俗习惯。这类民俗习惯往往只有社会中少数人在推崇，而社会的主流民意都反对和丢弃。例如近年来在河南、河北、山东、山西一带死灰复燃的"娶鬼妻""配阴婚"现象即为邪恶民俗习惯的典型例子。根据当地民俗习惯，未结婚即身故的男子被认为魂灵无所依归，不得迁入祖坟，死者亲属因此千方百计寻找女性尸骨与之合葬。强大的需求形成了"鬼妻"地下供应链条，终端供应商在利益驱使下盗墓取骨，甚至杀人卖尸。邪恶民俗习惯代表了落后与无知，而国家法的态度坚决而明朗，它以消灭邪恶民俗习惯的存在空间为己任，通过强硬严厉的干预，担负起移风易俗、推动社会进化的责任。

因此必须作出限定的是，本书讨论和所指的民俗习惯包括善良民俗习惯和一般民俗习惯，而将邪恶民俗习惯排除在外。

5 司法中运用社会学法律解释方法要考量的因素

法律与民俗习惯在早期社会是毫无差别的，原始法律在很大程度上是以民俗习惯或习惯规则为基础的。① 梅因指出："罗马法典只是把罗马人的当时的民俗习惯表述于文字中。"② 恩格斯指出："在社会发展的某个很早的阶段，产生了这样的一种需要：把每天重复着的生产、分配和交换产品的行为用一个共通规则概括起来，设法使个人服从生产和交换的一般条件。这个规则首先表现为习惯，后来便成了法律。"③ 因此民俗习惯内生于社会的生活需要，形成于人们长期生活交往的实践。民俗习惯存在的这种社会基石，是国家法发展的重要社会基础。国家法需要借助民俗习惯帮助其规范秩序，形成扩展。民俗习惯是制定法的母本，是制定法的直接渊源与基石。著名法律思想家卢梭指出："它铭刻在公民们的内心里；它形成了国家的真正宪法；它每天都在获得新的力量；当其他的法律衰老或消亡的时候，它可以复活那些法律或代替那些法律，它可以保持一个民族的创制精神，而且可以不知不觉地以习惯的力量代替权威的力量。我说的就是风尚、习惯"。④

马克思认为，法律最终是由一个社会的物质生活条件决定的。马克思指出："社会不是以法律为基础，那是法学家的幻想。相反，法律应该以社会为基础。"⑤ 而法律是否达到良好的社会效果，则取决于法律是否与社会生活相适应；移植外来法律文化，也要有能使其植根的社会土壤，包括社会结构、社会生活和社会心态。民俗习惯就是社会生活本身，就是生活规则的源头；社会生活的规则，就是法律规则的母体。离开社会生活的法律，离开了民俗习惯这种"活法"，法律不过是无根之木，无源之水。在实现依法治国建设法治国家的进程中，尊重民俗习惯，创制契合国情的法律制度，保持本土资源和其间蕴涵的人文精神，是未来中国法律发展的方向。

---

① [美]博登海默：《法理学——法哲学及其方法》，邓正来等译，华夏出版社1987年版，第370页。
② [英]亨利·梅因：《古代法》，沈景一译，商务印书馆1959年版，第11页。
③ 《马克思恩格斯选集》（第2卷），人民出版社1972年版，第538页。
④ [法]卢梭：《社会契约论》，何兆武译，商务印书馆2003年版，第70页。
⑤ 黎国智：《马克思主义法学论著选读》，中国政法大学出版社1993年版，第38页。

"民俗习惯是社会规则生成的基础，是立法得以贯彻实施的条件，立法对民俗习惯的漠视会削弱人们对法律的信仰，甚至导致人们公开违法"①。"法律绝不是可以由立法者任意地、故意地制定的东西……它深深地植根于一个民族的历史之中，而且其真正的源泉乃是普遍的共同意识。就像民族的语言、建筑及风俗一样，法律首先是由民族特性、民族信念、习惯和'民族精神'决定的"②。因此尊重民间传统民俗习惯是一种重要的社会需要。社会秩序的形成需要多种规范的共同作用，是各种规范相互协作、共同作用的结果。除了法律规范，还应该包括道德规范、宗教规范、村规民约、民俗习惯等社会规范，其中，民俗习惯世代相传、约定俗成，大量存在于社会生活，尤其是广大人民群众的生活当中，被人们广泛认可，并在一定程度上约束着人们的行为。

但是，在一个法治的社会里，法律规范是法院处理案件的唯一的合法的依据。这就要求法官在司法实践中善于运用社会学法律解释方法，对法律规范进行社会学解释，将民俗习惯等其他社会规范作为解释法律规范的重要参考依据。特别是在处理涉及婚姻家庭等与民俗习惯联系密切的案件要充分考虑民俗习惯因素。也就是说，对当事人民事争议事项的裁判，法律、政策有明文规定的，法官应当依据法律、政策，并考虑民俗习惯因素；法律、政策没有明文规定的，可以通过运用社会学法律解释方法将本地的民俗习惯作为解释和考虑的重要依据并据此作出裁判或判决。民俗习惯能否成为社会学解释的考虑因素取决于：一是普遍公认性，即在一定地区获得人们的普遍公认；二是合法性，即民俗习惯不得违反国家的法律和政策，不损害公共利益，不侵犯他人合法权益；三是反复适用性，即在生活实践中反复适用；四是符合社会主义道德规范和社会主义核心价值观；五是符合社会主义文化的发展方向。③

社会学法律解释要将民俗习惯作为重要的考量依据非常必要且具有天然

---

① 李凤章，郝磊：《民法法典化与习惯缺失之忧》，载《法制与社会发展》2005 年第 1 期。
② [美] 博登海默：《法理学——法哲学及其方法》，邓正来等译，华夏出版社 1987 年版，第 82 页。
③ 袁春湘：《社会学解释方法在案件裁判中的运用》，载《法律适用》2011 年第 11 期。

的无可争辩的合理性。法律来源于社会，又服务于社会。社会生活纷繁复杂，而法律又具有统一性、规范性和抽象性，要使统一的抽象的法律适用于我国幅员辽阔的多民族的不同风俗习惯、风土人情的具体的社会生活，冲突是不可避免的。在以成文法为主流的现代法治社会，法律对于生活在城市的民众具有很好的适应基础和社会条件；而在我国广大的农村地区，成文法的应用却显得非常尴尬，原因很简单，传统的民俗习惯已经作为乡土文化根深蒂固地在乡村民众的观念中扎根；法律提供的是一个概念和逻辑的理性世界，民俗习惯所触及的是一个更接近人们心理和精神的生活世界。由于现代生活的复杂性，现实生活中民俗习惯与制定法之间的冲突屡见不鲜，在某些领域，制定法脱离现实太远，成了一纸空文。特别是，在法治现代化的过程中，我国的制定法有相当一部分直接移植于其他国家。我国有着悠久的传统的历史和文化，在进行大规模的法律移植之前，我国就存在着大量的本土的民俗习惯。由于移植的法律所诞生的社会与我国的具体国情往往存在着较大的差异，因而使制定法与现实生活中的民俗习惯容易造成冲突。

中国大多数地区特别是我国广大的农村地区仍然是个"熟人社会"，几千年沉淀下来的民俗习惯和认识很难在短时间内得到根本改变，可以说民俗习惯在现实社会生活中还占有一定的活动空间。即使在"法治现代化"的今天，我国社会特别是广大的农村地区，仍然保留着许多独特的民俗习惯。随着社会的发展，法律成为调整人们行为的主要规范。但民俗习惯仍然是维持社会秩序、调节人们行为的一种不可或缺的社会规范，也是评判人们行为方式正当与否的标准。当然，由于经济条件等各种社会生活条件的差异，不同地区的民俗习惯是有差异的，不同群体对民俗习惯的认知与遵从也是不同的。如今的中国仍然是个政治、经济、文化发展极不平衡的发展中国家，广大民族聚集区、广大农村地区或乡土社会仍具有一定的分散性和封闭性，仍处于与中心城市相对应的边缘地带，在交通落后、信息闭塞、传统农耕的生活环境下，人们法律知识欠缺，法律意识淡薄，接受和运用法律的频率不是太高。即使在法制广泛普及的今天，体现国家意志的制定法在地广人稀的农村所起的作用仍然显得薄弱，因为法治现代化是以经济相对发达、公民素质相对较高的城市环境为基础建立起来的，而在以"熟人社会"为特征的中国广大的农村地区尚未建立起来，并遭到他们原有传统和民俗习惯的排斥。同时，国家法不可能对社会生活的各个方面进行面面俱到和事无巨细的触及，国家法无法像民俗习惯那样渗透到人们日常生活的各个领域。

将民俗习惯作为社会学法律解释的重要参考依据，还在于民俗习惯深深根植于人们的精神观念和社会生活之中，通过一代又一代的感染、传承，相沿成习，已经被模式化为一种带有遗传性的特质，它为特定社会群体所选择、认同和接纳，经过长时间的积累、沉淀、净化才得以绵延、传递，凝聚着民族的精神、心理、智力与情感，积淀着祖辈们长期思考和解决各种社会矛盾和冲突的智慧和经验，有着巨大的、高度的稳定性、延续性、群体认同性和权威性，事实上已经成为社会中更为常用、更为容易接受的"法律"样式。而国家法渗透着现代民主社会和工业社会生活的气息，是一种现代文明和理性的象征。因此，在现实生活中国家制定法与民俗习惯的冲突是不可避免的。以农嫁女为例，在农村的民俗习惯是：妇女出嫁后除了招郎入赘外应当与原籍村集体脱离户、田关系，进入婆家生产、生活，与婆家村集体建立户、田关系。而法律规定是：妇女出嫁后可以留在原籍生产、生活，村集体不得强行收回承包地，也可迁入婆家，成为婆家村集体的一员。在当前城镇周边大量征用土地的情况下，受利益驱动的影响，城镇周边村的妇女出嫁后户口不愿迁出，而村集体则依据村规民约或民俗习惯强行收回承包地，在征地补偿费分配中取消出嫁女的分配权，从而引起纠纷。

还例如一名油漆工在装修新房时上吊自杀，婚房顿时成了"凶宅"。房主向法院起诉，向装修公司提出经济损失和精神损害赔偿共计8万元。法院审理认为该房屋作为不动产，价值没有受影响，因而对原告要求的赔偿不予支持。原告不服，提起上诉。该案案情简单清晰但处理起来非常棘手，原因在于涉及国家制定法与民俗习惯的冲突。完全从法律的角度来看，房屋在物理性质上并未受到任何损害，我国的《民法通则》和《合同法》对实物的损害赔偿只限于有形损害，正因为如此，初审法院作出了一审判决。但从民俗习惯的视角来看，在中华民族的传统心理中，十分忌讳在喜庆的地点或时间发生不吉利的事情，这种民俗习惯善良无害。因此，依据普通人社会生活的一般经验，从公正和良知出发，房屋价值因此受到贬损却是不言而喻的。法官对法律条文进行社会学解释，如果依循这一为民众所普遍认可的民俗习惯，就不难得出房屋价值受到损害的结论。考虑到民俗习惯，普通民众的常识或一般认知告诉我们：房子虽然没有受到直接的物质损害，但是房子的使用价值肯定受到了影响。可以说，知道这个房子底细的人，肯定不会去买这个房子，最起码不会用原定的价格去买这个房子。这中间涉及对于考量民间风俗习惯的问题。新房吊死人要求赔偿这样的事件，可能会有人说，这不就是一种封建迷信吗，那么法官们也会觉得，我们现在都提倡科学的唯物主义无神论，为什么一个房子吊死人就不能结婚了呢，实际上你肯定结婚也不会影响你的婚姻，也不会影响你的生命健康权。但是后来记者追问一审法官说，如果是你的儿子在那儿结婚你会怎么想呢？那位法官就有点儿含糊了，他说"这个问题我也不好说，但是我想我们作为法官，我们只能还是按照国家法律办事。"也就是说，实际上就算我们是一个唯物主义者，或是一个无神论者，但是在考虑这样问题的时候，毕竟也不是说我们可以完全抹杀、完全无视民众的那种心理感情或民俗习惯。如果在对法律条文进行社会学解释时，无视民俗习惯的价值，不管民众的承受能力和感受，试图通过国家法对民俗习惯进行硬性的、不切实际的干预与压制，盲目制定并强制推行国家法，都有可能无法实现司法目的，不利于社会矛盾和纠纷的合理解决。因为"民俗习惯就是人们生活的一部分，保证着他们的预期利益的确立和实现，使他们的生活获得意义。这是不可能仅仅以一套书本上的、外来的理念化的法条所能替代的。"[1] "任何法律和政令的贯彻，如果没有民俗习惯的支持，就必然需要使用更大的国家强制力。"[2] 而且即便如此，也未必能够贯彻得下去，而

---

[1] 苏力：《法治及其本土资源》，中国政法大学出版社1996年版，第23~37页。
[2] ［英］哈耶克：《自由主义与经济秩序》，贾湛、文跃然等译，北京经济学院出版社1991年版，第23页。

且还可能损害法律的权威和政府的威信。因此，在司法实践中，法官进行社会学法律解释时要将民俗习惯作为重要考量的因素之一。

民俗习惯类似于我们经常提到的"公序良俗"，对其社会学的解释依赖于特定群体的道德观念和具体案件的具体情况。而特定群体的道德观念在不同的时期有可能发生变化，或者由于特定案件的不同，关于某一行为是否违背了公序良俗或民俗习惯也可能会引起争议。因此，在司法实践中法官对法律规范进行社会学解释时，就是尽可能使公序良俗或民俗习惯的内涵符合当前社会的普遍认知，充分考虑具体案件的具体情况，由此而为的裁判也会更具妥当性，更加公平合理，更易为当事人和广大的人民群众所认可和解释。以一宗涉及两岸婚姻问题的案件为例，在该案中，邓元贞于1940年在福建与陈鸾香结婚，后自己随军队前往我国台湾地区，之后两人全无联系。邓元贞于1960年在我国台湾地区与吴秀琴又结为夫妻并育有子女。随着两岸恢复交流和开放探亲，陈鸾香得知邓元贞再婚时向我国台湾地方法院提起诉讼，请求撤销邓元贞在台湾的婚姻。受理案件的台中法院一审认定邓元贞构成民法中的重婚，判决撤销其在我国台湾地区的婚姻。邓元贞不服提起上诉，但二审和终审两次都驳回了其上诉，维持了原判。邓元贞继续请求再审，台湾地区"司法院"大法官于1989年重新受理了此案并最终作出判决和解释，认定邓元贞与吴秀琴的婚姻不是法律上的一般重婚，不应撤销。根据我国台湾地区"司法院"大法官解释文的阐述，"惟国家遭遇重大变故，在夫妻隔离，相聚无期之情况下所发生之重婚事件，与一般重婚事件究有不同。"① 分析来看，该案释法理由显然考虑到了当时不少的特殊婚姻的存在，通过重新界定概念适应了社会的实际生活状况。该判决充分考虑了当时当地社会生活的实际情况以及具体案件的具体情况，认定当事人没有违反公序良俗或民俗习惯是比较合理和妥当的。

司法是社会正义的最后一道保障线，是社会管理的重要方式。一种民俗

---

① 杨知文："社会学解释方法的司法运用及其限度"，载《法商研究》2017年第3期。

习惯之所以在民间流传久远，成为社会代代相传的观念共识，必然是根植于社会生活，通过人们反反复复地实践和试错最终确定下来的，有其合理性。司法工作者，在对法律文本进行社会学解释时，应主动探究民俗习惯背后所蕴含的法律价值，作出尽可能符合民情和公平的判决。不考虑民俗习惯，而对法律教条化、形式化、机械化的解释和适用不仅会伤害到广大人民群众善良的民俗情感，更重要的是有可能损害法律的权威和司法机关的公信力。

现在涉诉上访案件逐年增加，影响社会和谐与稳定。处理法律纠纷并不仅仅是一个纯粹的法律问题，同时也可能是政治问题、历史问题、文化问题和社会治理问题。特别是我国是一个幅员辽阔的多民族的国家，发生在少数民族地区的许多纠纷不单纯是一个简单的法律纠纷，一些案件纠纷的症结往往在案外，案件之后还可能涉及宗教、民俗习惯的冲突，处理不当，简单的法律纠纷会上升为民族矛盾或冲突。因此，司法人员要多熟悉乡规民俗，把法律与政策、国家制定法与民俗习惯有机地结合起来，以"入乡随俗"的方式开展审判和法律监督工作，要把法言法语尽可能地转化为俗言俗语，把专业知识和大众生活联系起来。例如一些少数民族还保留着祖辈一直沿袭下来的打猎的传统描述习惯，因此在这些地区，青年男子有佩带猎枪或土枪的民俗习惯，且较为普遍，如发生案件法院一律以刑法规定的非法制造、买卖枪支罪定罪量刑，则可能引发民族矛盾和冲突，因此在这些地区考虑到当地的民俗习惯，对一般制造土枪或猎枪的行为不宜视为犯罪。再如刑法规定为重婚罪和性犯罪的行为，也必须根据少数民族地区的民俗习惯加以区分，对其中的相当一部分不能以犯罪论处。

当然，国家制定法与民俗习惯在冲突的过程中也会产生良性互动。即使我们认为，随着社会的发展和进步，特别是我国实行依法治国建设法治国家的进程，确实有一些民俗习惯不符合社会发展的需要和人类文明发展的趋势，需要通过制定法强行干预，但我们不能简单地认为，在同国家制定法的短兵相接之后，民俗习惯将逐渐消失，国家制定法最终将完全取代民俗习惯。其实，民俗习惯并不是某种恒定不变的东西，而是一个优胜劣汰的选择过程的产物。民俗习惯不仅意味着传统，它还意味着创新。传统的民俗习惯在现代社会不断演变并不断形成新的民俗习惯。民俗习惯的不断扬弃，是社会变革的主要表现。"只要人类生生不息，只要社会的各种其他条件还会发生变化，就将不断地产生新的民俗习惯，并将作为国家制定法以及其他政令运作的一个永远无法挣脱的背景性制约因素而对制定法的效果产生各种影响。"① 目前，中国无论是经济结构还是社会生活都发生了许多重大的变化，原有的民俗习惯也有不少新的变化，并不断产生新的民俗习惯，民族特性随着时代的变迁，也有了一些新的内容和形式。民俗习惯虽然具有坚韧的生命力，但也会受到国家制定法的影响。因此，在司法实践中，法官运用社会学法律解释考量风俗习惯时也要进行权衡。

  还必须指出的是，法官运用社会学法律解释考量民俗习惯时，对于民事案件和刑事案件会有所不同。在法律没有明文规定的情况下，民事案件可以通过运用社会学的法律解释将民俗习惯纳入判案的主要考量，而刑事案件将民俗习惯纳入判案的考量则应该非常慎重，这是因为民事活动与刑事追诉活动的性质存在本质的区别。民事活动要最大限度地尊重当事人的自由意志，贯彻意思自治原则。当事人有权按照自己的意志来安排自己的私人生活。只要当事人没有违反法律的强制性规定，法律就不应对其活动横加干涉。并且，法律具有局限性，不可能对纷繁复杂的民事活动规定得面面俱到。在审理新型民事案件时，法律可能会出现漏洞。此时，法官就要通过社会学的解释考量民俗习惯来求得对该争议的公正合理的解决。只有这样，才能创造出丰富多彩、生动活泼的市民社会生活。而在刑事追诉活动中，必须严格遵守法律规定，这是尊重和保障人权、防止司法擅断的根本要求。刑事追诉活动对公民的人身、自由、财产及其他权利的影响甚巨。一不留神，就可能造成冤假错案，给个人及其家庭、甚至整个社会造成难以弥补的损失。所以，刑事审判中运用社会学的法律解释方法考量民俗习惯时要更为慎重。

---

  ① 苏力："中国当代法律中的习惯"，载《中国社会科学》2000 年第 3 期。

5.5 公共政策

社会学法律解释除了要考量公共利益、社会效果、社情民意、民俗习惯外,还要考量公共政策。根据一般的解释,政策是国家或政党为实现一定历史时期的路线而制定的行动准则。[①] 就政策的下位概念而言,公共政策指的是国家公权力主体在特定社会历史时期为解决特定公共问题、完成特定公共任务所制定的行动准则。公共政策的"目的在于解决那些国家治理方面的重大的问题如经济、社会、环境等问题。不论公共政策是通过政治辩论还是正式投票来形成,都牵涉对要实现目标以及实现这些目标的手段两个方面的问题"[②]。也就是说,公共政策是公共权力机关经由政治过程所选择和制定的为解决公共问题、达成公共目标、以实现公共利益的目标和方案,是政府等公共组织管理社会公共事务的指导准则,它决定着管理活动的方向和目标。

正如庞德在《法律的社会控制》一书中指出,法律原则是表述个人权利的命题,而公共政策是表示集体目标的命题。公共政策是针对社会利益关系中的矛盾所引发出来的社会问题而制定的行为准则,是一个国家或社会一段时期的主要发展目标和方向。公共政策作为对社会利益的权威性分配,集中反映了社会利益,从而决定了公共政策必须反映大多数人的利益才能使其具有合法性。因而,许多学者都将公共政策的目标导向定位于公共利益的实现,认为公共利益是公共政策的价值取向和逻辑起点,是公共政策的本质与归属点和出发点。但是公共政策比公共利益更加具有战略性和前瞻性。公共政策引导或指导国家立法活动、司法活动、行政活动和政党的活动。为解决某个

[①] 中国社会科学院语言研究所词典编辑室编:《现代汉语词典》(修订本),商务印书馆1996年版,第1608页。

[②] Frank Fisher. U. S. A. Assess of Public Policy. Beijing: Renmin University Press, 2003, p. 3.

社会公共问题，政府依据特定的目标，通过政策对人们的行为和事物的发展加以引导，使得公共政策具有了导向性。在我国，公共政策是法律的方向标，公共政策包括执政党的政策对法律的制定和修改有指导作用。例如我国修改宪法的建议就是由中国共产党中央委员会提出的。而法律则是公共政策的制度化和条文化。在法制不健全的年代，人民法院审判案件主要靠公共政策，而在法制逐步健全的今天，人民法院审判案件同样离不开公共政策的指导。近年来，宽严相济刑事政策、民事案件采用"调解优先，调判结合"的政策等，这些都是我们党的政策在司法审判领域的具体化，这些政策的运用对发挥好司法职能起到很大作用。

法律与公共政策是两种不同的治理国家、规范社会的重要工具。无论是公共政策还是法律都是人民意志的体现，也都是社会上层建筑的重要组成部分，有着共同的社会目的。在国家社会生活中，二者相辅相成、互相补充、共同发展。从总体上讲，公共政策对于法律有着重要的指导作用，但是，这种指导并不意味着公共政策是高于法律、决定法律的。具体而言，在立法时，公共政策是制定国家法律的依据。法律在制定时，以公共政策为依据，并通过法律形式将公共政策定型化、条文化、规范化和制度化，从而保障法律体现全体人民的利益和意志。在贯彻实施法律时，公共政策指引着法律的执行和适用，使之与当前社会形势和国家任务或目标相适应，促使法律实施合乎社会现实目标。在当代中国社会转型时期，在建设法治国家的进程中，实施法律和实现社会现实目标的关系是一个非常重要的问题。社会现实目标依赖于社会现实需要和社会形势，因此是变动的，有时甚至变动很大，而法律则是相对稳定的规范。因此，在执法和司法工作中，往往存在这样的矛盾，即不变的法律规范与变动的社会形势和社会状况之间存在冲突。为了解决这个矛盾，克服法律的僵硬性缺陷，一方面需要对法律进行社会学解释时考量公共政策[①]。另一方面需要有关机关对现行法律及时作出相应的补充规定或修

---

① 公共政策具有灵活性，能够及时反映社会现实目标与形势的变化。

改。此外，在法律没有明文规定的情况下，法官可以通过运用社会学法律解释方法考量公共政策来裁判案件。

在司法中考量公共政策是我国的传统，"毫无疑问，法律规范是一切司法判决的首要依据。然而，在我国这样的政策治国积习甚久的国家，公共政策依旧对我国司法机关的司法活动发挥重要的影响作用"①。但在司法中考量公共政策不是我国独有的传统。正如美国著名学者和法官霍姆斯指出："法律的生命并非逻辑，而是经验。可以感受到的时代的要求、盛行的道德和政治理论、公共政策等，其作用丝毫不亚于逻辑推演。"② 也如英国学者哈洛等人所言："总的来说，行政官员和政客都不是从法律而是从政策中寻找他们的授权的。换句话说，他们是以政策为中心的。积极地看，行政官员视法律为一套挂衣钩，将政策挂在上面；消极地看，法律也许是在政策能够得以贯彻实施之前要跨越的一连串栏架，法律在此意义上就是一种控制。如果法律与政策相冲突，行政官员会设法改变法律，而如果这样做不可能的话，有时候他就有可能不适当地将法律搁置一旁或者根本就不理睬法律。"③ 显然，公共政策也应该是法官在司法中进行社会学法律解释要考量的重要因素之一。

为什么司法中进行社会学法律解释要考量公共政策？在我国的现实语境中，也许还可以寻找到很多直接原因，如公共政策的制定者与法律的实施或适用者往往具有高度的重合性，灵活应变的公共政策对僵化法律规定的补充性，官僚系统内部长期存在的"依政策行政和司法"的路径依赖性，等等。如果我们再进一步地观察则会发现，公共政策与法律在价值追求上的趋同性则是这种影响作用的根源。按照美国公共政策学者拉雷·N.格斯顿的解释，公共政策的创造完全是一个动态的过程，"公共政策的产生，是问题累及社

---

① 章志远："作为行政裁量'法外'依据的公共政策——兼论行政裁量的法外控制技术"，载《浙江学刊》2010 年第 3 期。
② [美] E.博登海默：《法理学：法律哲学与法律方法》，邓正来译，中国政法大学出版社 2004 年版，第 159 页。
③ [英] 卡罗尔·哈洛、理查德·罗林斯：《法律与行政》（上卷），杨伟东等译，商务印书馆 2004 年版，第 165 页。

会的一个部门或若干部门达到了要采取行动的程度，问题的产生先于政策，人们在一段难以接受的时期中都有相同的问题而迫于应付，却无解决的办法。"① 也就是说，一项公共政策的形成往往都代表着政策制定者，对特殊历史时期社会形势的冷静判断和特定任务的总体宣示。毫无疑问，公共政策制定者的这种决断能力来源于其公共利益代表者身份的正统性及合法性、信息收集反馈机制的权威性及灵敏性和价值追求上的合理性及正当性。如此一来，一项公共政策的出台，即为社会成员的日常生活和国家机关的公务活动描绘出特定的社会情境，而任何与法律实现有关的活动，无论是公民的守法还是国家机关的执法和司法，又都是在这种特定的社会情境中完成的。因此，公共政策对特定社会时期国家任务的宣示，实际上就已经为司法机关的裁量活动勾勒出基本的社会场景，与其说此时的司法活动是按照法律规范进行的，还不如说公共政策已经成为支配司法活动事实上的"帝王条款"。②

公共政策调整或涉及的范围十分广泛，例如公共政策可以调整产业结构、调控房地产市场，可以促进公益事业、推进义务教育和医疗保险，可以激励科技创新、鼓励生态环境保护，甚至可以涉及老年人权益保护和民事、刑事司法等广泛领域。按政策办事是世界各地公共生活领域的重要准则，它不仅适用于政府管理活动，也适用于政法部门的工作。例如，2009年，我国的民事诉讼法并没有修改，但是人民法院的司法政策作了重大调整，明确提出在审理、执行企业涉诉案件时，要慎用查封、扣押、冻结等强制措施，设法帮助困难企业渡过难关。这就是为了有效应对当时的国际金融危机的消极影响、切实落实"三保"（保增长、保民生、保稳定）方针的形势需要，是为了更加能动地发挥审判工作为国家宏观调控政策服务的职能作用。必须指出的是，公共政策有的是相对稳定的，但大部分还是变动着的。公共政策的稳定性总

---

① [美] 拉雷·N. 格斯顿：《公共政策的制定——程序和原理》，朱子文译，重庆出版社2001年版，第22页。

② 章志远："作为行政裁量'法外'依据的公共政策——兼论行政裁量的法外控制技术"，载《浙江学刊》2010年第3期。

体上比法律的稳定性差。公共部门制定和实施公共政策的目的是为了协调和平衡公众利益，而公众的利益是处在不断的变动之中的，旧有的差距和不平衡得到调整后，又会出现新的矛盾与冲突，又需要有新的公共政策来进行协调。

完善和发展法治，需要重新认识和调适公共政策与法律的关系。在现代社会治理过程中，法律不是唯一的和万能的。在推进法治的过程中，必须认真对待公共政策以及法律与公共政策之间千丝万缕的联系。重视公共政策与法律的关系，一方面不能将公共政策局限于党的政策，这会限制认识公共政策与法律关系的视野；另一方面更不能将依公共政策办事视为人治现象，这会预设调试公共政策与法律关系的前提。从事物的本性讲，公共政策不等于长官意志，决策并非领导拍板。公共政策也有出发点和落脚点，它也是人民意志和利益要求的体现，也需要人民参与制定过程。如同法律有善恶之分、恶法之治并非法治一样，政策也有良劣之别，良策之治亦非人治。善法良策是社会良好治理和达成善治的需要，是社会走向公平正义与和谐的保障。公共政策不是与法律相去甚远甚至相反的现象。"千万不可胡思乱想，以为公正的法律和合适的国策之间会有什么抵触。它们两个就像是精神与肉体是协调一致的那样"。[1]

长期以来，人们深刻感受和体会着公共政策对政治经济社会生活的普遍影响，并试图通过法制化改变这种现象，这当然是一种思想偏向。即使在发达的法治社会，公共政策也具有法律不可替代的地位和作用。20世纪90年代盛行的将公共政策与法律视为不同事物并割裂两者关系的观点认为，实现法治应当从依政策办事逐步过渡到依法办事，逐步由依法办事替代依政策办事，由政策一元化逐步过渡到法律一元化。这种观点反映了实现法治的强烈愿望，但多少带有一些法治理想主义色彩甚至法律万能的倾向，并人为地将依政策办事与依法办事两类现象在理论上对立起来。从依政策办事走向依法

---

[1] Hu Yunteng. Insist on Independent Jurisdiction and Serve for the Party and the Nation. The Thesis of the Commemoration of the 30 Years Reform of the Court. Shanghai, 2010.

办事，是治国方略和政权运作方式的变迁，反映了政治和法治发展的一般规律，但依法办事并不排除实际上也无法避免政策对经济社会发展和公共权力运作的指导和规范作用。依法办事与依政策办事并不必然矛盾，依法办事不一定就是法治，同样，依政策办事不一定就不能促进法治。规划和实施法治建设，需要全面理解法治，重新理解和定位法律的功能，推进公共政策法治化进程，调适和重构政策与法律的关系，在理论上将依法办事纳入政治范畴，将依政策办事纳入法治范畴，在实践中使公共政策与法律协调统一、相辅相成地作用于复杂且不断变动的社会生活，推动法治逐步成为国家和社会的基本治理方式。而要"将依法办事纳入政治范畴，将依政策办事纳入法治范畴，在实践中使公共政策与法律协调统一"的重要方式就是，在对法律文本进行社会学解释时考量公共政策。

从实证的角度看，公共政策与法律之间存在着多重的关系。有些面向社会问题的公共政策有自己独立作用的空间，在无需法律和法律不到位的情形下，这些公共政策具有独立价值或替代意义；在公共政策与法律并存的情形中，公共政策则与现行法律作用于同一领域，它们常常相辅相成；有些公共政策已经具备了一些明显的法律特征，成为具有法律效力的"准法律"。比如，"十二五"规划明确宣布自身具有法律效力，它不属于通常意义上的法律，但它对政府具有约束力。而另外一些公共政策或者成为具体法律的一部分，成为法律的"政策性条款"，或者为执行和适用法律而制定，实际上成为法律实施的工具，与现行法律构成同一性的规范结合体。前者如老年人权益保障法、残疾人保障法、妇女权益保障法等法律的"保障""鼓励""提倡"性条款，后者如公安机关治理酒驾活动中的"四个一律"[①]。通观现实中的政策法律现象，一方面，公共政策填补着立法空白；另一方面，公共政策

---

① 公安机关治理酒驾活动中的"四个一律"是指对饮酒后驾驶机动车的，一律暂扣驾驶证3个月；对醉酒驾驶机动车的，一律拘留15日，暂扣驾驶证6个月；对一年内2次酒后驾驶的，一律吊销驾驶证，2年内不得重新取得驾驶证，属营运驾驶员的，5年内不得驾驶营运车辆；法律法规规定有罚款处罚的，要一律从重处罚。

与法律相辅相成；一方面，政策性条款使法律更为完整，另一方面，公共政策辅助法律实施；一方面，公共政策转化为法律，另一方面，公共政策的形成和实施过程需要法律规范。换言之，公共政策与法律的关系在实践层面上主要表现为四类政策法律现象，即公共政策走向立法以实现政策向法律的转化、介于政策与法律之间的"政策法"拥有不能替代的地位、法律框架内的"法律政策"确保法律的实效，以及公共政策法治化。政策法律现象的复杂性和政策与法律关系的多样性说明，在全面法治观下，公共政策与法律相辅相成、相得益彰。从一定意义上讲，法律无法做到完全自给自足，公共政策在法律体系中具有十分重要的地位，众多法律存有大量政策性条款。"民事活动必须遵守法律，法律没有规定，应当遵守国家政策"（《民法通则》第6条），"国家把扩大就业放在经济社会发展的突出位置，实施积极的就业政策……多渠道扩大就业"（《中华人民共和国劳动就业促进法》（以下简称《劳动就业促进法》）第2条，类似的规定在经济、社会、环境等领域的立法中大量存在。尤其是在新兴的社会法领域，政策性条款更是比比皆是，甚至可以这样说，社会法在某种意义上就是政策法。法律不是一个自给自足的规范体系，如果不能制定和有效地利用政策手段，一部法律就很难发挥效应。因此，法律被视为政策实现的工具。实际上，政策亦是法律实施的工具。为更好地执行和适用法律而出台的民事政策、刑事政策、行政法律政策、诉讼政策等，已形成一类相对独立的"法律政策"现象，需要予以重视和探讨。[①]

在当下中国，公共政策作为社会学法律解释的考量因素或在执法、司法过程中的导入已经是不争的事实。无论是作为行政裁量基准生成的智识源泉，还是司法个案具体裁量活动的理由说明，公共政策都真实地嵌于行政裁量和司法适用的过程之中。正如有的学者所总结的那样：公共政策作为规范和控制执法和司法过程，起到连接和沟通宽泛的裁量权和具体个案之间的桥梁作用，是执法和司法实践离不开的一种要素，它对于贯彻法律，对于稳定、连

[①] 肖金明："为全面法治重构政策与法律关系"，载《中国行政管理》2013年第5期。

贯、准确地实现国家特定目标来讲，无疑是十分重要和必要的。① 事实上，除了具有引导执法和司法活动适应社会现实需要、弥补法律规范的不足及滞后外，公共政策导入执法和司法过程还能够有效缓解一线执法和司法人员的社会压力。现代社会学的研究表明，社会资本已经成为人际交往乃至社会发展的重要武器。在中国的现实语境中，当行政相对人遭遇行政处罚或司法审判时，大多会动用社会资本去影响执法机关和司法机关人员的决断。而执法者或司法者的心理防线一旦为社会资本所突破，则"同案异罚""处罚不公""滥用裁量"等现象就几乎无法避免。② 但是，在执法和司法过程中，通过对法律文本的解释过程中引入公共政策的考量则能够有力抵挡社会资本的侵蚀，执法者和司法者可以遵循公共政策为由实施相对公正的处罚，进而消解现实生活中人情因素的影响。虽然公共政策导引执法和司法的优点十分显见，但过多依赖公共政策的执法和司法却同样会产生消极影响，甚至还会引发执法和司法的合法性与正当性危机。③ 然而，如果执法和司法的过程中，在对法律文本进行社会学法律解释时考量公共政策则可以技术性地消解执法和司法的合法性与正当性危机。

总之，公共政策是政府等公共部门进行社会公共管理，维护社会公正，协调公众利益，确保社会稳定与发展的措施和手段。公共政策立足于整个社会发展，要求国家从全社会绝大多数人的利益出发来制定和实施各种行为准则。因此，社会学法律解释应当将公共政策作为要考量的重要因素之一。

但必须指出的是，社会学法律解释将公共政策作为要考量的重要因素，也要适度和理性，否则过犹不及。因为公共政策导入执法和司法过程加剧了运动式执法和司法模式的蔓延。在我国这样一个有着长期运动治国传统的国家，运动式思维也渗透进执法和司法过程之中，"选择特定时期、特定对象，

---

① 余凤："作为行政法之法源的公共政策研究"，载浙江大学公法与比较法研究所编：《公法研究》（第7卷），浙江大学出版社2008年版，第129页。
② 章志远："行政裁量基准的兴起与现实课题"，载《当代法学》2010年第1期。
③ 章志远："作为行政裁量'法外'依据的公共政策——兼论行政裁量的法外控制技术"，载《浙江学刊》2010年第3期。

集中执法力量进行专项整治行动"便构成了运动式执法和司法模式的基本内涵。运动式执法和司法的优点在于能够针对特定领域的违法情形迅速形成高压态势,从而在短时期内有效遏制某个领域违法情形的发生,尽快恢复特定社会管理领域的基本秩序。例如,"南京曝光醉酒驾车"事件发生的背景就是近年来醉酒驾车造成的恶性交通事故频频发生,已经对公共安全及人民群众的生命、财产安全造成了严重威胁。为此,公安部在全国范围内部署严厉整治酒后驾驶交通违法行为的专项行动。可见,南京交管部门的曝光"创举"是与当下特殊时期的酒后驾车违章处理政策所营造的社会情境分不开的。但是,运动式执法和司法的致命缺陷就在于其内在的随机性和选择性。也就是说,运动式执法和司法只是选择在一定的时期、针对特定的对象施以重罚,等到运动结束之后,高压之前的违法情形有可能再次涌现。这也正是当下中国执法和司法的困境所在。在运动式执法和司法过程中,行政和司法机关的裁量几乎都是机械援引公共政策的结果。以"曝光醉酒驾车"为例,撇开其法律依据是否充分暂且不论,是否需要曝光、针对哪些违法者进行曝光,都完全听凭于行政执法者的一己好恶。这种政策导引下的裁量不仅会造成行政处罚的不公,而且还极易引发权力的滥用与腐败。可见,过分渲染公共政策对执法和司法的导引,容易加剧运动式执法和司法的蔓延,进而造成更大范围内的执法和司法不公。① 因此,本书强调运用社会学法律解释方法应该考量公共政策,但并不主张在执法和司法中直接援引公共政策作为裁定或判决的依据,否则过犹不及。

---

① 章志远:"作为行政裁量'法外'依据的公共政策——兼论行政裁量的法外控制技术",载《浙江学刊》2010 年第 3 期。

6 社会学法律解释方法与民间法的关系

6.1 民间法的定义及价值

讨论社会学法律解释方法与民间法的关系,在此主要讨论司法中运用社会学法律解释与运用民间法之间的相通之处和相异之处。为此首先要了解民间法的含义和价值。人类学、社会学和法学的学者曾给民间法以各异的名称。当以其权威渊源或管辖范围为标准时,它被作为非国家法、地方性法等;当以其文化渊源为标准时,它又被冠以民俗习惯法、固有法、民间法等。而与民间法相对应的就是由国家立法机关制定的国家法。尽管民间法未被正式认可,但在实践中被一定区域内的人普遍认同和遵守。

"法律史学家和人类学家基本上认为,原始法律在很大程度上是以民间法或民俗习惯规则为基础的,而且这些民俗习惯规则或民间法并未得到立法者的颁布,或未得到受过职业训练的法官以书面形式的阐述。"[①] 民间法可以理解为产生于民间的一种历久弥新的约定俗成的法,只是它没有冠以法律的名号,但是从规范人们行为、调整社会关系的角度看,和法律有异曲同工之效果。民间法之所以在民间流传久远而历久弥新,成为一定社会代代相传的观念共识,必然是根植于一定条件下的社会生活,通过人们反复实践和试错

---

① Paul Vinogradoff, "Custom and Law", in Anthropology and Eary Law, ed. L. Krader (New York, 1966), p. 19.

6 社会学法律解释方法与民间法的关系

最终确定下来的，在一定时空条件下必有其合理性。学界对于民间法目前还没有统一、严格的定义。梁治平认为，我国历史上皇权的直接统治只到州县，再往下，如村社、家族、行帮等有血缘、地缘的团体，都保有自己的规章制度，它们那些制度化的规则，虽然是由风俗习惯逐渐演变形成，却被我们在不同程度上视为法律。当然，这些法律不同于朝廷的律例，它们甚至并非经国家正式或非正式授权产生的，在这种意义上，我们称它为民间法。① 田成友认为，民间法是在人们生活中发生纠纷时，根据习惯和经验去化解矛盾的社会规范。② 于语和认为，民间法是法社会学视域下和国家法相对应的学理概念。它深深地根植于中国传统社会土壤之中，它是人们长期生产生活中积淀而成的生存经验、生活技巧和身体记忆。它源自传统、生于民间，作为自生秩序，在传统社会中发挥着定纷止争、平衡利益和协调关系的巨大功用。③

综合以上观点，我们可以将民间法作如下的定义，所谓民间法就是与国家制定法相对应的民间自发生成的在政治权利之外生长出来的规范，是对民间自发秩序的承认和认可，在形式上表现为风俗习惯，在内容上看，它来源于人们长期的生产生活的经验，是人们在长期的生产和生活中自发形成并反复践行的一种行为模式、行为规范和价值标准。它根植于社会生活并为人们所普遍认可，受行为惯性的影响在潜意识中支配着人们的活动，是一种支配人们行为和生活的无形力量。

民间法对我国的立法和司法有重要的价值。因为民间法是由民俗习惯长期演变而来的逐渐制度化的规则。这些逐渐制度化规则通常可以在不同程度上被视为法律，但又不同于正式的国家法，它们甚至不是通过"国家"正式或非正式"授权"产生，在某种意义上，人们称为"民间法"。民间法不仅包括个人方面，也包括社会方面，不仅包括善恶美丑、是非曲直的认知，也

---

① 王启梁："习惯法/民间法研究范式的批判性理解——兼论社会控制概念在法学研究中的运用可能"，载《现代法学》2006年第9期。
② 田成友：《乡土社会中的民间法》，法律出版社2005年版，第19页。
③ 于语和：《寻根：民间法絮言》，清华大学出版社2012年版，第1页。

包括合理性、正当性的价值评价，因而它绝非单纯、狭隘的日常伦常，而是人们处理相互关系时应遵循的行为准则。因此，民间法不仅对我国的司法有重要的意义，对我国的立法也有启示意义。我国的法律，有相当一部分不是我们自己的本土文化和传统中自然产生的，它主要是从西方移植过来的。例如改革开放以后，特别是随着我国实行依法治国、建设社会主义法治国家进程的加快，随着世界经济全球化一体化的发展趋势，国际贸易日益频繁，我国移植或采用了世界贸易组织的一些共同规则，或者说我们在这方面的法律跟国际直接接轨，还有我们在原本并没有传统的基础上形成的一些新的市场经济的法律制度，比如股票、期货、证券等方面也可以移植西方的法律制度。但是，跟我们的传统社会生活关系较为密切的领域，应该更多地考虑到我们社会的一些现实，把人伦、亲情、公序良俗等普通民众认可的情理考虑进去，民间法就是以情理为基础的。比如说现在我们在证据立法方面，可以考虑到一种设计，就是亲属的作证豁免权。当我们为自己的近亲属作那种不利的证言的时候，我们面临着一个情理上的悖论，我们要么对法律负责，要么就得承担一个亲情或情理上的巨大的心理谴责或压力。那么在这种情况下，我们的证据制度就应该考虑到这种豁免权。如果近亲属作出的证言会使自己的亲人陷入不利的境地的时候，法律应该给予他一个选择权，即授予作证豁免权，这是符合情理的。要想保证我们的法真正是人民的法，保证我们的法不是站在人民利益对立面的法，就要求我们法律的制定必须向普通老百姓所认同的基本道理靠拢，向老百姓所奉为基本行动指南的情理靠拢，向普通民众所认同的常识、常理、常情中所包含的善恶观、价值观靠拢。只有将以情理为主线的民间法作为我们制定法律的基础，我们的法才可能发挥其应有的功能。

  法的主要功能在于"定纷止争"，在于解决社会成员之间的利益冲突。怎样才能解决社会成员间的利益冲突呢？自然是我们必须找到冲突各方都能够接受的解决标准。民间法的基础：常识、常理、常情是在一个社会中得到最普遍认同的是非观、价值观，是一个社会得到最广泛遵循的生活经验法则，当我们制定法律以这种是非观、价值观、生活经验法则作为基础时，就会得到普通民众在不违背自己本性的情况下自觉、甚至是自然地遵守。在任何社会中，民间法中的基础：常识、常理、常情都是人民群众在日常生活中自然形成并用以指导自己行为的基本准则，它自然是人民意志最集中的体现、人民利益最集中的代表。一个与民间法所强调的常识、常理、常情背道而驰的法，绝对不可能是得到人民认同的法，不可能是体现人民意志的法，也绝对不可能是维护人民利益的法。① 因此，民间法为我国法律的制定和修改指出了方向，对我国的司法也有重要的价值。但必须指出的是"现代社会的习惯或民间法已完全不可能保持其在近代民族国家形成之前的那种所谓的'原生状态'，它已必定是在同国家法的互动过程中，不断地重新塑造自己"。②

6.2 社会学法律解释方法与民间法的共性

其一，二者都是法社会学在司法中的运用。

法社会学是19世纪末20世纪初在西方兴起的一门法学与社会学的交叉学科，又称法律社会学或社会法学派。由于学科内支派繁多，对它尚无确切的定义。比较一致的看法是：法社会学是将法律置于其社会背景之中，研究法律现象与其他社会现象的相互关系的一门社会学和法学之间的边缘学科或交叉学科。法社会学的研究有助于人们从社会整体观念出发，认识法律的社会基础、社会作用、社会影响和社会效果，从而更好地利用法律的控制作用解决社会问题。法社会学思想产生于美国的19世纪末20世纪初，当时美国经济由自由资本主义转向垄断资本主义，政治腐败、资本垄断、经济危机、通货膨胀、市场萧条，以及贫富差距愈来愈大、社会矛盾日益尖锐等社会问

---

① 陈忠林，邓多文，周玉林："中国法治如何向前走——访'非主流'法学家陈忠林教授"，载《社会科学家》2009年第2期。

② 苏力："中国当代法律中的习惯"，载《中国社会科学》2000年第3期。

题也随之而来。实际上在19世纪中叶，西方世界包括美国当时正处于第二次工业革命时期，即社会面临巨大的转型时期。这一时期城市化和工业化高速发展，自由资本主义阶段向垄断资本主义阶段过渡，自由放任的资本主义制度包括法律制度，已经不适应当时社会经济发展的需要。这一时期，社会贫富差距愈来愈大，社会矛盾日益尖锐，政府作为"守夜人"的角色已不适应社会的变化和需要，政府不得不加强对社会经济和社会生活各方面的干预。这一转变对法律价值、司法理念和法律制度也产生较大的冲击。[①] 这主要表现在对私有财产神圣不可侵犯转变为私有财产的使用也要符合社会公共利益，自由资本主义的绝对的契约自由转变为对契约自由的限制，即契约不得违背社会公共利益。也就是法律价值从个人利益向社会公共利益的转变，社会公共利益和社会福利成为法律制度包括司法制度的价值目标。

目前我国处于经济社会的转型期，社会生活变化加快，这一切的变化都要求司法机关作出回应，这样的回应应该是积极的，又应当是稳妥的。在这个过程中我们有必要借鉴法社会学的思想。社会学法律解释是把社会学上的研究方法运用到法律解释上，是法社会学在司法中的运用。而在司法中强调民间法的价值本身就是法社会学或社会法学派所极力推崇的。

美国法社会学的代表、美国联邦最高法院的法官卡多佐认为，司法必须与社会现实相适应。在法社会学理论的影响下，他对司法过程进行了敏锐透彻的分析。他认为，司法过程既包含着创造的因素也包含有发现的因素。法官必须经常对相互冲突的利益加以权衡，并在两个或两个以上可供选择的、在逻辑上可以接受的判决中作出抉择。在做这种抉择时，法官必定会受到其自身的本能、传统的信仰、后天的信念和社会需要之观念的影响。卡多佐指出：在社会飞速发展中，法官要有意识地偏离已知的规则而转向于新的规则，这是社会需求的力量所导致的。但是这样的偏离，不是随意的、任性的，这样的偏离应该是在合理限度内的偏离，必须要兼顾到法律的逻辑性和一致性。

[①] 赵震江：《法律社会学》，北京大学出版社1998年版，第7页。

法律的逻辑性和一致性是形式正义的要求，它能够确保相似的案件得到相似的判决，这的确是维护社会秩序实现社会公平所需要的，可以说是一个社会的基本利益。但是如果法律的逻辑性、一贯性、确定性影响到一些更重要的社会利益时，法律的逻辑性、确定性、一致性甚至稳定性和权威性就必须作出衡平甚至作出牺牲。① 也就是说，在处理一些疑难的案件特别是新型复杂的案件，法官要通过运用社会学的司法方法，考虑社会生活的变化，并综合考虑各种社会因素，权衡各种社会利益，特别要权衡法律的逻辑性、一贯性和确定性所服务的社会利益和案件所涉及的其他社会福利的因素所服务的社会利益，作出社会利益最大化的公正判决。

弗朗索瓦·惹尼是法社会学的代表，他在一部著名的专著中指出，法律的正式渊源并不能够覆盖司法活动的全部领域。他论证说，总是有某种领域要依靠法官的自由裁量权来决定，在这种领域中，法官必须发挥其创造精神和能动性。惹尼指出，这种自由裁量权不应当根据法官那种不受控制的个人感情来行使，而应当根据客观的原则来行使。法官应当努力在符合社会一般目的的范围内最大限度地满足当事人的意愿。实现这个任务的方法应当是"认识所涉及的利益、评价这些利益各自的分量、在正义的天平上对它们进行衡量，以便根据某种社会标准去确保其间最为重要的利益的优先地位，最终达到最为可欲的平衡"②。根据惹尼的观点，为了使利益得到正当的平衡，法官必须仔细考量占支配地位的道德情感和探究当地的风土人情、风俗习惯和社会经济条件。

显然，法社会学或社会法学派的代表都强调法官在审判时要权衡各种社会利益，充分考量法律的原则和精神、各个民族的风俗习惯、各个地方的风土人情，以及社会生活的实际情况，作出具有最佳社会效果的符合情理的公正的判决，而这正是社会学法律解释与民间法共同的考量和方法论。因此，

---

① ［美］本杰明·卡多佐：《司法过程的性质》，苏力译，商务印书馆2000年版，第69～70页。
② ［美］E. 博登海默：《法理学：法律哲学与法律方法》，邓正来译，中国政法大学出版社2004年版，第151页。

二者都是法社会学在司法中的运用。此外，民间法的法的内涵与法社会学的法观念基本一致。正是法社会学对分析法学派主张的恶法亦法、严格按照逻辑推演作出判决的机械司法的批判才催生了民间法的概念。而社会学法律解释正是法社会学在司法中的运用。社会学法律解释就是用社会学的方法来解释法律，注重社会利益的衡量和社会效果的预测，以便使判决与广大人民群众的价值观和朴素的正义观念一致，而这也是民间法的价值或者说在司法中适用民间法的目的所在。

其二，二者都强调情理的价值。

社会学法律解释和民间法都强调情理的价值。目前学界对情理没有确切的界定。从文献中分析得出"情"共有四个义项。第一是指人之常情，即人的本性、人的本能这方面，如人的趋利避害的本性等。第二是指民情，包括社会舆论、社会的一些基本的现实状况、各地不同的风俗习惯等。第三是指实情，如案件的事实和具体的情节等。第四是指人情或者亲情等感情，在社会生活中，这种感情上当为之事往往被视为自然之"理"，情与理由此沟通。而"理"有三个义项。第一是指天理，即天道，是贯通自然与社会的普遍原理，或者说是自然界、人与社会共同应该遵循的一些规律，如民众普遍认为天经地义的一些权利、人们常说的"某人做了什么坏事如不受到惩罚天理难容"等就包含这个义项。第二是指完全建立在人性基础上的公理，如人的理解力和意志力是有限的、人总要为他的生存和发展作出安排、每个人都有追求幸福的权利等。第三是指基于共同的社会生活背景和历史文化传统，而形成的民众普遍认同并自觉遵守的社会公德和公序良俗等。从以上可以看出，"情"和"理"在某些意义方面在一定程度上有一定的契合。将"情"和"理"合在一起，"情理"是情与理的辩证统一，简要地说是指人的通常心理和事情的一般道理，是人们日常生活中的经验规则或经验法则。或者说情理是人们在社会生活中辨是非、明事理所必需的基本知识，是一种通过日常生活的耳濡目染，而嵌入了每一个正常人潜意识深处的是非观、价值观，是一种基于人的本性而对自己生存和发展必需的外在条件的认识和知识的储备，是一个人要生存、要发展的本性与自然规律、社会价值的有机融合,是人的本性在特定社会条件下自然的体现并得到社会民众的普遍认同。①

具体来讲,情理有以下几层意思(以行政执法为例):

第一,社会公德。如"钓鱼"执法就违背社会公德,不符合情理。据报道一私家车车主开车去单位,路上搭载了一名自称胃痛打不到出租车的男子。途中男子要求停车,随即冲上一群穿制服的人,将车主推到一辆执法车中,认定他是黑车车主并采用行政强制措施。该案例中执法人员采用欺骗性手段进行"钓鱼"执法,故意使守法者陷于"违法陷阱",随时随地陷公民于危险和不安之中,人们出于自我保护的本能而不敢、不愿帮助他人,社会弱者将更加难以得到人们和社会的同情与帮助。"钓鱼执法"触及民众的道德底线,严重背离基本行政伦理和社会公德,也就违背情理。

第二,公序良俗。如一名妇女结婚二次,二次婚姻中均育有子女,两任丈夫均已先其亡故。该妇女病死后,前夫的子女和后夫的子女都要求得到该妇女的遗体,以便跟自己的父亲合葬。双方为此争执不下,引发了较大的纷争。然而,我国法律对该情况下遗体的归属并无规定,属于法律空白,现场处理纠纷的警察不免陷入两难。此时,地方习俗的效力便凸现出来。根据当地通行的风俗习惯,一个妇女无论改嫁多少次,死后必须与首任丈夫合葬,据此,遗体的归属便一目了然,警察如按习俗主持调解符合情理,纠纷的解决也顺利得多。

第三,以人为本。如交通警察发现有一辆车闯红灯,拦下这辆车正准备按法律规定给予行政处罚时,被告知车上有一名孕妇难产生命垂危,这时如果警察还按法规给予罚款就违背以人为本的基本行政理念,也就违背情理。警察正确的做法是警车引道,以便使孕妇以最快的速度抵达医院,挽救孕妇和孩子的生命。

第四,生活常识和社会经验。如工商行政管理人员对生产假冒伪劣产品

---

① 时显群:"行政执法中法律与情理的冲突及其处理",载《中国行政管理》2011年第11期。

的商家下达行政处罚裁决书,其中要求行政相对人在 1 小时内从产品标识上撕下 10 万个假冒商标,这就违背常识、常理。因为在这么短的时间里,行政相对人是不可能完成的。还如在一起规划行政案件中,涉及水上餐船是否属于受规划法调整的建筑的问题,执法部门从餐船是否具有建筑物的特征入手作出判断和推定。该餐船本是一艘经过船舶管理部门检验合格的船只,但动力装置已拆除,船上建起三层楼房用来作为饭店经营,固定在岸边,并有排污设施。行政执法人员认为,餐船属于受规划法调整的建筑,因为餐船更多地体现出建筑物的特征,而不是船的特征。这些运用社会经验对事实的认定或推定符合情理,这样的执法也能得到广大民众的理解和支持。

第五,广大民众普遍认可的价值观。执法的合理性还要求把执法代价和执法的收益放在天平上称一称,如果代价太大,甚至比执法收益还要大,那么,就宁可不采取这种执法手段,否则执法行为即使合法也不合理,甚至会造成严重的后果。比如一个抢劫犯得手后,向闹市区逃窜,警察如果不开枪,抢劫犯就钻进人群跑掉了,但如果开枪就很可能伤及无辜,相比较而言,人民群众的生命健康显然比抓获犯罪分子的价值更大,所以,警察此时宁可让犯罪分子逃脱,也不能开枪射击。这符合广大民众普遍认可的价值观,也就符合情理。①

对于情理与法理的关系,第一,情理是法理的基础,法理是情理的升华。"法是善良与公平的艺术","法学是正义与非正义的学问"。情理代表着法的价值取向,比如,民法中的诚实信用原则和公序良俗原则。因此法理基于情理而产生,情理通过法理而升华。法理离不开情理,情理也不能脱离法理。情理和法理既相对立,又相统一,既有所区别,又相依相伴,紧密相随。第二,情理是大众的普遍感情,法理是法学家理性思考的结晶。情理产生于大众,是大众情感的集中体现,因此,情理体现的是大众的心理,是人民的智慧;法理不是大众的情感,而是法学家经过冷静、理性的思考而创造出来的

---

① 时显群:"行政执法中法律与情理的冲突及其处理",载《中国行政管理》2011 年第 11 期。

符合法律逻辑的理论结晶。法理更为理性,有时候超越情理,它不是一般的理论,而是符合社会整体利益的学说。第三,情理是大众评断是非的标准,法理是法官裁判的逻辑基础。情理是群众论事论理、论是论非的标准。在发生纠纷的时候,在处理人民之间关系的时候,大众"心中有杆秤",凭借情理而进行是非评断,违反情理,他们就会认为不当,符合情理,他们就会认为理所当然;而法理出自于法学家,出自于对情理的创造性归纳总结,基于法理创造法律规则,使之符合法律逻辑。

法律是国家机关制定的以权利义务为主要内容,并以国家强制力保障实施的社会行为规范的总和。情理作为人的通常心理和事情的一般道理,是人们日常生活中的经验规则或经验法则。情理是指导我们制定、适用、执行法律的指南,但不是具体的法律规范本身。我们的司法者、执法者在处理具体案件时,只能以相关法律的具体规定为依据,不能以情理作为判案的直接依据。因此,在我们的司法、执法实践中不可避免地出现法律与情理的冲突。例如在曾经震惊全国的石家庄爆炸案之后,为了从严打击非法制造枪支、弹药、爆炸物的犯罪,最高人民法院出台了一个司法解释。该解释规定:非法制造爆炸物1公斤以上,就可以按照非法制造爆炸物罪追究刑事责任;非法制造爆炸物20公斤以上的,就属于非法制造爆炸物罪中情节严重的情况,就可以判处十年以上有期徒刑,无期徒刑、死刑。抽象地看这个规定,似乎没有什么不合理的地方。但如果司法机关机械地适用这个规定,而不考虑具体案件的情节和情理就可能造成极其严重的后果。真实的情况是有一个山村,非常穷。但翻过一座山就有一个比较繁华的集镇。人们为了脱贫致富,便决定修一条公路。在无法争取到上级财政资助的情况下,村民们决定有钱出钱,有力出力。但这个村实在太穷,实在没有多少钱可拿,最后大家决定每家凑50元,300多户人家共凑了一万多块钱。这条要修的路有7公里左右。为了尽可能地有效利用大家好不容易才凑齐的这一万多块钱,村民们决定就用这点钱来买点原料,自己制造炸药,以求能够减轻一点最艰苦的开山辟石工程的困难。村民一共制造了八百多公斤炸药。在这个炸药的制造、使用过程中,没有造成任何人的伤亡。村民们经过一年多的艰苦奋斗，终于公路通车了。可是，就在大家欢庆公路开通的时候，我们的执法机关来抓人了。他们将带头组织修路的村干部抓了起来，罪名是非法制造爆炸物。这个案件反映的是这样一个极其简单的事实：一个人主观上出于好心，客观上为社会做了好事，并且没有造成任何实际的损害，但是我们的执法机关却要根据我们的"法律"把他给抓起来，司法机关可能要判他十年以上有期徒刑、无期徒刑甚至死刑。这样合情合理但不合法可能要受到法律制裁甚至涉嫌犯罪的案例举不胜举。对于这样类似的情况，法官可以通过对法律条文的社会学解释予以化解。

社会学法律解释只有符合情理，得到社会认同，才能实现司法的社会效果。首先，从解释过程来看，解释首先要确定听众。如老师在课堂讲课，听众就是学生。法律解释的受众，是社会公众，法律是社会公众的共同规范。只有社会公众接受、认同法律解释结论，法律才能真正起到实效。老师上课学生听不懂，老师可能要被"哄走"。解释结论不为绝大多数人民群众所接受，终究要被抛弃。其次，从解释的性质来看，解释就是讲道理。解释最主要的意义是让人们听懂、听明白某种道理。法律是世俗的规范，它的真正作用在于普通民众的遵守与认同。法律解释最主要的任务，就是把法律中蕴含的道理，能够与普通民众认同的生活道理相沟通。只有这样，法律和判决才能得到普通民众的认同、认可和接受，这与中国传统法律文化中"情理法"相统一的思想一脉相承，至今仍是中国民众深藏于心的渴望与需求。法律追求社会认同，是法律赢得人心的重大工程，是最大的社会效果，也是最大的政治效果。

社会学法律解释者强调情理的价值，就是强调法官在对法律条文进行社会学解释时要尊重常识、常情、常理。一是要尊重常识。常识是指社会生活中具有正常智力的成年人对某一事物或其性质的共同认识。当前，司法实践中，或多或少存在迷恋理论、轻视常识的倾向。于是尊重常识，能有效地避免把简单问题复杂化，甚至可化繁为简，把复杂法律问题简单化。尊重常识，更有助于防止解释结论出现让社会公众"不可思议""匪夷所思""大吃一惊"的负面效果。二是尊重常理。常理是人们在日常生活中通过事物之间的比较或换位思考,从中判断某种做法或结论是否公平、合理的共同看法。公平来自于比较,如"同工同酬""机会均等""同案同判"等。现实生活中,人们判断某一行为是否合理、合法,一般通过自我与他者的比较或换位思考得来的,即"己所不欲勿施于人"。法律中关于公平、正义的很多道理,大部分都可以在日常生活的常理中找到,如民法理论中的同时抗辩权,与人们当场交易中"一手交鸡一手交猫"的生活道理相通。运用常理对法律进行阐释,很多情况下可以把理说到位,打到人的心坎上,赢得人们对法律的理解与尊重。三是尊重常情。常情是指人们在相同情境下所具有的相同或相似的情感。行为人基于人之常情而激愤犯罪的,可从宽处罚,是世界共通性结论。亲属相盗,被盗方不愿意让对方坐牢;包庇者因是行为人的亲戚、朋友而不愿意告发,都是人之常情,可从宽处罚,司法解释之中都应有所体现。法律尊重人之常情,人们反过来也会尊重法律。情感是世界上最伟大的力量。对法律条文进行社会学解释体现人之常情,法律从而也会获得巨大的感召力。

贝卡利亚曾经说过:"一切违背人的自然感情的法律的命运,就同一座直接横断河流的堤坝一样,或者被立即冲垮和淹没,或者为自己造成的漩涡所侵蚀,并逐渐地溃灭。"[①] 自古以来,中国社会深受传统文化的熏陶,各种道德情感伦理纲常深入人心,潜移默化地影响着人们的言行举止,并成为一般的自然法则,为社会大众所普遍接受和遵循。然而,在现有裁判规则的制定过程中,立法者仅仅对类似的生活情形进行一般的概括性考量,而不可能对个别案件的特定情况作出详尽的规定。另外,由于立法者自身认识的局限性,他们很难保证各种社会矛盾和利益纠纷的解决方案能够与当前社会的情理标准完美契合。因此,作为一种客观标准和普遍理由,法律有时会显得过

---

① 曹晟旻:"社会学解释方法的运作过程——以后果主义论辩为视角",载《广西政法管理干部学院学报》2012年第1期。

于死板和僵硬，个案的特殊性可能导致根据法律作出的正确裁决并不一定真正合乎情理，甚至可能会对社会产生消极影响。司法中运用社会学法律解释和民间法就是试图减少这样的消极影响。

社会学法律解释方法是将社会学方法运用于法律解释中，着重于社会效果预测和目的衡量，在法律条文的可能文义范围内阐释法律规范在特定案件中的含义的一种法律解释方法。在法律规定与社会公共道德、公序良俗、广大民众普遍认可的价值观相冲突时，社会学解释方法注重人民群众的朴素情理、利益需求，以及当地的风俗习惯、风土人情和社会生活的实际情况，通过直接观察现实生活补充既有的裁判规则，弥合了法律与现实之间的缝隙，增大了法官裁判的自由空间，提高当事人特别是广大人民群众对裁判结果的可接受度。梁慧星将社会学解释方法的适用过程描述为："首先，假定按照第一种解释进行判决，并预测将在社会上产生的结果是好的，还是坏的。然后，再假定按第二种解释进行判决，并预测所产生的结果是好是坏。对两种结果进行对比评价，两害相权取其轻，两利相权取其大。最后采纳所预测结果较好的那种解释，放弃预测结果不好的那一种解释。"[1] 所谓"预测结果较好"就是对法律文本的解释和对个案的判决能够带给公众的合理预期和与天理人情的完美契合，避免与社会公共道德、公序良俗、广大民众普遍认可的价值观相冲突，即避免与情理相冲突。因此，社会学法律解释强调情理的价值。[2]

分析实证主义法学[3]认为：法律只能是国家立法者意志的体现，只能以立法者制定的具体规则为表现形式，必须依照立法原意来解释和适用，如果法律规定不合理，也只能由立法者通过正当的合法程序来加以纠正。换言之，立法者制定的规则就是法，制定合理的规则是对立法者的要求，但是，一旦

---

[1] 梁慧星：《民法解释学》，中国政法大学出版社2000年版，第236页。
[2] 民间法强调情理的价值无须过多的解释和证明，因为民间法是人们处理相互关系时应遵循的行为准则，是人们在长期的生产和生活中自发形成并反复践行的合乎情理的一种行为模式、行为规范和价值标准。它根植于社会生活并为人们所普遍认可，受行为惯性的影响在潜意识中支配着人们的活动，是一种支配人们行为和生活的无形力量。
[3] 社会学法律解释和民间法的对立面都是分析实证主义法学。

立法者的意志变为了具体的法律,那就无论这种规则内容多么违情悖理,只要这种规则没有被立法者修正,就有法律效力,任何人和社会组织均受既定法律规则的约束,即通常所说的依法办事。无论发生什么具体情况,甚至是适用法律规范导致不正义的情况,也要严格依法办事。在法治社会中,法律至高无上,司法机关在解决社会冲突和纠纷时,只服从法律,而不受法律之外的任何因素的干涉,当然也不会被社会舆论和法理、情理左右;法律的适用也不承认个别(特殊)情况,只承认普遍规则的效力,实行人人平等的原则,法治就是以法律为国王。[1]

分析实证主义法学要求司法裁判人员保持中立性,不容他做过多的情理的判断,即要求司法人员在司法裁判中应当始终保持客观、中立与冷静的心态,而保持这种心态的前提就是避免用大众情理的思维方式去进行分析与判断。西方国家常用"蒙眼女神"比喻法律裁判者的形象,就是指司法裁判者在诉讼中不能考虑当事人是贫是富,是贵是贱,甚至也不应去判断他们是好是坏,是善是恶,即不能有情。"蒙眼女神"只能够摸"法律之墙"寻找"矛盾迷宫"的出口。他们认为法官在法律与情理发生冲突时采取"舍法取义"的态度,这种"情理法官"尽管具有符合人性的优点,但是其弊端更大。这将导致法官缺乏职业性特征。职业角色过于情理化,易于使司法人员越出法律所要求的限度和范围,法外施情。法官情理化的后果,最终会导致法治的温情主义,法律得不到一体的遵循,从而扭曲司法裁判、导致司法不公。总之,从司法裁判人员的角色定位来看,其对被裁判者的行为是否违反法律只能作出冷静的裁判,而不能添加任何情理因素,必须保持一种中立的态度和礼貌的缄默。[2]

分析实证主义强调法律的权威,强调司法裁判人员保持客观、中立有一定的合理性。但物极必反,法律是立法者从纷繁复杂的社会生活中就各种具体社会关系加以抽象、概括、分类和定型后的产物,它是以抽象的法律规范

---

[1] Brian Bix. Objectivity in Law and Morals. Cambridge University Press, 2001, p. 253.
[2] Nicos Stavropoulos. Objectivity in Law. Clarendon Press, 1996, p. 76.

来体现立法者的意图。法律实证主义者企图用立法原意来统一法制是根本不可能实现的。首先，现代国家不是专制君主制，立法活动是很多人组成的立法机关集体进行的，绝大部分法律都是各种不同利益集团相互斗争、相互妥协的结果。那种内容具体明确的"立法者的原意"在现实中往往是非常罕见的。其次，即使客观上有明确具体的"立法者原意"存在，一般司法者、执法者要原原本本地把握它，也是完全不可能的。因为立法者的原意只是立法者们在立法过程中的思维活动，一般的司法者、执法者本身不是立法者，要他们完全了解代表各种社会利益的立法者们在立法者时是如何想的，这是不太可能的。这是因为人的认识必然具有相对性这一人类认识客观事物的根本规律决定的。对于任何存在于人们认识之外的客观事物，人们的认识都只能无限地接近它，不可能完全穷尽对它的认识。同时，由于人类认识客观事物的过程，总是一个用已有的知识来理解、诠释、界定认识对象的过程，所以，即使在同一个"立法者原意面前"，每一个司法者、执法者都可能产生不同的理解。因此，任何在实际中适用、执行的法，都只可能是经过司法者、执法者解释或解读之后的法，都只能是司法者、执法者用自己的立场、价值、经验、经历重新理解、诠释、界定其内容的法，都只能是司法者、执法者的法，都不可能是原原本本体现立法者原意的法。[①]

在现代社会中，法院判决的公正性和正当性不是机械地适用抽象的法律规范，而是创造性地根据程序正义的要求，运用民众普遍认同的情理正确理解、解释和适用。法律实证主义者认为法律是明确的、自成一体的独立体系，只要有确定的事实，就一定能确定应适用的法律，就一定能得出一个正确的裁判。整个法律的运作如同一台加工机器，只要提供一定的加工材料——事实和法律，就一定会生产出确定的产品——裁判。这种看法是错误的。美国霍姆斯大法官有一句至理名言："法律的生命不在于逻辑，而在于经验。"法律是用来解决问题、解决纠纷的，而真正能够解决问题的不是对法律条文

---

① Vaquero, Á. N. Some realism for hard cases. Theory and Practice of Legislation. June, 2013, 1 (1): 149-171.

（大前提）的生搬硬套，而是对具体案件事实的认定。在法律上应用逻辑推理的基础是前提真实（小前提），而前提的真实性是不能通过逻辑本身来提供的，而是需要由经验来决定。法律的生命就在于法律能为人们所相信、所应用、所遵守，而不在于法律条文有多精密、多符合逻辑。任何法律都是人们在社会生产生活实践中所形成的、并为人们所共同遵守的那些规则、惯例和习俗的固定化和条文化。无论是英美法系的判例法还是大陆法系的成文法，法律从来都不是"被创造出来的"。正如马克思指出：立法者不是创造法律，而是在表述法律。因此，真正的法律不是一般性的抽象规则，也不是固定的逻辑推理，而是具体的社会生活。司法判决最终仍然是基于法官的价值取向或生活经验而作出的判断，而这种判断因法官不同而不同。这是法律规范的抽象性与法律适用对象——案件事实的具体性这一对矛盾所决定的。① "徒法不足以自行"，立法者制定的任何法律都只可能是抽象的规定，要使这种抽象的法律规定成为认定具体案件事实的标准，必须有一个司法者、执法者理解法律规定的内容，并将其个人的理解适用于具体案件事实的过程。因此，任何一个适用、执行法律规范的过程都首先是一个司法者与执法者理解或解释法律规范内容的过程。在这个过程中，即使一个没有任何私心的司法者、执法者，也根本无法避免把自己对法律的理解当作法律本身。因此，法律实证主义者企图用立法原意来统一法制，不仅在理论上是一种幻想，更重要的是，如果坚持这种观点，在实践中不但不可能限制那些企图滥用手中权力的司法者、执法者的专横，反而可能成为他们冠冕堂皇地滥用手中权力，肆意歪曲立法原意，作出不合情理的判决甚至侵犯公民正当权利和践踏公民自由的借口。②

改革开放以来中国的法治实践告诉我们：立法和司法必须以社会民众普遍认同的情理为基础。在改革开放之初，我们的党和国家在经济领域和政治

---

① Ronald Dworkin. Justice in Robes. Harvard University Press，2006，p. 87.
② See：Crane Gregg. The Hard Case：Billy Budd and the Judgment Intuitive. University of Toronto Quarterly. Fall，Vol. 82 Issue 2013，4：889 – 906.

法律领域分别提出了两个口号。在经济领域，我们的口号是"让一部分人先富起来"；在政治法律领域，我们的口号则是"要法治不要人治"（后来写入宪法的"依法治国"）。这两个口号可以说都是极其振奋人心的口号，它们的提出都具有极其伟大的历史意义。我们完全可以说，没有这两个口号，就不会有今天的中国。但是，我们在充分肯定这两个口号的历史贡献的同时，是不是也应该反思一下我们在这两个口号指导下走过来的历史，总结经验，修正、完善它们应有的内容呢？

我们先来看一看"让一部分人先富起来"这个口号。改革开放之初，提出这个口号可以说是历史的必然。没有这个口号，社会就没有竞争，不鼓励一部分人先富起来，就不可能打破"大锅饭"式的计划经济模式，就不可能最大限度激发人们创造财富和促进经济发展的积极性，我们的经济就不可能发展，我们的社会就不可能进步。就这个意义而言，这个口号在全世界社会主义发展史上具有极其重要的划时代的意义。但是，我们在讲"让一部分人先富起来"的时候，忘记了一件非常重要的事情：那就是忘记提醒人们在努力富起来的过程中必须遵守最基本的社会公德和公理，忘记了提醒人们个人发财致富绝不能违背人类最基本的良知，忘记了提醒人们"君子爱财"必须"取之有道""取之有理"。[①]

在改革开放的过程中，"依法治国"逐步成为我们基本的治国方略，这是一个伟大的历史进步。但是，正如我们在讲"鼓励一部分人先富起来"时，没有强调如何鼓励一部分人先富起来一样，我们在强调"依法治国"时，同样没有强调我们应该依什么样的"法"来治国。我们要建设社会主义法治，当然必须坚持"有法可依，有法必依，执法必严，违法必究"。但是，这里的"法"，究竟应该是什么样的法？我们怎样才能保证我们法律的制定、适用、执行不走向人民利益的对立面？如果我们不努力寻找这个问题的答案，相反，不论在理论上，还是实践中，片面强调我国现在还处于必须从形式上

[①] 陈忠林，邓多文，周玉林："中国法治如何向前走——访'非主流'法学家陈忠林教授"，载《社会科学家》2009年第2期。

树立法律的绝对权威的历史阶段,片面强调无论法律规定是否合理,是对是错,只要是"法"就必须绝对服从;即使所有的人都认为某个"规定"明显错了,明显违背情理,只要全国人大及其常委会未采取立法措施加以纠正,就必须无条件执行。这将对我国的法治建设带来非常不利的后果。实践证明:如果我们在"鼓励一部分先富起来"时,不讲"君子爱财取之有道",我们社会的基本伦理就会沦丧,民众基本的是非观、价值观就会迷失;如果我们在推行"依法治国"的方略的时候,仅仅强调"不管良法恶法都必须得到一体的遵循",我们就很难避免作出许多明显违背情理,人民无法接受和信服的判决或裁决,这会动摇人民对法治的信任、对政府的信任,而产生逐渐走到人民对立面的危险。值得庆幸的是,我们的党和国家对于这种危险不仅有越来越清楚的认识,更是站在事关我们党和国家生死存亡的高度,来努力探索这种危险产生的原因,寻求避免这种危险的途径。于是,我们看到了我们党和国家先后出台了一系列修正"让一部分人先富起来"的口号、完善"依法治国"基本方略的重大政治决策。如在经济领域,我们可以看到我们的国家已经开始从单纯的"鼓励一部分人先富起来"到"实现共同富裕"并强调发展社会主义市场经济必须以诚信为基础,从单纯强调"发展就是硬道理"到"以人为本,全面协调可持续发展的科学发展观"。在政治法律领域,我们同样看到了我们的党和国家从单纯强调"法治",到强调"依法治国"与"以德治国"的结合;从单纯地强调"有法可依,有法必依,执法必严,违法必究"到强调我们的司法执法机关必须"立党为公""司法为民""执法为民"。我们的党不仅提出"情为民所系、权为民所用、利为民所谋"这样深得民心的口号,更是明确提出了我们必须以广大人民群众的赞成不赞成、满意不满意、拥护不拥护作为衡量我们一切基本决策是否正确的根本标准。具体在法律领域,这就要求法律的规定不得违背一个国家民众普遍认同的常识、常情、常理,法官必须根据一个社会民众所普遍认同的基本道理、基本情理和基本价值来解释法律。[1] 因此,法律是世俗的学问,整个法律制度都

---

[1] 陈忠林、邓多文、周玉林:"中国法治如何向前走——访'非主流'法学家陈忠林教授",载《社会科学家》2009年第2期。

是为社会生活服务的。虽然法律构筑了精密的理论殿堂，法律职业设立了严格的准入标准，但法律也不可能自绝于社会之外。裁判案件的法官不但应该是精通法律的专家，也应该是通晓人情世故的练达之人。在任何社会里，优秀的执法者和司法者总是那些对人情世故有深刻理解的人们，是那些有相当深厚社会生活经验的人。我们可以看到古今中外，法官或其他在社会中扮演裁判者角色的总是年长者。[1]

现代法治，归根结底应是人性之治、良心之治、"常识、常理、常情"之治。在今天真正实现了法治的国家，不允许不讲情理的法存在已经不是理论问题，而是制度问题。美国联邦法院有权裁定议会制定的法律违宪，早已是事实；第二次世界大战后欧洲各国（包括亚洲的韩、日等国）纷纷设立了宪法法院、宪法委员会或授权最高法院审理不合乎宪法的法律。就各国的实践来看，由于宪法规定的高度抽象性，所谓违宪审查，实际上都是对法律规定是否合乎常理的审查。我们只要看一看世界各国宪法（最高）法院有关判决，都会发现：不允许对宪法作出明显违情悖理的解释，已经成为所有现代法治国家在解释宪法时所必须遵循的基本准则。宪法是国家的根本大法，具有最高的法律地位。如果宪法要根据普通民众所认同的基本道理来理解，其他任何法律又绝不能与宪法的规定相抵触，那么，在这样一种法律体系中，我们不允许不讲情理的法存在。

社会学法律解释和民间法都以情理为核心要素，都强调法律必须以社会民众普遍认同的情理为基础。当然强调法律必须以社会民众普遍认同的情理为基础，这绝不是将我们的法律知识降到普通老百姓的水平，而是要对我们提出比现在更高的要求。即要求执法、司法人员在解释、执行、适用法律的过程中，绝对不能把我们的法律与民众普遍认同的基本道理对立起来，绝对不能对法律作出明显违情悖理的解释、裁决或判决。我们强调法必须以广大

---

[1] 在英国和某些普通法国家，作为制度，至今法官在审判时还必须戴假发——白发苍苍的假发。从中我们至少可以看到一些古代的痕迹，因为从智识上看，戴假发并不增加法官法律思考和判决的真实性和逻辑性，最多是增加其种权威性。

民众的常识、常理、常情为基础，绝不意味着我们的司法者、执法者不需要懂法，而是强调我们的司法者、执法者对法律的理解和解释必须建立在合乎情理的基础之上，建立在广大人民群众认同的基础之上，建立在系统全面把握法律的精神和价值的基础之上。我们要知道每一个具体的法律规定都是和谐、合理、统一的法律体系的组成部分，因此，只有全面系统并融会贯通地把握法律知识，特别是法律的原则、精神和价值，并在司法实践中运用社会学的法律解释方法对法律作出合理的解释和适用，或者在涉及婚姻家庭继承等案件中深刻理解和合理运用民间法，才能作出合乎情理的判决。

其三，二者都试图弥补制定法的漏洞和僵硬性缺陷。

我国幅员辽阔，有56个民族，而且各地区经济发展不平衡，城乡差别较大。但我国又是一个单一制国家，除我国港澳台地区外具有统一的法律体系。同时，我国正处于社会转型时期，经济、科技和社会发展较快，如此造成具有一般性、抽象性和相对稳定性的国家制定法不可避免地出现漏洞和僵硬性缺陷，难以适应社会生活的变化和满足社会生活的需要。在中国边远的乡村①等国家法尚没有充分发挥作用的区域或领域，有时需要借助民间法来维持社会秩序。因此，在司法实践中，法官只有通过对个案适用的法律条文参考民间法进行社会学的解释，一定程度上弥补国家法的不足或缺陷。社会学法律解释的最大功用在于：在一些个案中，法官拟适用的法律规范有两种或两种以上的解释，即这些解释都是法律规范的文义涵摄的范围内，法官要权衡不同的解释所导致的不同的判决结论的社会效果，强调法律源于社会又服务于社会生活，探求生活中的法律，以实现个案公正和社会正义。

萨维尼指出："法律绝不是那种应当由立法者以专断刻意的方式制定的东西。法律乃是那些内在地、默默地起作用的力量的产物。它深深地植根于一个民族的历史之中，而且其真正的源泉乃是普遍的信念、习惯和'民族的

---

① 在我国广大的农村是熟人社会，熟人社会和陌生人社会，其法律制度必然不可能是相同的。为什么农村不容易搞法治？也许有一个社会生活环境的问题。我们发现许多复杂的法律制度是配合陌生人社会即现代城市和商业社会设计的。

共同意识'（the common consciousness of the people）。就像一个民族的语言、构成和举止一样，法律也首先是由一个民族的特性，亦即民族精神（Volksgeist）决定的。每个民族都逐渐形成了一些传统和习惯，而通过对这些传统和习惯的不断运用，它们逐渐地变成了法律规则。只有对这些传统和习惯进行认真的研究，我们才能发现法律的真正内容。"[1] 萨维尼强调的传统、习惯或民族共同意识[2]需要法官通过社会学解释去揭示。可见，在司法实践中，法官运用社会学解释方法可以使民间法更好地运用到法律实践过程中，即法官通过对法律规范的社会学法律解释使民间法以一种合法的方式进入司法裁判中，于是社会学法律解释与民间法之间便有了内在的联系。

社会学法律解释通过将法律渊源适用于新的环境，通过在这些新的环境中发现新的可能性，通过对制定法作出适应性的解释消除那些已经被取代的规则或过时的规则，以克服法律的漏洞或僵硬性缺陷。我国司法活动的一个重要问题，是僵化、机械地运用法律，这看似是严格执法，但实际上忽略了法律的目的和宗旨，忽视了对立法者真意的探求。例如，在"王海知假买假案"中，法官只是机械地理解"生活消费"的概念，而否定王海为消费者，这表面上是尊重法律文本，但实际上忽略了立法者保护消费者，遏制不诚信经营行为的立法目的和宗旨。[3] 现代社会中，法治是我们追求的一个理想的境界，也是社会治理的最佳方式。那么在一般情况下我们自然就会想到法律至上，法律是高于其他任何社会规范，如果其他的规范，比如说习惯、情理、道德跟法律发生冲突的时候，法律应该是优先的。但是在现实生活中，由于社会生活的多变性和复杂性以及法律的抽象性、相对稳定性或僵硬性，因而在案件判决中要求法官不能机械地适用法律。在具体案件的判决中考虑

---

[1] ［美］博登海默：《法理学—法哲学及其方法》，邓正来等译，华夏出版社1987年版，第82页。
[2] 萨维尼强调的传统、习惯或民族共同意识类似于我们今天所讲的民间法。
[3] 王利明："论法律解释之必要性"，《中国法律评论》2014年第2期。

6 社会学法律解释方法与民间法的关系

民间法或对法律条文进行社会学的解释就是针对法律的僵硬性弊端而产生的弥补措施。

早在古希腊罗马时期人们就认识到制定法的僵硬性缺陷。著名的思想家亚里士多德将公正看成是法律的公正,而公道则是对法律公正的弥补。他认为法律具有普遍性和抽象性,法律不可能对全部社会生活和所有的人类行为都作出非常细致的无一遗漏的规定。法律之所以无法对所有的事情和社会生活的方方面面都作出规定,就是因为有些事情不可能由法律来规定,还要靠法官的判决来决定。法律是为社会服务的,而社会是发展变化的。法律只是为了普遍的社会公平和正义作一般的陈述,但有些事情不可能只靠一般陈述就能解决。因为法律是人们行为的规范,而人的行为的内容是无法精确地说明的。所以,法律制定一条规则,就会有一种例外,即需要法官以"例外"①的方式作出公道的判决,来说出立法者自己如果身处其境时会说出的东西。②显然,亚里士多德强调法官不能机械地适用法律,要考虑案件的具体情况,如果把一般的抽象的法律适用于具体案件不"公道"时,就要由法官通过判决作出例外的规定。因此,当法律规定不适应社会生活的变化而呈现出僵硬性缺陷时,由例外来纠正这种缺陷和错误。而这种例外则需要通过法官根据法律原则和精神,结合具体案件的具体情况运用社会学法律解释方法或适用民间法作出公道的判决。

综上,我国地大物博、幅员辽阔、民族众多,各个地方都有其不同的风俗习惯和风土人情,而且我国经济发展不平衡,城乡差别较大,同时我国正处于高速发展时期,社会生活瞬息万变,社会关系变动不居,国家制定法难免会出现漏洞或产生僵硬性缺陷,而司法实践中法官运用社会学法律解释方法与民间法就是试图弥补制定法的漏洞和僵硬性缺陷,以便作出公道的、合情合理的判决。

---

① 法官可以通过社会学法律解释或通过适用民间法来体现"例外"的规定。
② [古希腊] 亚里士多德:《尼各马克伦理学》,廖申白译,商务印书馆 2003 年版,第 160 ~ 161 页。

6.3 社会学法律解释方法与民间法的相异处

第一，一个是司法技术，一个是行为规范。

社会学法律解释属于司法技术，而民间法则属于行为规范。这一点可以从它们的概念就可以判断。

所谓社会学法律解释，就是要求法官关注社会影响或社会效果，依据但不必拘泥于法律规范的文字表述和逻辑推演，通过对判决可能产生的社会影响或社会效果进行预测、评估和权衡，结合当时当地社会生活的实际情况和正审理的特定案件的特定事实，就法律规范的含义以及法律规范与案件事实之间的关系进行阐释，以便使法官对个案的判决既有法律依据，符合法律的精神和价值，维护法律的确定性和安定性，又能对社会产生积极和正面的影响，达到良好的社会效果，从而实现法律效果和社会效果有机统一的法律解释方法。[1]

而所谓民间法就是与国家制定法相对应的民间自发生成的在政治权利之外生长出来的规范，是对民间自发秩序的承认和认可，在形式上表现为风俗习惯，在内容上看，它来源于人们长期的生产生活的经验，是人们在长期的生产和生活中自发形成并反复践行的一种行为模式、行为规范和价值标准。它根植于社会生活并为人们所普遍认可，受行为惯性的影响在潜意识中支配着人们的活动，是一种支配人们行为和生活的无形力量。

第二，二者在司法中适用的领域和方式不同。

民间法一般适用在熟人社会，例如国家法触及不深的传统的乡村以及某一行业或领域，而且多适用于民事案件。民间法在司法中适用方式主要有两种：

---

[1] 时显群：“论社会学法律解释方法在司法实践中的运用”，载《贵州社会科学》2017年第11期。

其一，在具体案件中出现了法律的漏洞或法律的空白，即法官对于具体案件没有可适用的法律规则，此时根据我国的法律规定，可以适用民间法（习惯）。我国《民法总则》第10条规定："处理民事纠纷，应当依照法律；法律没有规定的，可以适用习惯，但是不得违背公序良俗。"《合同法》规定了"交易习惯"的法条共有9条。第22条和第26条规定了承诺的方式和承诺的生效可以适用交易习惯进行判断；第60条和第92条规定了合同履行中的附随义务和合同权利义务终止后的后合同义务可以适用交易习惯进行判断；第61条和第125条规定了补充协议的确定和合同解释适用交易习惯进行判断；第136条、第293条和第268条分别规定了买卖合同、客运合同和保管合同中的一些附随义务适用交易习惯进行判断。以上讲的"习惯""交易习惯"就是指民间法，因为民间法从内容上主要表现为习惯。当然，在这种情况下，司法中适用民间法的前提条件是（习惯）不得违反法律的强制性规定。

其二，在特定案件中，适用国家制定法可能无法实现个案的正义或无法满足双方的诉求，且双方都愿意在法官的主持下适用民间法进行法庭调解，其调解书在法律效力上与判决书相当。例如生活在海南的农村的男青年小何初中毕业就辍学了，经人介绍认识了邻村的同样初中毕业就辍学的女青年小林，经过交往他们愿意结为秦晋之好并按客家风俗举行了婚礼，由于他们未到法定婚龄，因而没有去民政局办理结婚登记。婚后两人恩爱有加并接连育有三个孩子，可是天有不测风云，2014年4月小何遭遇意外车祸身亡，去世时三个未成年的孩子中大女儿7岁，二女儿5岁，小儿子3岁。交通事故鉴定肇事方承担责任，赔偿死者家属60万元。为了这笔60万元的赔偿金，还有三个孩子的抚养权，孩子的母亲小林和孩子的爷爷奶奶发生了激烈的争执。于是原本还算和谐的一家人不得不对簿公堂。法官如果中规中矩按国家法来判，小何和小林未去民政部门登记结婚，所以他们只是同居关系，而且1994年2月1日以后我国《婚姻法》不再承认事实婚姻，所以这笔60万元的巨款没有小林的份。但是小林是孩子的母亲，是孩子的法定监护人，三个孩子应该判给母亲小林。这笔 60 万元赔偿款应该分为 5 份，即小何的父亲、母亲和三个孩子。三个孩子应该分得的部分由小林作为孩子的监护人代为保管。而这个结果双方都表示无法接受。小林认为她和小何按客家仪式举行了婚礼，已是 8 年的夫妻，得到周围村民包括小何的父母的认可，理应得到 60 万元赔偿金中的一部分。小何的父母也认为小林可以分得 60 万元中的一部分，但是他们非常不放心的是小林代孩子保管的这笔钱，担心小林会提前消费或挪作他用。爷爷奶奶认为，小林还年轻，迟早要改嫁，女孩可以由母亲小林抚养，但这个小男孩是何家的命根子，要承接何家的"香火"，必须留下给他们抚养，他们老年也有所寄托和依靠，并且三个孩子中男孩要多得财产。实际上，小林和孩子的爷爷奶奶的主张都反映了粤北客家的风俗习惯和风土人情即民间法，最后在法官的主持下达成调解协议：60 万元赔偿款中小何的父母分得 6 万元，小林分得 6 万元，2 个女儿各分得 12 万元，小儿子分得 24 万元。2 个女儿由母亲小林抚养，小儿子由爷爷奶奶抚养。为了防止监护人将属于孩子的款项挪作他用，侵害未成年人的利益，村委会暂时保管 2 个女儿各分得的 12 万元和小儿子分得的 24 万元。但是考虑到孩子的抚养的需要，小林即孩子的妈妈可以每年从村委会领取由村委会保管的 2 个女儿每年的抚养费各 6 千元，爷爷奶奶每年可以领取 1.2 万元作为抚养孙子的费用。如遇到孩子生病、上学等特殊需要，还可向村委会申请领取由村委会保管的款项。三个孩子成年后属于他们各自的款项如有剩余，则由村委会直接交付给他们各自支配。这个调解协议就是充分考虑了国家法中保护未成年人利益的原则，充分尊重民间法（不违背国家法基本原则的善良风俗），充分考虑了当地的风俗习惯、风土人情以及当地社会生活的实际情况，显然这个结果是公道的、合情合理的。本案就是民间法在适用的领域和方式合理解决纠纷的典型案例。

而社会学法律解释方法的运用则不限于熟人社会和民事领域①,适用前提和适用方式也不同于民间法的适用方式。社会学法律解释的前提条件:与案件事实相吻合的法律条文有两种以上的解释。适用方式:法官结合社会生活的实际情况,特别是社会生活的变化以及具体案件的具体情况,充分考量法律的原则和精神,各个民族的风俗习惯、各个地方的风土人情,以及当地社会生活经济发展水平和社会生活的实际情况,权衡不同的解释可能导致的不同的判决的社会效果,从而选择能够实现最佳社会效果的解释和判决。也就是说,在一些特定案件中,如对法律文本进行文义解释,即惯常的一般的解释无法实现个案公正,于是运用社会学解释方法对法律文本在其文本含义涵摄的范围内进行变通解释,以实现立法目标和司法目的,实现社会正义。以下举三例予以说明:

案例1:"南京同性卖淫"案

"南京同性卖淫"②中对于卖淫的组织者是否应该判决有罪有争议,争议的焦点就是对于"卖淫"的法律解释。被告以及律师辩称长期以来对于"卖淫"的一般和惯常解释就是"女性出卖肉体"。本案是组织男性与男性之间的性交易,因此不构成我国《刑法》规定的"组织卖淫罪"。同性之间的性交易行为是否构成"卖淫"?从卖淫的危害看来,卖淫的根本特点应该是性交易行为,而不论交易双方的性别。同性之间的性交易行为与异性之间的性交易行为具有同样性质的程度的社会危害性。我国刑法典并未规定卖淫仅限

---

① 当然社会学法律解释方法主要运用于民事领域即民事案件的审理和判决中,但也不排除运用在行政诉讼案件或刑事诉讼案件的审理和判决中。但是,在行政诉讼案件或刑事诉讼案件的审理和判决中运用社会学法律解释方法,因为可能涉及当事人比民事案件更为严重的处罚后果,因此应该更为慎重,说理和论证要求更为充分。

② 2003年8月18日,南京警方以涉嫌犯有组织卖淫罪将被告人李某等刑事拘留。但检方认为《刑法》对组织同性卖淫行为没有明确界定,按照"法无明文规定不为罪"的原则,李某等人的行为难以定罪应将其释放。后江苏省高级人民法院向最高人民法院请示,并由最高人民法院向全国人大常委会汇报。全国人大常委会认为应对李某等两名组织同性卖淫者,立即采取刑事强制措施。最后经过复核,秦淮区人民检察院还是以组织卖淫罪,向秦淮区人民法院提起公诉。秦淮区人民法院经过几次审理,于2004年2月17日作出一审判决:根据《中华人民共和国刑法》第358条第1款以及第64条的规定,被告人李某犯有组织卖淫罪,判处有期徒刑8年,罚金人民币6万元。

于异性之间，如果采用社会学解释方法从利益衡量的角度考虑，对李某等人定罪并无不可。"南京同性卖淫"案中被告胁迫众多男青年进行性交易，社会影响恶劣，最后法院对"组织卖淫"的解释是："组织卖淫"既包括组织女性卖淫，也包括组织男性卖淫。这个解释适应社会生活的变化或新情况，认定被告构成"组织卖淫罪"成立，从而实现了社会正义、维护了社会秩序。也就是说，我国刑法文本规定的"组织卖淫"罪对"组织卖淫"有两种解释。第一种解释是专指组织女性卖淫，这就是传统的、一般的、惯常的解释；但由于社会中出现了男性卖淫的现象，因此就出现第二种解释，即组织卖淫既包括组织女性卖淫，也包括组织男性卖淫。而第二种对卖淫的解释既在"卖淫"语义涵摄的范围内，又符合法律的精神和立法目的，因为组织男性卖淫像组织女性卖淫一样都是危害社会公共秩序和良好的社会风尚的行为。因此，只要对法律文本作出的不同的阐释的结论都在该法律文本语义涵摄的范围之内，又符合法律的精神和立法目的，都应该是合理且合法的解释。社会学法律解释强调，此时法官选择哪一种阐释作为判决的依据，就不仅仅是考虑哪一个阐释更符合语义逻辑，或者说是因为这种解释从立法一开始就已经明确而毋庸置疑[1]，而是要着重考量社会生活的变化、具体案件的具体情况以及所涉及的社会性的因素，即要考虑不同的阐释结论可能产生不同的社会影响或社会效果。换句话说，社会学法律解释方法更多地关注判决结果的社会影响或社会效果，它预测每种解释可能带来的不同的社会影响或社会效果，即通过考量不同的解释可能导致不同的判决结果，而这些结果可能对以后的社会带来积极的正面的或消极的负面的影响、较好的或较坏的社会效果，法院最终选择社会效果预测较好的解释而放弃社会效果预测较坏的解释。

---

[1] 美国著名法官卡多佐指出："从所有这一切得出的结论就是，一个制定法的解释一定不必永远保持相同。谈论什么某个排他性的正确解释，一个将从这个制定法的一开始到其结束都是正确的含义，这是彻底错误的。"参见［美］本杰明·卡多佐：《司法过程的性质》，苏力译，商务印书馆2000年版，第51~52页。

案例2：成年大学生起诉父亲要求承担学费案

河南有一女大学生姓何，她起诉其父亲，要求父亲按照大一时支付的标准和数额一次性支付其未来三年上大学的费用。具体案情如下：她的父亲是一位收入较高的高级工程师，她的父亲喜新厌旧，在她10岁时就和妻子离婚了，按照离婚协议小何随母亲生活，父亲承担生活费、学费及其可能产生的医药费的一半，直到孩子18周岁。离婚后父亲几乎和孩子没有来往，但父亲还是按照离婚协议支付了孩子的生活费等相关费用。在孩子18周岁生日时，父亲告诉女儿根据他和她妈妈的离婚协议他没有义务再给她支付学费、生活费等费用。女儿告诉父亲，她妈妈收入低、生活条件差，希望父亲继续支持她完成大学学业，遭到父亲的拒绝后，她起诉到法院。

首先我们看看案例涉及的相关法律规定。我国《婚姻法》第21条规定："父母对子女有抚养教育的义务，父母不履行抚养义务时，未成年的或不能独立生活的子女，有要求父母付给抚养费的权利。"该法第37条规定："离婚后，一方抚养的子女，另一方应负担必要的生活费和教育费的一部或全部，负担费用的多少和期限的长短，由双方协议；协议不成时，由人民法院判决。关于子女生活费和教育费的协议或判决，不妨碍子女在必要时向父母任何一方提出超过协议或判决原定数额的合理要求。"在最高人民法院司法解释中进一步明确指出，"不能独立生活者"是特指那些"尚在接受高中或高中以下教育者"。法院如果拘泥于法律条文①就会判决原告败诉。因为这个女大学生已满了18周岁，其父亲从法律的一般规定来看也没有义务支付孩子读大学的教育费用。如果法官判决原告败诉，从法律的规定来看似乎也是合法的，但并不公道，也不合情理，无法实现个案公正和实质正义。因为这个女大学

---

① 我国是一个单一制国家，而不是联邦制国家。在联邦制的国家里全国只有一部共同的宪法，各个邦、州或成员国有它们各自的民法、刑法等具体的法律制度，而我国是一个单一制国家，具有统一的法律体系。但是我国是一个幅员辽阔，有56个民族的经济发展不平衡的大国，要使得我国统一的法律体系适用于我国幅员辽阔的多民族的经济发展不平衡的国情，就要求行政官员和法官不能拘泥于法律条文的规定，而应该充分考量各个民族的风俗习惯、各个地方的风土人情以及当地的经济发展水平和社会生活的实际情况作出最佳的社会效果的裁定或判决。

生的父亲喜新厌旧，当条件好收入高时抛妻弃子，不负责任，这个父亲离婚后几乎和孩子没有来往，再考虑到和她一起生活的母亲收入微薄难以支撑孩子完成学业。因此在终审判决中，法官对《婚姻法》第21条规定："父母对子女有抚养教育的义务"进行了社会学的解释①，指出父母对子女的"抚养"不仅包括物质上经济上的支撑，还包括对子女的关心、教育和精神上的关爱。结合具体案件，被告只提供了女儿经济上或者说物质上的帮助，女儿10岁以后几乎和孩子没有来往，缺乏对孩子的关心、教育或精神上的关爱。因此法官认为被告没有完全履行《婚姻法》规定的"父母对子女有抚养教育的义务"，只是部分地履行了对原告抚养教育的义务，判决被告按照大一时支付的标准和数额一次性支付孩子未来三年上大学的费用，以补偿孩子在未成年期间缺失的父爱，即判决原告胜诉。对此判决，被告服判。这个判决从法律层面来说是公正的，从社会层面来看也是公道的、合情合理的。在本案中，法律条文中"父母对子女有抚养教育的义务"中的"抚养"按照一般的惯常的理解或解释就是提供未成年孩子的生活费和其他物质经济上的帮助，在本案中这个父亲确实给孩子提供了生活费和其他必要费用，但法院运用社会学解释方法，对"抚养"的解释：不仅包括经济上的支撑，还包括对子女的关心、教育和精神上的关爱。这个解释确实在法律文本的文义涵摄范围内。也就是说"父母对子女有抚养教育的义务"中的"抚养"可以解释为提供未成年孩子的生活费和其他必要费用，但也可以解释为不仅包括经济上物质上的支撑，还包括对子女的教育和精神上的关爱。当一个法律条文有两种解释，而两种解释结果不相上下，各有其理由，从法律上看都没有错误。在难以判断的时候，首先假定按照第一种解释进行判决，并预测判决在社会上产生的结果；然后再假定按照第二种解释进行判决，也预测可能产生的社会后果。对两种判决的社会后果进行对比评价，两害相权取其轻，两利相权取其重，最后采纳预测的结果较好的那种解释，这就是社会学法律解释方法。

---

① 在我国法官在审理案件时，有权对适用具体案件的法律进行解释，但这种解释没有普遍的拘束力，只对审理的具体案件有效。

案例 3："第三者"受遗赠纠纷案

蒋某与丈夫黄某于 1963 年结婚。1996 年，黄某认识了张某并与其同居。2013 年 4 月 22 日，黄某患肝癌去世。在办丧事时，张某当众拿出黄某生前的遗嘱，称她与黄某是朋友，黄某生前对其财产作出了明确处理，其中一部分指定由蒋某继承，另一部分总值约 6 万元的遗产遗赠给张某，此遗嘱经公证机关公证。遗嘱生效后，蒋某却控制全部遗产。张某认为，蒋某的行为侵害了其合法权益，按《中华人民共和国继承法》（以下简称《继承法》）等有关法律规定提起诉讼，请求判令蒋某给付其 6 万元财产。2001 年 10 月 11 日上午，经两次开庭审理，"第三者"诉"原配夫人"遗赠纠纷案在泸州市纳溪区人民法院宣判：驳回原告张某的诉讼请求。

纳溪区人民法院经审理认为，该遗嘱虽是遗赠人黄某的真实意思表示且形式上合法，但在实质赠予财产的内容上存在违法之处：黄某的住房补助金、公积金及一套住房属夫妻共同财产，而黄某未经蒋某同意，擅自对夫妻共同财产进行处理，侵犯了蒋某的合法权益，其无权处分部分应属无效。且黄某在认识张某后，长期与张某非法同居，其行为违反了《婚姻法》有关规定，而黄某在此条件下立遗嘱，是一种违反公共秩序和社会公德的行为。而且，蒋某一直忠于夫妻感情，直到黄某病危仍悉心照顾，遗赠人黄某却无视法律规定，违反社会公德，漠视结发夫妻的忠实与扶助，将财产赠予与其非法同居的张某，实质上损害了蒋某合法的财产继承权，违反了一夫一妻的婚姻制度。遗赠人黄某的遗赠行为违反了法律原则和精神，损害了社会公德，应属无效行为，故张某要求蒋某给付受遗赠财产的主张不予支持，予以驳回。该案例是运用社会学解释的经典案例。

社会学法律解释的操作方法，大抵可分为两个步骤：第一，对每一种解释可能产生的社会效果加以预测并进行分析；第二，确定社会统制目的，以社会福利作为检验标准进行价值衡量或者价值判断。[1] 很明显，社会效果的

---

[1] 杨仁寿：《法学方法论》，中国政法大学出版社 1999 年版，第 133 页。

预测和社会目的的衡量是社会学解释方法在司法中具体应用的关键。一般而言，解释规则应遵循的大致规律为：顺序上应首先应用文义解释方法，当用文义解释方法可能有几种解释结果存在时才可运用其他解释方法如社会学法律解释方法。[1]

从文义解释的角度来看，本案在适用《继承法》和《民法通则》进行文义解释后，出现了两种解释结果：一种是根据《继承法》的规定，公民可以立遗嘱将个人财产由法定继承人中的一人或数人继承，也可以赠给国家、集体或法定继承人以外的人，即公民可以将个人遗产赠给任何人，也包括"第三者"，也就是说，《继承法》并没有禁止将财产赠予"第三者"或者说是侵害合法婚姻的人。另一种解释是，尽管《继承法》没有明确禁止可以赠予"第三者"遗产，但"第三者"是损害合法婚姻的人，该赠予违背民法的公序良俗原则，故认定该"第三者"不能获得遗赠。上述两种不同的解释结果各有其道理，很难取舍，需要通过其他解释方法如社会学解释方法进一步解释。

从社会学法律解释方法来看，法官要对两种法律解释的利益和价值进行权衡，并对两种解释的社会效果进行预测。

采用第一种解释（"第三者"获得死者遗赠的财产）所产生的社会效果是：保护了"第三者"获得受遗赠的权利，实际上就是向社会昭示："第三者"也是可以获得受遗赠的权利的。如此产生非常负面的社会效应[2]，即有可能导致越来越多破坏他人婚姻的"第三者"取得受遗赠的权利，损害了原

---

[1] 梁慧星：《民法解释学》，中国政法大学出版社1995年版，第245页。
[2] 包含社会学法律解释方法运用的司法裁判，常见的论证建立在基于解释结论具有良好的社会效应论点之上。良好的社会效应作为社会效果和社会需求的表现形式通常是社会学解释方法趋于考量的主要内容，社会学法律解释方法强调对社会效果的预测在一定程度上也可以说就是预测不同解释结论所可能带来的社会效应。从操作的机理和步骤上看，社会学法律解释方法指引司法者在面临多种可供选择的解释结论时，首先假定并预测每种解释将在社会上产生的结果即社会效应，然后对每种结果进行对比评价，最后采纳所预测的结果或社会效应较好的那种解释，放弃预测结果或社会效应不好的解释。基于解释结论良好的社会效应的论点能够使司法者在为证明其裁判结论而进行的论辩中较好地实现法律对社会的良善价值，使法律适用和判决具有更强的正当性和可接受性。参见杨知文："社会学解释方法的司法运用及其限度"，载《法商研究》2017年第3期。

配偶的权利,如此就破坏了一夫一妻制度,扰乱了社会秩序,违反了社会公德,败坏了社会风气。

采用第二种解释(赠予违背民法的公序良俗原则)的社会效应是:没有支持"第三者"获得受遗赠的权利,让"第三者"和社会知晓破坏别人家庭的行为不仅是为人所不齿的不道德行为,而且在法律上也是有过错的,是不被法律保护的行为,如此有利于维护社会基本秩序、社会公德和一夫一妻制度,也有利于弘扬社会主义核心价值观。

在对两种社会效果进行预测分析之后,要进行社会学解释的第二个步骤,即确定社会统制的目的,权衡两种解释的价值和利益。本案中存在两种社会目的或者说两种利益的竞合,即遗嘱人的遗嘱自由权利和社会伦理道德、社会秩序等社会公共利益的冲突。在此种情况下,需要以社会福利作为检验标准进行价值衡量或者价值判断。法律的终极目的是维护社会的公平正义和社会公共利益,如果法院或法官机械的适用《继承法》维护遗嘱人的遗嘱自由权利和"第三者"受遗赠的权利,不仅损害了蒋某作为合法妻子的财产权利,也违背了社会公德、社会秩序等公共利益,不符合法律的精神和价值目标。虽然人民法院的判决结果不会杜绝"包二奶"等社会不良现象,但法院的公正判决的蝴蝶效应对于公民行为的规制和引导作用是不容忽视的。法院的判决不仅要考虑个案是否公平公正,还要考虑个案判决以后对社会广大人民群众是产生正面的引导和示范效应,还是负面的影响和后果。

从社会统制目的来讲,在运用社会学法律解释方法的时候,也要注意维护法律的确定性和统一性①,也就是社会学法律解释不能随意地凭空解释,社会学法律解释是对"法律解释"。根据《民法通则》第7条规定,民事行为不得违反公共秩序和社会公德。法院认为死者将财产遗赠给"第三者"违反公共秩序和社会公德的解释和判决在社会上引起了很好的反响,原因在于其判决不仅于法有据,而且符合社会主流价值观、广大人民群众心目中朴素

---

① 维护法律的确定性和统一性也是社会实现社会长治久安的重要保证,因此也是社会的基本利益。

的正义观以及传统的道德观,而且有利于弘扬我国社会主义核心价值观,可以说该案是运用社会学法律解释方法判决的一个典型案例。

社会学法律解释方法作为法律解释方法的一种,在作用上有别于其他法律解释方法,主要侧重于社会效果的预测和社会目的的衡量,把对法律之外社会因素的考量纳入了解释学的范围之内。社会学法律解释方法具有明显优势,如运用社会学解释,可以防止运用法律过于机械化,不仅使个案的解决更加公平合理,而且放眼整个社会,即考量个案判决之后对以后的当事人和整个社会的影响和蝴蝶效应。从一定程度上说,运用社会学法律解释方法还有利于维护法律的稳定性、安定性、灵活性和权威性。在司法实践中,社会学解释方法能够反映出社会的主流价值和社会倾向,从而使裁判的结果更容易为公众所认同和接受,因此可以提高司法机关的公信力。但每种法律解释都有其优点和局限性。因而社会学解释方法应当与其他法律解释方法如文义解释结合起来,综合运用方能实现法律效果和社会效果的统一。

根据以上的案例分析,我们可以看出,虽然社会学法律解释方法和民间法都是法社会学在司法实践中的运用,都强调情理的价值,其目的都是为了弥补制定法的漏洞、僵硬性等缺陷,但是二者在司法中适用的领域和方式有明显的不同。

7 社会学法律解释有利于实现法律效果和社会效果的统一

坚持法律效果与社会效果的有机统一是人民法院的审判理念，也是法律实施的理想境界。长期以来，人民法院把两个效果的有机统一作为审判工作努力追求的目标，这对充分发挥人民法院的职能、妥善处理案件、有效化解矛盾纠纷、维护社会公平正义、促进社会和谐稳定、树立司法机关公信力和法律的权威都具有重要的意义。人民法官坚持和实现两个效果的统一要讲究方法。法律解释方法特别是社会学法律解释方法就是实现两个效果有机统一的重要方法，是架设两者统一的桥梁。①

在很多学者、司法者看来，文义解释、目的解释、体系解释等都是针对法律条文本身的解释，局限于法律精密的逻辑殿堂之内，而与传统的法律解释方法相比，社会学法律解释则引入了法律之外的社会学因素②作为考量，对法律适用具有独特的补足功能。由于社会学法律解释考量社会学因素时，也要以文义解释为基础，因此可以实现法律效果和社会效果的统一。时下，"法律效果与社会效果相统一"的司法政策已深入人心，对司法实践产生广泛而深刻的影响。社会学法律解释方法，也是该政策的题中应有之义。本书认为，"两个效果"相统一的司法政策，对于法律解释实践而言，是将过去司法人员惯于从法学理论或法律文本中寻找答案的一次"思想解放"，是对

---

① 袁春湘："社会学解释方法在案件裁判中的运用"，载《法律适用》2011年第11期。
② 如公共利益、社会效果、社情民意、公共政策、民俗习惯等法律之外的社会学因素。

"机械司法"一次深刻的实践反思,是法律来源于社会生活又回应社会生活这一法律真谛的司法启蒙。近年来,"法律效果和社会效果的统一"已经逐渐成为人民法院审理案件,尤其是审理民商事案件的一个基本要求。"法律效果和社会效果的统一"的提法是契合我国社会转型时期社会生活的实际需要,其与社会学法律解释方法是一脉相承的。社会学法律解释方法作为解决新型疑难案件的重要思维方法,其优势在于对社会效果和影响的重视,它强调的不仅是当下个案可能产生的影响,而且强调对案件之后的社会状况和案件判决后的社会效果事先进行预测和评估,以图司法裁决能对整个社会产生积极影响和有益的社会效应。司法实践中运用社会学法律解释方法的价值和追求目标,就是通过利益衡量和价值判断,在法律的框架内实现社会公平和正义,使法理和情理相得益彰,进而实现法律效果和社会效果的统一。

7.1 法律效果和社会效果的含义

司法判决要实现法律效果和社会效果的统一,已成为法律理论界和实务界的共识。探讨法律效果和社会效果的统一,那我们必须先探讨何谓法律效果和社会效果?对于法律效果和社会效果,法律实务界和理论界都没有统一的定义。时任最高人民法院副院长李国光认为,判决的法律效果是法官依法审判,即严格适用法律来维护法律的尊严,保证法律得到一体的遵循和适用;判决的社会效果则是通过判决来实现正义、效率、自由、秩序、人权等法的价值的效果。[①] 著名法官宋鱼水认为:法律效果就是法官的判决于法有据,维护了法律的权威;而社会效果就是判决得到人民群众的普遍认同,即社会绝大多数人认为判决是公平公正的。[②] 江国华认为,法律效果的含义有三,

---

[①] 李国光:"坚持办案的法律效果与社会效果相统一",载《党建研究》1999 年第 12 期。
[②] 宋鱼水:"实现法律效果和社会效果的统一",载《法制日报》2008 年 8 月 24 日。

7 社会学法律解释有利于实现法律效果和社会效果的统一

即法律规则之实现;法律原则之实现;法律目的之实现。社会效果的含义有三,即当事人息诉服判;判决获得公众普遍认同;判决有利于扬善抑恶。[①] 还有许多法官和学者对何谓法律效果和社会效果提出了看法,例如有观点认为,法律效果是强调法律和事实的演绎、归纳、类比推理,侧重于法律条文的严格和准确的适用;而社会效果强调化解社会矛盾、维护社会稳定和秩序、保障公民和法人的合法权益、彰显社会公平正义以及判决得到绝大多数社会成员的普遍认同,侧重于法律价值的体现和司法目的的实现。[②] 还有学者认为法律效果虽然强调法官严格适用法律,但不是照搬法律条文、机械地适用法律,特别强调不能机械地固守法律条文的字面含义。法律解释的方法是多种多样的,以文义解释作为衡量是否符合法律效果的唯一标准有失偏颇。为了适应社会生活的变化,对法律条文作出更为符合社会需求、法律价值的解释,这种解释本身不但没有背离法律效果,而恰恰是法律效果的应有之义。所谓"社会效果"是指法律作用于社会生活产生的社会效应。确定法律的社会效果往往需要法律作用于社会导致社会生活的何种变化或者说对社会产生的积极或消极的影响和作用。社会效果虽然强调法官在司法过程中注意社会生活的变化,力求反映社会价值和时代的需求,甚至要与时俱进地发展法律,但是法官判决也不能无视法律的规定,特别是不得违背法律的理性、原则和精神。法官只有在特殊情况下才能对法律规范作出改变法律字面含义或法律原意的解释,这种特殊情况就是对法律条文变通的价值高于保持其"统一性、一贯性、确定性和权威性"的价值,或者有利于实现法律的最终价值目标。[③]

法律效果至上论者强调司法人员应该绝对忠诚于法律,严格依照法律规定作出判决,不得超越法律到法律之外寻求判决的依据,追求法律的统一性、

[①] 江国华:"审判的社会效果寓于其法律效果之中",载《湖南社会科学》2011 年第 4 期。
[②] 阴建峰:"论法律效果和社会效果的统一——以贯彻宽严相济刑事政策为中心",载《河南社会科学》2011 年第 2 期。
[③] 孔祥俊:"论法律效果和社会效果的统一——一项基本司法政策的法理分析",载《法学论坛》2005 年第 1 期。

一贯性、确定性和权威性的价值,其实质是追求一种形式合理性。当一部法典已经制定并公布,就应该得到机械的适用,法官唯一的使命就是严格适用法律条文作出判决。① 正如孟德斯鸠指出:"一个民族的法官,只不过是宣布法律条文的喉舌,是无生命的人,他们既不能变动法律的效力,也不能修正其严格性。"② 而社会效果决定者则认为,法官不应该拘泥于法律条文以及法律的统一性和稳定性等价值,而应敢于超越法条去追求法律的正义、人权等价值,使判决符合新情况、新问题以及社会生活的实际情况和具体案件的具体情况,使纠纷得到更合理的解决,使判决结果更加公平公正,旨在追求一种实质合理性。③ 正如美国著名大法官卡多佐指出:"随着不断出现的众多新事物或新事件,迫切需要追寻令人确信不疑的公正,这要求我们涂抹规则、修正规则、限制规则,甚至删除规则,尽管它们墨迹未干。"④ 法律效果至上论者带有机械意义或形式意义的色彩,可能会导致合法而不合理的现象;而社会效果决定者则带有实用主义或现实主义的色彩,可能会导致合理而不合法的现象。⑤ 必须指出的是,面对利益错综复杂和社会关注度较高的疑难案件,一些办案法官主观上确实欲实现最佳的社会效果,但社会效果至今仍然是一个较为抽象的司法政策或司法理念,并没有具体可供操作的统一方法和路径,导致实践中各行其是、同案不同判的情况大量出现,造成对社会效果的理解出现随意化和扩大化的现象。这些现象的出现使一些学者和社会公众对"裁判应当追求社会效果"这一司法政策产生了质疑。甚至有的人对法官判决的"社会效果"这一提法和要求还持有怀疑乃至抵触态度,认为法院、法官应当只讲求法律效果,并认为这是法治国家的"通行"实践。其实不然,在外国

---

① [意]贝卡利亚:《论犯罪与刑罚》,黄风译,中国大百科全书出版社1993年版,第12页。
② [法]孟德斯鸠:《论法的精神》(上册),张雁深译,商务印书馆1961年版,第12页。
③ 王群、王卉:"站在一种妥协的立场上——析法律效果与社会效果的统一",载《黑龙江省政法管理干部学院学报》2010年第5期。
④ [美]卡多佐:《法律的成长法律科学的悖论》,董炯、彭冰译,中国法制出版社2002年版,第36页。
⑤ 阴建峰:"论法律效果和社会效果的统一——以贯彻宽严相济刑事政策为中心",载《河南社会科学》2011年第2期。

或其他地区也讲案件处理的社会效果，只是他们没有这种提法而已①。

综合以上观点，本书认为法律效果侧重于法律与事实的形式逻辑的推理方法，强调法官在司法实践中具有"法律至上"的司法理念，严格依法对各类案件进行审判，正确和准确地适用法律条文，判决于法有据，且判决结果符合法律的理性和精神，实现了立法者的立法目的和预期目标，维护了法律的统一性、一贯性、确定性和权威性。而社会效果侧重于法律和事实的辩证逻辑的推理方法，强调法官在司法实践中不能照搬法律条文、机械地适用法律，而是参考法律条文，重点考量社会变化、社会需求和其他社会因素，强调法的价值特别是正义价值的实现，使判决结果符合普通民众的心理预期和朴素的公平公正的观念，符合社会的主流价值观和社会整体利益，能够得到社会各界和广大人民群众的普遍认可和接受。司法判决不仅使当事人息诉服判案结事了，而且对未来的当事人甚至整个社会能够产生正面的影响和积极的效应。

7.2 法律效果和社会效果的关系

法律效果和社会效果的关系是法学理论和实务界研究的热点问题。从法哲学的视角来看，法律效果和社会效果是既对立又统一的关系。

---

① 例如，在美国，1992年4月，加州地方法院作出裁决宣布4名打黑人的白人警官无罪。仅仅两小时后，熊熊大火在洛杉矶四处燃起，黑烟弥漫，枪声四起，很多人趁火打劫，涌进商店哄抢，1/4的城区陷入火海，社会秩序一度陷入混乱。更为严重的是，暴乱出现蔓延趋势，全国各大城市都出现动乱迹象。当时的美国总统老布什，不得不在电视上向全民信誓旦旦地保证，联邦政府将尽最大努力恢复社会秩序。1993年美国联邦法院以触犯联邦民权法的刑事罪名重新起诉这4名白人警察，最终，打人警察被判入狱后才平息了这场暴乱。再如，1995年辛普森案。表面上看辛普森被判无罪是警察取证不合法造成的，而实际上却并非如此。辛普森是黑人，杀死的是自己的白人妻子，虽然辛普森在黑人圈子里并不受欢迎，因为他不像篮球巨星迈克尔·乔丹与魔术师约翰逊那样致力于服务黑人。但是，辛普森毕竟是黑人，他受审的那天，全美很多地区的黑人都准备闹事，一旦辛普森被判有罪，将会引起社会动乱，连当时的美国总统克林顿都推掉一切公务，全美警察一级战备。在这种情况下，辛普森被判无罪，但需承担全部民事责任。所以说，提倡"社会效果"并不是中国特色。

7.2.1 法律效果和社会效果的对立

法律来源于社会又服务于社会,法律的一般性、抽象性与社会生活的复杂性、具体性之间的矛盾,以及法律的相对稳定性与社会生活的变动性之间的矛盾,是司法判决的法律效果和社会效果对立的客观原因。

第一,法律的一般性、抽象性与社会生活的复杂性、具体性之间的矛盾。

法律具有一般性、抽象性的特点,故法律不针对社会生活中各种具体的人和事,法律也不可能对社会生活的方方面面作出非常细致和详尽无遗的规定,法律只针对一般的人和事。但法律来源于社会,又服务于社会,社会生活就像一个万花筒,多姿多彩、瞬息万变,同时社会中的人和事又是形形色色、纷繁复杂。法律效果强调法律的一般性、统一性、确定性和普遍性,要求法官对所有的人都一视同仁适用一个标准,要求法律得到一体的适用。但是,社会生活或法官处理的案件却是具体的、复杂的和多种多样的。因此要使司法判决实现真正的公正,达到良好的社会效果,就必须考虑案件当事人中每一个个体或个案的具体情况。"法律绝不可能发布一种既约束所有人又对每个人都真正最有利的命令。法律在任何时候都不可能完全准确地给社会的每个成员作出何谓善德、何谓正当的规定。人之个性的差异、人之活动的多样性、人类事务无休止的变化,使得人们无论拥有什么技术都无法制定出在任何时候都可以绝对适用于各种问题的规则。"[1] 因此,如果在司法实践中,法官不考虑当时当地社会生活的实际情况、经济发展状况以及具体案件的具体情况,不考虑当事人所在民族的风俗习惯和当地的风土人情,而是照搬法律条文,教条刻板地适用法律,那么法官的判决必将导致法律效果和社会效果的对立。

第二,法律的相对稳定性与社会生活的变动性之间的矛盾。

法律总是要对人们的行为予以约束,人们好不容易适应和习惯一部法律,

---

[1] [美] E. 博登海默:《法理学:法律哲学与法律方法》,邓正来译,中国政法大学出版社 2004 年版,第 10~11 页。

如果频繁地修改法律势必影响人们的生活，加之制定和修改法律需要极大的成本，因此法律一旦制定就要在一定时期内发挥效力，不能频繁地修改，同时为了法律的权威性，法律也应该保持相对稳定性。而社会生活总是不断地发展变化，社会总是不断地出现新情况、新问题、新的矛盾和新的纠纷。法律总是滞后于社会生活而无法适应社会生活的变化。正如美国法学家埃利希指出："法律一经制定出来，就已经过时了。它既难以管理现在，也难以遑论未来。"[1] 马克思指出法律最终是由一个社会的物质生活条件决定的。一个社会的物质生活条件主要是物质社会的生产方式，而物质社会的生产方式随着社会生产力的发展而发展，随着社会实践不断地向前发展和变化。而法律作为上层建筑的一部分，总是滞后于社会物质生活。[2] 如果法官在司法过程中不考虑社会生活的变化而固守过时的僵死的法条，或者说无视社会经济条件的变化，刻板僵化地适用法律，那么司法判决也必将导致法律效果和社会效果的对立。

7.2.2 法律效果和社会效果的统一

法律效果和社会效果不仅是对立的，也是统一的，二者互相作用，相辅相成。

第一，法律效果是社会效果的基础。

法律效果类似于形式正义，是较为表层的形式标准；而社会效果类似于实质正义，是较为深层的实质标准。实质正义以形式正义为前提和基础，社会效果则以法律效果为前提和基础。

法律效果是社会效果的基础。法官的判决不得违背法律的明文规定而片面追求社会效果。无视法律的判决是非法的判决，非法的判决即无所谓社会效果。审判或判决的过程是一个受法律严格羁束的过程，法治是规则治理的事业，法律面前人人平等、类似案件类似处理是法治社会的重要特质。[3] 法

---

[1] 张文显：《二十世纪西方法哲学思潮研究》，法律出版社1996年版，第129~130页。
[2] 黎国智：《马克思主义法学论著选读》，中国政法大学出版社1993年版，第38页。
[3] 严存生：《西方法律思想史》，法律出版社2004年版，第388页。

律是判决的基本准绳和唯一依据，如果法官不依法裁决而是随心所欲，就会助长司法专横，就会使人类社会回到专制的统治时代。正是由于法律的可预测性、规范性、统一性、确定性、权威性和一贯性才使人类社会摆脱了变动无常、偶然性的（公权力）没有法律约束的专制的统治。平等地保护每个公民的生命、健康、安全、财产、自由以及追求幸福的权利是法治的最终价值目标。从专制走向法治是人类社会发展的必然趋势，随着我国实现依法治国建设法治国家的进程，公平、正义、自由、民主、人权等观念已被广泛传播并深入人心，广大的人民群众希望个人的行为、利益和诉求得到法律理性的公平对待。法治是与人治相对应的治国原则和方式，在法治社会里，法律具有极高的权威，法律得到一体的遵循和适用是法治的底线，不得突破。

因此，在司法实践中，法官必须"依法裁决"，任何以实现"社会效果"为幌子而不顾法律效果的违法判决，都不利于成就我国法治的伟业和国家的长治久安，且最终都不可能真正取得良好的社会效果。依法判决是法治的应有之义和关键要素，确保良好法律效果是实现社会效果的前提和基础；没有好的法律效果，社会效果将无从谈起、无所依存，也就是不存在游离于法律效果之外的社会效果。社会效果必须受到法律框架的制约，法官必须在法律的框架内谋求最佳的社会效果。

第二，社会效果是法律效果的目标。

正如实质正义是形式正义的目标，社会效果是法律效果的目标，法律效果最终要接受社会效果的检验。法律来源于社会，又服务于社会，法律运行的最终目的就是为了实现社会正义，即实现良好的社会效果。美国联邦最高法院大法官布兰代斯有一句名言："一个不研究经济学、社会学的法律人最适合的角色（不是从事法务工作，而）是社会公敌。"[1] 因此，法官在审理案件时，当依据法律条文所作的形式逻辑推理的结果无法实现社会正义，即产生负面的社会效果时，法官就不能将形式逻辑推导出来的结果宣称为审

---

[1] 丁国强："法官办案要有社会学思维"，载《人民法院报》2016年9月12日。

7 社会学法律解释有利于实现法律效果和社会效果的统一

判的结论。① 法官应该更多地关心判决能否实现定纷止争、息诉服判的效果；判决结果是否符合普通民众的心理预期以及朴素的公平公正的观念、社会的主流价值观和社会整体利益，能否得到社会各界和广大人民群众的普遍认同，以及能否对未来的当事人甚至整个社会有正面的积极的影响，或者说能否对社会心理起到良好的指引作用，达到扬善抑恶的社会效果。只不过以上这些目标（社会效果的核心要素）需要借助法律程序和话语来实现，也就是说必须在法律框架内实现社会效果的最优化。

第三，法律效果和社会效果统一于司法实践。

正义是法律的终极价值追求，同时正义又是社会的评价标准，或者说是社会效果的核心要素。正义是法律效果和社会效果共同的目标和核心要素。在司法实践中，围绕着正义的目标，即实现法律效果和社会效果统一，法官的判决要注重规则与价值相统一，逻辑与经验相融合。

法官判案或判决离不开法律②，当然也离不开三段论的逻辑的推演和论证。但是过分依赖逻辑推演或形式法治，则易于导致机械适用法律使判决不适应现实的社会生活。而法官的社会经验可以在一定程度上弥补法律规范的理性逻辑与人民群众的感性生活之间的鸿沟。"法律的生命并非逻辑，而是经验。可以感受到的时代的要求、盛行的道德和政治理论、公共政策等，其作用丝毫不亚于逻辑推演"③。法官判决时必须"认识所涉及的利益、评价这

---

① 吕海荣：《法律的客观性》，法律出版社1987年版，第171页。

② 其实一直以来对于法官和法律的关系都有着两种截然不同的观点。一种是把法官完全看作法律的"奴隶"，法官在裁判案件时必须严格按照法律的规定，不管适用法律的结果是否会造成实质上的不公，法官的使命或天职就是严格按照法律作出判决，法官所充当的就是相当于"自动售货机"式的角色，或者说是作为法律的工匠，此处所追求的判决结果仅仅是合法，或者说是法律效果。另一种观点则认为，法官判决案件，首先要根据其社会生活经验对案件事实作出基本判断，然后通过法律解释、适用法律原则等司法技术，寻找与案件事实相匹配的可适用的法律（法律不仅包括法律规则，而且包括法律原则），此时法官形象则更为人性化一些，法官在居于中立地位的同时，倾听当事人各方的陈述和辩论，以法律为基础，并考虑案件的具体情节和社会生活的实际情况如当地的风俗习惯和风土人情，此时所追求的则是判决的合法性的同时，还有判决的合理性，即追求法律效果和社会效果的统一。

③ ［美］E. 博登海默：《法理学：法律哲学与法律方法》，邓正来译，中国政法大学出版社2004年版，第159页。

些利益各自的分量、在正义的天平上对它们进行衡量,以便根据某种社会标准去确保其间最为重要的利益的优先地位,最终达到最为可欲的平衡。法官必须仔细考量占支配地位的道德情感和探究当时当地的社会经济条件。"[1] 霍姆斯和弗朗索瓦·惹尼的这些话语表明,法律规则的适用与法律价值的实现并非一个简单的逻辑推演过程,而是结合了利益平衡或是结合了案件发生的具体情境的复杂的经验思维的过程。尤其是在法律规则已不能适应变化了的现实或不能契合具体案件的具体情况时,如果法官再简单地运用三段论的逻辑推演作出判决,往往难以实现实质正义。这就要求法官应当同时怀着对法律和对社会生活的诚挚理解来对案件作出公正合理的判决。一个优秀法官既要守住依法裁决或形式法治的底线,又要回应社会对判决实质正义的渴求,即对社会效果给予必要的关注,从而获得一个法律逻辑上自洽而又符合人民群众心理预期的正义的判决。例如法官可以通过运用社会学法律解释的方法,或是借助法律原则作出合理的判决,即运用相关司法技术从规则的社会环境中去寻找规则可能的意蕴,以弥补规则本身内蕴的正义价值与社会需求之间的差距,从而实现法律效果和社会效果的统一。

总之,法律效果是社会效果的基础,社会效果是法律效果的目标。判决的正当性在形式或直观的层面上来自法律效果,在内容或实质层面上则由社会效果来决定,法律效果和社会效果统一于司法实践。只有当法官的判决既实现了法律效果又实现了社会效果时,才真正能够树立法律的权威,实现司法正义,从而提高司法机关的公信力。

7.3 实现法律效果和社会效果统一的方法论

从法理上分析,就司法的正当性基础而言,达到法律效果与社会效果的同时兼顾是司法活动所欲追求的理想状态,是任何裁判者都具有的美好情结。

---

[1] Gény, Méthode d'interprétation et sources en droit privépositif, 2d ed., transl. Louisiana State Law Institute (Baton Rouge, 1963), pp. 415 – 416.

7 社会学法律解释有利于实现法律效果和社会效果的统一

法律效果自不待言,而任何裁判都会对社会产生影响并带来可能的效果,社会学法律解释方法所关注的社会效果自然应是司法者在个案审判中所要追求的、对社会具有价值的良好效应。从价值论的角度看,社会效果也必定是对社会需求而言具有正价值的效果,只有解释结论所能够带来的以肯定性后果为内容的结果(多表现为好的影响、作用或效应)才是司法活动所值得希冀和实现的效果。所以,基于解释结论良好社会效应所展现的是司法裁判活动所能够给社会带来的正外部性,这种正外部性从基本特质上回答了社会效果的内在可欲性,是支持社会学法律解释方法在司法中存在和适用的基本理由和表现形式。另外,司法的社会效果概念自身在修辞色彩上也是强调司法活动对社会的积极影响和良好效应,由此来说,社会学法律解释方法的运用所根据的社会效果就是司法裁判活动所希求的正面的肯定性后果,也正是解释结论所可能产生的积极性结果。[①] 可以说运用社会学法律解释方法有利于实现法律效果和社会效果的统一。

"法律是一种社会控制工具,是达到社会目的的一种手段。司法工作说到底也是一种社会工作。借用社会学方法解释和解决法律问题,有助于处理好司法公正与社会公正、法律秩序与社会秩序、法律效果与社会效果的关系"[②]。在审判中实现法律效果和社会效果统一已经成为我国一项基本的司法政策,但是在当下的司法实践中,关于社会效果的实现却存在两种不容忽视的现象:一是实现社会效果的异化,即一些办案法官把社会效果当成破坏法律秩序的借口,动辄以社会效果为由为其枉法裁判甚至违法裁判寻找依据,正如时任最高人民法院副院长江必新大法官所描述:"在司法实践中,有的执法司法人员在办理案件的时候明显违反法律的规定,当你追问他的时候,他说这是因为考虑社会效果的结果。"[③]

[①] 杨知文:"社会学解释方法的司法运用及其限度",载《法商研究》2017年第3期。
[②] 丁国强:"法官办案要有社会学思维",载《人民法院报》2016年9月12日。
[③] 焦和平:"法律之内实现社会效果的合理路径——社会学解释方法的司法适用",载《河北法学》2013年第6期。

二是面对利益错综复杂和社会关注度较高的疑难案件,一些办案法官主观上确实欲实现最佳的社会效果,但社会效果至今仍然是一个较为抽象的司法政策或司法理念,并没有具体可供操作的统一方法和路径,导致实践中各行其是、同案不同判的情况大量出现,造成对社会效果的适用出现随意化和扩大化的现象。这些现象的出现使一些学者和社会公众对"裁判应当追求社会效果"这一司法政策产生了质疑。当前由于具有可操作性方法的缺失造成法官在寻求裁判的社会效果时出现任意化和扩大化的现象,而社会学法律解释方法是在法律之内实现裁判社会效果的一种科学进路。①

司法判决要实现法律效果和社会效果统一,要避免两个极端。一个极端是法官拘泥于法律的规定,机械地适用法律。法官只对法律进行逻辑分析,而不作任何价值判断,即不考虑法律背后的价值追求和立法目的。法官把法律看成是自成一体的逻辑严密的独立体系,只要有确定的事实,适用确定的法律,就一定能得出一个合乎逻辑的唯一正确的答案(判决)。实际上这时法官把自己扮演成一个"自动售货机"或一个"机器人"的角色。整个法律的运作或司法过程如同一台非常精密的不断运转的加工机器,只要输入一定的原材料——事实和法律,就一定会生产出合格的标准化的产品——判决。这就是法官片面强调法律的统一性、一贯性、确定性和稳定性,并将其推向极端。在一个法治社会里,强调严格适用法律,是推行法治的应有之义,但如果把法律看成是一成不变的教条,刻板僵化地理解和适用法律,而不考虑社会经济条件和社会生活的变化,不考虑具体案件的具体情况,不考虑案件的判决是否公平公正以及对未来当事人或整个社会的影响,实际上并不符合法治的要求,甚至与法治精神背道而驰。"特别是在当下我国社会转型过程中,社会生活变化较大,法制的相对滞后与司法的社会需求之间的矛盾,要求司法适当秉承能动理念,将案件的处理过程更集中于相关法律与现实社会

---

① 焦和平:"法律之内实现社会效果的合理路径——社会学解释方法的司法适用",载《河北法学》2013 年第 6 期。

的关系上,更关注现实社会纠纷的妥善解决和个案公正,防止机械司法。"①正如德沃金指出:"可能在某些国家中,人们会认为,不管什么样的人做法官都无关紧要,法律是一套机械系统,就像计算机一样,任何一个受过适当专业训练的人都可以操作它得出同样结果。但在美国没有人会这么想。"②

另一个极端是法官无视法律的规定,滥用司法裁量权。法官片面理解和追求社会效果,无视法律的刚性规定,刻意迎合所谓的"民意""舆论"和社会情势,随心所欲地行使司法自由裁量权,不考虑判决是否于法有据、是否违背法律的硬性规定以及法律的精神和价值。这种无视法律的规定,损害法律的尊严和权威,违反法治原则的行为,是绝对不可取的。由于社会学法律解释方法侧重于从法律之外的社会因素解释法律,如果司法者不能准确规范地适用,则可能导致脱离法律规范的文义范围,违反法治精神的情况发生。尤其在我国提出"两个效果的统一"的说法之后,有人简单地将其归结为中国特色的权宜之计,甚至在司法实践中以此为借口违背法律,单纯追求社会经济发展、社会稳定和秩序等社会效果。正如有学者指出:"我国运用社会学法律解释时常常结合形势需要,但是在大多数情况下不是为了解释法律,而是为了超越法律,应该说这是违反法律的安定性要求和法治原则的。"③ 因此,以牺牲法律效果为代价的所谓社会效果,不利于维护法律的安定性、权威性、统一性、确定性和一贯性,不利于国家的长治久安。因而要防止打着"社会效果"的旗帜而随心所欲破坏法制的法律虚无主义。因为,社会学法律解释方法本身是一种科学的裁判方法,它是法治的保障而不是法律虚无主义的通行证。法官必须在法律的框架内寻求社会效果,否则类似案件得不到类似的判决,何谈法治,实际上是人治。而在一个人治的社会里,公共权力得不得法律的约束和控制,容易导致司法专横,公民将没有自由,每个人都

---

① 袁春湘:"社会学解释方法在案件裁判中的运用",载《法律适用》2011年第11期。
② [美]德沃金:《自由的法——对美国宪法的道德解读》,刘丽君译,上海人民出版社2001年版,第373页。
③ 周永坤:《法理学——全球视野》,法律出版社2010年版,第323页。

无法预测自己行为的后果，每个人都处于惶恐之中。因此，法的确定性、稳定性和安定性也是社会利益，而且是一个社会的根本利益。①

因此，法官在判决时片面追求法律效果而忽视社会效果；或者片面追求社会效果而忽视法律效果，都是不当甚至错误的。这就要求法官结合特定的社会环境和案件发生的具体情景，在现实和法律之间寻找一个平衡点，找到既合法又合理即兼顾法律效果和社会效果的妥善的解决方案。②

法律效果和社会效果是司法效果的一体两面，二者统一于司法实践。但是，在司法实践中，法官往往面临着两难的境地。一方面，如果严格按照条文的逻辑推演，常常会因为无法反映社会生活的变化和时代的需求，或是无法契合具体案件的具体情况而导出匪夷所思的不公正的判决，得不到社会的广泛认同；另一方面，法官判决如果过多地考量普通民众的心理预期、社会普遍的正义情感、社会的主流价值观则无法寻求到相关法律的支持，招致任性和恣意的诟病，甚至导致违法枉法裁判，有损法律的确定性、统一性、安定性和权威性，因而与法治原则背道而驰。

那么，在司法实践中，如何避免出现像"许霆案"一审判决"于法有据"但"于案不公"的尴尬局面，如何实现法律效果和社会效果的统一呢？本书认为法官审理案件必须善于运用两种重要的方法。一是注重社会学法律解释方法的运用；二是注重法律原则的适用。

法律解释，特别是社会学法律解释是连接立法意图与司法目的的纽带，社会学法律解释方法是实现法律效果和社会效果有机统一的有效方法，是架设两者统一的桥梁。③法官的判决离不开法律解释，法官的判决要实现法律效果和社会效果的统一，更需要创造地运用社会学法律解释的方法。④

---

① 江必新："在法律之内寻求社会效果"，载《中国法学》2009 年第 3 期。
② "作为善和公正的艺术，法律就穿行在各种冲突的价值之间。一个具体案件解决方案的选择，往往是各种价值目标综合平衡的结果。这一点也决定了我们将没有绝对正确的选择，只有比较适宜的选择。"参见何海波："行政行为对民事审判的拘束力"，载《中国法学》2008 年第 2 期。
③ 孔祥俊：《法律解释方法与判解研究》，人民法院出版社 2004 年版，第 466 页。
④ 梁慧星：《裁判的方法》，法律出版社 2003 年版，第 50 页。

7 社会学法律解释有利于实现法律效果和社会效果的统一

首先,法律的抽象性与案件的具体性之间的矛盾。抽象性是法律的一个特性,即法律针对的是一般的人和事,而法官处理的案件却是非常现实而具体的。法官只有对抽象的法律进行解释,才能适用于具体的案件,以便作出符合具体案件具体情况的最佳的社会效果的判决。

其次,法律的相对稳定性与社会关系的变动性之间的矛盾。法律一经制定,就必须保持其相对的稳定性,不应当轻易修改。但是,法律又应当适应社会的变化和社会发展的需要,这个矛盾就可以通过法律解释特别是社会学的法律解释来解决。通过社会学法律解释克服法律的僵硬性和滞后性缺陷,以适应社会的现实需要。①

最后,立法者认识能力的有限性或局限性与不断发展和变化的社会生活之间的矛盾。法律不可能十全十美,总会出现这样或那样的瑕疵或缺陷。法治比较健全的国家一般都是通过运用法律解释特别是社会学的法律解释的方法解决这一问题,对法律作出契合具体案件的具体情况以及与自己所处时代的需要相一致的解释。在法律出现瑕疵或漏洞时,法官可通过社会学法律解释弥补法律的缺陷,实现良好的社会效果。如果法官在具体案件适用的法律规范有两种以上的合理解释时,法官应该选择有利于实现立法目的或社会正义的能达到最佳的社会效果的解释。② 例如"南京同性卖淫"案中对于卖淫的组织者是否应该判决有罪有争议,争议的焦点就是对于"卖淫"的法律解释。被告以及律师辩称长期以来对于"卖淫"的解释就是"女性出卖肉体"。本案是组织男性与男性之间的性交易,因此不构成我国刑法规定的"组织卖淫罪"。同性之间的性交易行为是否构成"卖淫"? 从卖淫的危害看来,卖淫的根本特点应该是性交易行为,而非交易双方的性别。同性之间的性交易行为与异性之间的性交易行为具有同样性质的、同样程度的社会危害性。我国

---

① [美] E. 博登海默:《法理学:法律哲学与法律方法》,邓正来译,中国政法大学出版社2004年版,第10~11页。
② 孔祥俊:"论法律效果和社会效果的统一——一项基本司法政策的法理分析",载《法学论坛》2005年第1期。

刑法典并未规定卖淫仅限于异性之间，如果采用社会学法律解释方法，从利益衡量的角度考虑，对被告定罪并无不可。"南京同性卖淫"案中被告胁迫众多男青年进行性交易，社会影响恶劣，最后法院对"卖淫"作了扩充解释以适应社会生活的变化或新情况，认定被告构成"组织卖淫罪"，实现了法律效果和社会效果的统一。

　　司法判决要实现法律效果和社会效果的统一，法官除了运用法律解释特别是社会学法律解释的方法外还要注重法律原则的适用。社会学法律解释是一项有相当灵活性的作业，当一种解释方法导致不合理的结果时，可能可以采用别的解释方法，以获致合理的结果。但法律规则的文义总有一个限度，社会学法律解释不得完全无视法条的文义，所以法律解释的灵活性有极限。当各种法律解释都无法获得合理的结论时，则只能认为出现了法律规则适用"不能"的情况，这时可以适用法律原则作出判决，以实现法律效果和社会效果的统一。[①] 法律规则和法律原则都是法的要素，适用法律原则作为判案的依据，以求达到最佳的社会效果仍然是在法律的框架内。法律原则也是连接立法意图和司法目的的纽带，注重法律原则的适用是实现法律效果和社会效果统一的有效方法，是架设两者统一的桥梁。因为，法律原则如公平原则、诚实信用原则、公序良俗原则等是法律规则的本源和基础或法律规则背后的价值支撑，代表着法律的精神和价值，因而是法律效果的核心要素。同时，法律原则的调整范围和辐射面比法律规则广，其内涵可随社会情势变更而变更，可随社会的发展而不断发展。法律原则不具有法律规则那样的刚性和确定性，那也意味着法律原则能够克服法律规则的滞后性和僵硬性缺陷，能够适应社会生活的发展和变化，能够辐射到各种复杂案件中。在长期的司法实践中，法官总会遇到一些新型或疑难的案件，如果法律规则适用"不能"，即对于一些特别的案件立法者缺乏预见而未作规定，出现法律漏洞，也就是没有法律规则可适用，或有法律规则可适用，但适用该规则明显不符合社会

[①] 葛云松："李珉诉朱晋华、李绍华悬赏广告酬金纠纷案评析"，载《北大法律评论》1998年第1期。

正义的要求，这时法官就不能拘泥于法律条文，机械地适用该法律规则，而应该适用法律原则作为判决的依据，以便能够使判决既符合法律的精神和价值，又符合普通民众的心理预期和朴素的正义观念，从而实现法律效果和社会效果的统一。例如法官审理"第三者"和"妻子"争夺遗产的案件中，死者生前立了一份遗嘱将其全部个人财产给第三者，根据继承法的法律规则，个人可以将其个人合法财产给法定继承人中的一人或数人，也可以遗赠给法定继承人以外的人。但如果法官认为适用这个法律规则明显不正义，社会效果不好，这时法官可以适用公序良俗原则认定死者的这个遗嘱无效。这样作出判决既合法又公正，实现了法律效果和社会效果的统一。

总之，法官在裁判案件时必须严格按照法律的规定，但法官不能成为法律的"奴隶"，不能把法律看成一成不变的教条，不能机械或刻板地理解和适用法律。在司法过程中法官拥有一定的合理地解释和适用法律的司法自由裁量权。法官是人，而不是"机器人"，要凭借其社会经验和对社会公平正义的基本判断，主动弥补法律的漏洞或僵硬性缺陷，使法律适应社会生活的变化，满足社会公众对正义的期待。法官判决案件，首先要对案件事实作出基本判断，然后寻找与案件事实相匹配的可适用的法律条文，再通过运用法律解释特别是社会学的法律解释方法、适用法律原则等司法技术，以作出既合法又公正的判决。法官在考量刚性法律规则的基础上，还要充分考量法律的原则、精神以及社会生活的实际情况和具体案件的具体情节，充分考量各个民族的风俗习惯和各个地方风土人情，此时所追求的不只是判决的合法性，还有判决的合理性，即实现法律效果和社会效果的统一。

7.4 社会学法律解释方法是实现两个效果统一的重要方法

我国目前正处于信息化、工业化、城镇化不断向前推进的社会高速发展和变化的社会转型时期，这一时期城市住房、环境污染、社会保障、假冒伪劣、分配不公、坑蒙拐骗等社会问题突出，教育医疗资源不平衡、城乡经济发展不平衡、贫富差距拉大等社会矛盾凸显。司法是实现社会公平正义的最后一道防线，以上这些发展中的问题和矛盾最后都会通过司法表现出来。法院作为处理社会问题和矛盾的司法机关不仅要严格适用法律，维护法律的统一性、确定性和权威性，而且在适用过程中不能机械地适用法律，要根据社会生活的变化以及具体案件的具体情况对滞后的僵硬的法律进行社会学的解释。因此，在我国目前这一社会转型时期，法律的适用（特别是对于新型复杂的案件）不仅仅是简单地进行法律"三段论"的逻辑推演，而且必须进行社会利益和价值的权衡，社会影响和社会效果的考量，即运用社会学法律解释方法。在司法实践中，法官自觉运用社会学法律解释方法不仅使当前的案件公正地合理地得以解决，而且也会使僵硬的法律（通过社会学的解释）出现了生机和活力以适应社会生活的变化，如此实现了法律效果和社会效果的统一。

实现法律效果和社会效果的统一是司法的理想境界，在司法实践中运用社会学法律解释就是为了实现法律效果和社会效果的统一，或者说法律效果和社会效果的统一正是源于为法律解释和适用注入社会学方法的需求。实际上，社会学法律解释和"两个效果"的统一是一脉相承或相通的，两者的相通性反映了一种司法的一般规律和趋势。[1] 社会学法律解释方法是嫁接立法意图和司法目的或社会需要的桥梁，实际上就是架设法律效果和社会效果统一的桥梁。社会学法律解释强调在复杂且不断变化的社会中既保持法律的一致性、安定性（法律效果），又能实现法律的价值和立法目的，使判决符合社会普通民众朴素的公平正义的观念，得到正面的积极的社会反响（社会效果）。我国是一个单一制的国家，不是联邦制的国家[2]，我国具有统一的法律体系，但是我国是一个具有悠久历史和传统的幅员辽阔的有 56 个民族、经济

---

[1] 孔祥俊：《法律方法论》，人民法院出版社 2006 年版，第 909 页。
[2] 在联邦制的国家里如美国，全国只有一部共同的宪法，各个邦州或成员国有它们各自的刑法、民法、行政法等具体的法律制度。

7 社会学法律解释有利于实现法律效果和社会效果的统一

发展不平衡的大国。我国正处于社会转型时期，社会发展日新月异，而我国各个地区经济发展差别较大，城市和乡村差别更大，在城市是"生人社会"，而在农村却是"熟人社会"，各个地方有各自不同的风土人情，各个民族也有他们不同的风俗习惯和民族传统。因此，法官在司法实践中，既要保持法律的统一性、确定性和一致性，又要使判决符合当时当地的实际情况和具体案件的具体情况，以便达到良好的社会效果就显得特别重要，或者说是一种社会需求和社会需要。因此，法官在司法实践中自觉运用社会学法律解释方法就是满足这种社会需要和需求。

我国经济发展不平衡，在我国广大的农村地区，民间法作为乡民在长期的生产和生活中日积月累逐渐形成的一种行为模式、生活常识和经验法则，符合当地人们社会生活的实际需要，符合社会普通民众的社会利益和价值观念，为社会大众所普遍接受或认可，具有深厚的群众基础，内容一般都符合法律的原则、精神和价值。民间法作为人们在长期的生产和生活中自发形成并反复践行的一种行为模式和行为规范，它根植于社会生活，是法律的重要渊源和社会基础，是一种支配人们生活和行为的无形力量。因此，在司法实践中，社会学法律解释允许法官在法律解释时充分考量民间法[①]，这样会使法律解释以及由此导致的判决结果更符合社会普通民众的价值观念和心理预期，更容易为社会公众所接受，会产生更好的社会效果，从而实现法律效果和社会效果的有机统一。例如我国刑法规定"重婚"涉嫌犯罪，可能要受到刑事制裁。但对于"重婚"的法律解释就不能整齐划一，就要采用社会学的法律解释方法。法官在审判相关案件的过程中要根据对社会现状的观察和分析权衡当事人各方的利益和各种社会利益，充分考量"民间法"即当地的风

[①] 苏力教授在《法治及其本土资源》中绕"国家法"与"民间法"的探讨，表现出对"民间法"的推崇："更重要的是中国的传统法律制度和文化，以及在那文化中积累起来的人们的行为规范、行为模式和法律观。这些东西，尽管从某种特定的法律定义出发可以否认它是一种法律，然而无法否认的是与这种制度和文化有联系的观念和行为方式仍深刻地存在于中国社会中，规范着中国社会，特别是中国农村社会生活的许多方面，影响着现代中国国家制定的法律的实际运行及其有效性。"参见苏力：《法治及其本土资源》，中国政法大学出版社1996年版，第53页。

俗习惯和风土人情，当地社会生活的实际情况，以及具体案件的具体情况，作出能达到最佳社会效果的解释和判决。

在司法过程中，有时法官对某一个法律规范或法律条文进行语义解释时，可能会有不同的理解或阐释的结论，而得出这些不同的阐释结论可能都无可厚非，或者说都有它各自的道理。例如我国刑法规定的组织卖淫罪有两种解释。第一种解释是专指组织女性卖淫，这就是传统的解释；但由于社会中出现了男性卖淫的现象，因此就出现第二种解释，即组织卖淫既包括组织女性卖淫，也包括组织男性卖淫。第二种对卖淫的解释既在"卖淫"语义涵摄的范围内，又符合法律的精神和立法目的，因为组织男性卖淫像组织女性卖淫一样都是危害社会公共秩序和良好的社会风尚的行为。因此，只要对法律文本作出的不同的阐释的结论都在该法律文本语义涵摄的范围之内，又符合法律的精神和立法目的，都应该是合理且合法的解释。社会学法律解释强调，此时法官选择哪一种阐释作为判决的依据，就不仅仅是考虑哪一个阐释更符合语义逻辑，或者说是因为这种解释从立法一开始就已经明确而毋庸置疑[①]，而是要着重考量社会生活的变化、具体案件的具体情况以及所涉及的社会性的因素，即要考虑不同的阐释结论可能产生不同的社会影响或社会效果。也就是说社会学法律解释方法更多地关注判决结果的社会影响或社会效果，它预测每种解释可能带来的不同的社会影响或社会效果，即通过考量不同的解释可能导致不同的判决结果，而这些结果可能对以后的社会带来积极的正面的或消极的负面的影响，即较好的或较坏的社会效果，法院最终选择社会效果预测较好的解释而放弃社会效果预测较坏的解释。

美国社会法学派的代表庞德指出："那种把法律解释设想为了解该律令制定者的既存意向的一种简单过程，把法律适用设想为一种准确无误的法律逻辑的纯粹机械过程是非常荒谬的。"[②] 社会学法律解释强调法官在具体个案适用法律对法律文本进行解释的时候，除了要考虑法律文本的字面含义和逻

[①] 美国著名法官卡多佐指出："从所有这一切得出的结论就是，一个制定法的解释一定不必永远保持相同。谈论什么某个排他性的正确解释，一个将从这个制定法的一开始到其结束都是正确的含义，这是彻底错误的。"参见［美］本杰明·卡多佐：《司法过程的性质》，苏力译，商务印书馆2000年版，第51～52页。

[②] ［美］H. S. 康马杰：《美国精神》，南木等译，光明日报出版社1988年版，第553～554页。

7 社会学法律解释有利于实现法律效果和社会效果的统一

辑等法律本身的理由外,还要考虑社会生活的变化,考虑各种社会利益、社会影响、社会后果等社会学因素,并且在此基础上对判决产生的利害关系及各种社会学因素进行综合考量和权衡。社会学法律解释的核心或重要特征就是利益权衡,正是为了通过这种利益衡量或权衡以实现社会正义的目的,使法官作出法律解释和判决时引入了法律文本之外的社会学因素。这时对于法律条文的解释就可能不拘泥于法律文本的字面含义和逻辑推演,对法律条文作出不同于"历史"的或"习惯"的解释,当然其目的只能是为了社会正义,为了使判决达到最佳的社会效果。正如卡多佐指出:"当社会的需求要求这种解决办法而不是另一种的时候,这时,为了追求其他更大的目的,我们就必须排除逻辑的、历史的和习惯的羁绊,这就是同时代全体社会成员集合起来的最大的力量,即在社会学方法中表现出来的社会正义的力量。"①

现代社会飞速发展瞬息万变,虽然立法者制定法律时也会考虑法律要适应未来社会的需要,但是在制定法律时,由于受到当时社会条件等方面的制约,立法者很难预见未来社会发生的各种情况,如此造成法律与社会的脱节。因此,在司法实践中,法官审判案件运用社会学法律解释方法,特别是审理新型、复杂或疑难案件(如"南京同性卖淫案"等)时显得十分重要而有效。法官在审理这些案件的过程中,运用社会学法律解释方法能够使法官(依据但)不必拘泥于法律文本的字面含义和逻辑推演②,在一定程度上能克服或弥补语义解释的局限以及法律规则的滞后性、不周延性和僵硬性缺陷,

---

① [美]本杰明·卡多佐:《司法过程的性质》,苏力译,商务印书馆2000年版,第39页。
② 社会学解释方法能够在司法中适用的基本缘由就是,法律必然也必须随着社会的进步而不断获得发展。既如此,对法律的解释和适用就不能仅从实定法的规定中依据逻辑的演绎来得出法的规范,应该从对现实社会的观察和分析中来酌量。但必须指出的是,社会学法律解释虽然可以"不必拘泥于法律文本的字面含义和逻辑推演",但只能在法律文本的文义可能涵摄的范围内作出变通的解释,而且法官对法律文本作出这种变通的解释时还应当非常慎重。因为法律的确定性、安定性和一致性本身就是基本的社会价值和社会利益,只有当法官依据法律文本的字面含义和逻辑推演会导致明显的不正义的判决时,或者为了实现更大的社会价值或更大的社会利益时,法官才可以不拘泥于法律文本的字面含义和逻辑推演。换句话说,只有当一些重要社会利益的价值超越法律的确定性、安定性和一致性的一般社会价值时,两害相权取其轻,我们宁愿选择变通的解释以求实现最佳的社会效果。当然,究竟如何确定需要变通的具体情况,只有视个案情况而定,确实很难划定严格的标准。参见孔祥俊:《法律方法论》(第二卷),人民法院出版社2006年版,第934页。

尤其是在法律文本的语言有歧义、意义不清晰或语词模糊[①]时,法官借助于社会学法律解释方法,会使法律能适应社会生活的变化,契合当前社会的现实需要或具体案件的具体情况,作出使当事人和一般民众都认为是公正的和满意的解释和判决。一般地讲,对于法律规定明确,案情简单的案例,只要司法人员用严格遵循三段论推理的方法就足以解决问题,但是如果所适用的法律条文语义模糊,或者一些案情疑难、社会反响大的案子,就不能仅仅去考察法律规范的本意,简单机械地进行逻辑推演,还必须运用社会学法律解释方法进行社会利益的权衡、社会影响的预测,然后在法律文本语义涵摄的范围内作出具有最佳社会效果的解释和判决。也只有这样,司法判决才能实现法律效果和社会效果的统一。因此,法官运用社会学法律解释方法来解决一些新型、复杂或疑难的案件,往往能够使法官作出既维护法律的一致性和安定性,又符合社会一般情理和公平公正观念,实现法律效果和社会效果统一的判决。

7.5 举例说明司法中如何运用社会学法律解释方法实现两个效果的统一

中国的司法治理致力于实现对社会的良善治理,这种治理活动并非"在白纸上作画",而是要以既定的宪法和法律规范体系为基础和框架,即使是在急切需要法律之外的实体理由的场合,司法者所诉诸的用以判断社会目的和社会需求的根据和标准,仍然也应该是作为整体的法律制度的组成部分,或者至少与法律体系的原则、理念和精神相一致。由此而言,社会学法律解释方法的司法运用确实应被内置于现行的法律制度之中,对转型中国的司法

[①] 立法者有时有意使用一些模糊性的语言,以便使法律适应社会生活的变化和社会生活的各种情况(案件)。

治理来说，能够遵循法律的一致性和可预期性的价值判断或利益衡量才能真正具有良好的社会效果，切合法律调整的美好目的。"在某种意义上，当我们在把逻辑性、融惯性和前后一致作为更为重大的社会价值予以追求之际，我们的确也是在运用社会学的方法"①。如果说司法对社会学法律解释方法的运用正是把实现新的社会福利作为推进法律和社会发展的支持性理由，那么，在对社会目的和社会效果的考量中实现法律的一致性和可预期性，则是现阶段中国司法治理所应给以追求的最大社会福利。可以说，最基本的社会利益就是法律应当统一并且无偏私，而最好的社会福利就是保证案件裁判所应当具有的一致性和可预期性。在实体理由的运用方面，社会学法律解释方法通常基于多种不同形态的论点展开，虽然它们侧重于对社会因素和司法社会效果的预测和追求，但也并不由此而否定法律自身的目标和效果。由于任何解释方法的运用都必须立足并皈依于法治原则的基本要求，所以，就转型中国的司法治理来说，司法者对社会学法律解释方法的运用，只有在既有法律体系与法律制度设定的原则框架和价值领域内，恰当地寻求关于社会需求与效果的预测和考量，才能为案件纠纷的妥当处理提供在实质上有益可行的路径。② 唯有如此，才能实现法律效果和社会效果的统一，以下举例说明司法中如何运用社会学法律解释方法实现法律效果和社会效果的统一。

案例1：火锅爆炸请求赔偿案

在1997年3月海淀区法院判决的贾某案中，17岁的少女贾某和父母去餐厅吃火锅，因为卡式炉爆炸致使面部被烧伤，受害人请求法院判决一笔精神损害赔偿金。但是关于精神损害赔偿金，我国《民法通则》第120条③只规定了公民的姓名权、肖像权、名誉权、荣誉权等人格权受到侵害可以判给精神损害赔偿金，对人身伤害没有规定可以判给精神损害赔偿金。当时最高法院

---

① 杨知文："社会学解释方法的司法运用及其限度"，载《法商研究》2017年第3期。
② 杨知文："社会学解释方法的司法运用及其限度"，载《法商研究》2017年第3期。
③ 我国《民法通则》第120条规定："公民的姓名权、肖像权、名誉权、荣誉权受到侵害的，有权要求停止侵害，恢复名誉，消除影响，赔礼道歉，并可以要求赔偿损失。"

关于精神损害赔偿的司法解释还未出台，被告律师对《民法通则》第 120 条作了"反对解释"，即判给精神损害赔偿金于法无据，应予驳回。

对案件的价值判断可以分为两种，一种是大众的价值判断，根据普通人的社会经验作出；另一种是法律职业者的价值判断，不但需要社会经验，这种判断还必须运用法律思维作出，对法官来讲，作出判决要结合法律规则，必须符合形式逻辑的"三段论"。

从一般人的社会经验来看，本案原告事故发生时尚未成年，身心发育还不完全，烧伤造成的疤痕对容貌造成了明显的影响，严重妨碍了她的学习和生活。对一个花季少女而言，原来灿烂的生活和对未来生活的美好向往都将受到沉重的打击，精神上的痛苦可想而知。如果只是判决给予医疗费，根本无法对她遭受的损害进行抚慰和补偿，不符合广大人民群众朴素的公平正义的观念。

但是法官不能只是以利益衡量作为判决的理由，不能以社会经验代替法律适用的大前提——法律规则来作出判决。在作出了利益衡量和价值判断之后，必须对法律条文作出社会学的解释。根据社会学的法律解释，法官结合该案的案情适用《民法通则》第 120 条："公民的姓名权、肖像权、名誉权、荣誉权受到侵害的，有权要求停止侵害，恢复名誉，消除影响，赔礼道歉，并可以要求赔偿损失"。有两种不同的解释：第一，该案属于人身伤害，不属于该法条规定的公民的姓名权、肖像权、名誉权、荣誉权等人格权的损害，因此不能获得精神损害赔偿，而这正是被告律师的辩护意见。第二，该案虽然属于人身伤害，但该案具有特殊性，即受到伤害的是一个未成年少女的面容，这种伤害会给受害者带来极大的精神痛苦，可以认定其精神损害。这两种解释都符合该法条文义解释的涵摄范围内。

法官此时要运用自己的社会经验，在心中作出利益衡量和价值判断，对该两种解释以及判决作出社会效果或社会后果的预测和评估。显然，如果采用对《民法通则》第 120 条的第一种解释以及由此导致的判决，社会后果是违反了常识、常情、常理和人民群众朴素的公平正义观念。而采用第二种解

7 社会学法律解释有利于实现法律效果和社会效果的统一

释,既符合立法目的、法律的原则和精神,又符合广大人民群众朴素的公平正义的观念,能够得到当事人和广大人民群众的认同。当然,在许多案件中,会存在法律的竞合,即有两个以上的法律条文可以适用,根据广义的社会学的法律解释方法,法官可以权衡选择其中一个能够达到最佳社会效果的法律条文,以便实现法律效果和社会效果的统一。

结合该案,法院最终判决被告支付10万元的精神损害赔偿金,其法律依据是我国《消费者权益保护法》第41条关于残疾赔偿金的规定。该条规定经营者提供商品或服务,造成消费者人身伤害的,应当支付残疾赔偿金。对残疾赔偿金有两种理解和解释,一种解释是由于残疾而无法获得劳动收入的物质利益,另一种解释是由于面容毁损,不仅给受害者带来精神痛苦,也给受害者以后工作和谋生带来非常不利的影响。而这两种理解都在我国《消费者权益保护法》第41条关于残疾赔偿金的规定的文义范围之内。法官在这种情况下也可以选择适用我国《消费者权益保护法》第41条,同样也可以运用社会学法律解释方法,使判决合情合理,又符合法律适用三段论的形式逻辑,可以同样实现法律效果和社会效果的统一。

法官运用社会学法律解释方法以期实现法律效果和社会效果的统一,要求法官在判决书中进行充分的说理和论证,即法官在判决书中应负充分的说理义务。首先,通过确认的有效证据及庭审查明的事实,用简明扼要的文字对事实进行描述,对案件的审理及裁判需具有明确、具体、客观的案件事实,即确定演绎推理的小前提;其次,对于法律规范的适用,现存的法律规范中若存在可直接适用的法律规范,即确定的案件客观事实可直接指向寻找到的法律规范,可直接进行适用;若案件客观事实指向的法律规范存在多个,即需要依据规则[1]对法律进行适用;若确定的案件客观事实没有直接指向的法

---

[1] 这个规则就是上位法优先于下位法。即全国人民代表大会制定的基本法律优先于全国人民代表大会常务委员会制定的基本法律以外的其他法律;全国人民代表大会常务委员会制定的基本法律以外的其他法律优先于国务院制定的行政法规;国务院制定的行政法规优先于各地制定的地方性法规和地方政府规章。

律，或法律规范与案件客观事实存在一定程度的差异，不能直接适用，则需结合法学理论及价值评价对其进行社会学解释，以确定最终可适用的法律规范。在寻找到大前提后，法官在撰写裁判文书时，还需对案件客观事实及适用的法律规范有层次地、充分地进行论证，主要从为什么要适用该法律、怎样适用法律、适用法律的结果等各方面运用法律逻辑对其进行论证，法官裁判文书中特别对于本院认为部分的论述思维严密、逻辑严谨，能够自圆其说，使用概念和词汇要尽量使其含义准确、减少歧义，要仔细琢磨、"咬文嚼字"，做到"滴水不漏"。同时，法官需仔细斟酌裁判文书中的用语以及将可能产生的法律后果，需用语言对自己的裁判理由进行修辞做好铺垫，不然就会使整个法律规则或事实的认定缺乏其正当性。最为重要的是，法官在判决书中要论证或讲清楚其对法律条文的解释是在该条文文义涵摄的范围内，而且要说明选择这个解释的理由[①]。因此，法官即使对法律条文适用社会学法律解释也必须遵循形式逻辑三段论，不能以利益衡量和价值判断代替法律适用过程中的大前提。故在司法实践中，法官运用社会学法律解释方法，只有与对法律条文的解释结合起来，才能实现法律效果和社会效果的统一。

案例2：大学生告父亲要求支付学费案

以本案为例，来分析和论证法官如何运用社会学解释方法实现法律效果和社会效果的统一。

案情如下：江苏有一女大学生姓魏，她的父亲是一位大学教授，她的母亲和父亲在她6岁时因为男方有外遇而导致离婚。法院判决小魏和母亲一起生活，父亲承担抚养费（包括学杂费、生活费以及可能产生的医药费）的一半直到孩子成年（18周岁）。离婚前，父亲对小魏关爱有加，但是离婚后父女关系逐渐疏远，最后几乎不再往来，但父亲还是按照当初法院的判决支付了小魏学杂费、生活费等费用。在小魏18周岁生日那天，这个大学教授打电话给女儿，告知小魏，她已经成年，父亲再也没有法定义务承担她的任何费

[①] 社会学法律解释强调对法律条文解释的理由有：公共利益、社会效果、民俗习惯、公共政策和社情民意等。

用。小魏央求父亲说道，妈妈下岗了，靠低保和打点零工维持生活，希望父亲像大一一样支付未来3年的学费，支持她完成学业。但是这个父亲拒绝了女儿的要求。小魏无奈之下起诉其父亲，要求父亲按照大一时支付的数额一次性支付她未来三年的费用。

在这个案件中，小魏起诉时已经是成年人，根据《婚姻法》，其父亲没有义务支付小魏读大学的学费。如果法官判决小魏败诉，从法律的层面来看，似乎也无可厚非。但是，结合具体案件的具体情况，小魏的父亲是大学教授，生活条件较好，而小魏的母亲收入微薄，生活条件差。再考虑到小魏6岁时爸爸妈妈就离婚了，离婚后父亲对小魏漠不关心，使女儿从小就失去父爱。如果法官判决原告败诉，可怜的小魏将可能无法完成学业，社会效果不好。

该案中法官如何运用社会学法律解释方法使判决实现法律效果和社会效果的统一呢？必须指出的是社会学法律解释一定要结合当时社会生活的实际情况和具体案件的具体情况，即强调对现实社会生活中的具体案件事实的关联性，"无论如何，只有将法律规定与某个具体案件事实相联系，即须用法律解决案件时，才发生法律解释问题。"[1] 在终审判决中，法官结合具体案件事实对《婚姻法》第21条："父母对子女有抚养教育的义务"进行了社会学的解释[2]。在法庭上法官指出，法律规定父母对子女的"抚养"义务不仅包括提供生活费、学费、医疗费等物质上、经济上的支撑，还包括对子女关心、关爱等感情上、精神上的支撑。结合具体案件事实，被告离婚后只提供了原告（女儿）物质上的或经济上的支撑，但缺乏与女儿进行感情交流，对女儿漠不关心，因此缺乏对孩子提供感情上和精神上的支撑，使女儿从小就失去父爱，不利于女儿的健康成长。因此，法官认为这位父亲没有完全履行《婚姻法》规定的父母对子女的抚养教育的义务，只是部分地

---

[1] 梁慧星："法解释方法论的基本问题"，载《中外法学》1993年第1期。

[2] 在我国法官在审理案件时，有权对适用具体案件的法律条文进行解释，但这种解释没有普遍的拘束力，只对审理的具体案件有效。社会学法律解释就是针对法官审理的特定案件或者说具体的个案适用的一种法律解释的方法，它不具备普遍适用性，即法官对某一法律条文的解释只对该审理的案件有效。

履行或承担了对女儿抚养教育的义务，故判决支持原告的诉讼请求，要求被告承担原告未来3年的学费以弥补原告在未成年期间缺失的"父爱"。也就是因为父亲未完全履行法律规定的"父母对子女抚养教育的义务"，在女儿成年后，要求父亲进行经济补偿。法官通过对法律文本的社会性解释，使这个判决找到了法律的依据，同时也充分考虑了社会生活的实际情况，特别是具体案件的具体情况。可以说这个终审判决通过这种社会学法律解释作出妥当的判决，从法律层面来说于法有据，符合法律的精神和价值；从社会层面来看也是公道的、合情合理的。因此，这个判决合法又合理，既实现了法律的确定性、一致性，又符合社会中多数人都认可的普遍的情理和正义观念，法官通过运用社会学法律解释方法使得对这个个案的判决实现了法律效果和社会效果的统一。

案例3："王海知假买假"案

"王海知假买假"案引起了社会公众和媒体的广泛关注，也引起了法学界的讨论和争议。王海是不是属于《中华人民共和国消费者权益保护法》（以下简称《消法》）规定的"消费者"，是争议的焦点。《消法》第2条规定："消费者为生活消费的需要购买、使用商品或者接受服务，其权益受本法保护。"法官对《消法》规定的"消费者"一词如何解释，就直接影响了案件的判决。在法庭上，商家认为王海"知假买假"不是为了"生活消费"，是为了获得惩罚性赔偿为目的，不属于《消法》规定的"消费者"。而王海及其律师认为一个人购买商品或接受服务的动机是一种纯主观的判断，某人自愿购买了某商品或接受某商家的服务，那个人就是《消法》所规定的"消费者"。在本案中，如果法官认定王海知假买假属于《消法》规定的"消费者"，那么王海就可以根据《消法》第49条获得惩罚性赔偿；如果法官认定王海知假买假不属于《消法》规定的"消费者"，就不能依法获得惩罚性赔偿。那么，王海是不是属于我国《消法》规定的"消费者"，就是一个需要法官对《消法》中关于"消费者"的概念加以解释的问题。

法律解释的方法有很多，因为《消法》规定的"消费者"是为了"生活消费"的目的而购买商品，所以如果法官运用文义解释的方法，就可能认定，也可能不认定王海"知假买假"属于《消法》规定的"消费者"。也就是在该案中文义解释出现了复数的情况①。在"王海知假买假"系列案例中，有的法院认定王海"知假买假"也属于消费者，因而获得惩罚性赔偿；但有的法院认为，《消法》所保护的对象是为生活消费需要购买商品或者接受服务的消费者，故王海"知假买假"行为不适用《消法》。实际上在司法实践中，类似这样"王海知假买假"的案例很多，但法院的判决不一致。"类似案件，类似判决"是法治社会的重要标志，因此，"同案不同判"现象将动摇人民对法治的信任，有损法律的权威和司法机关的公信力。因此，对于类似案件应该运用社会学的法律解释方法。社会学解释方法是在法律之内实现社会效果的一种科学进路，能够实现法律效果和社会效果的统一，因而可以提高法律的确定性、一致性和权威性。

社会学法律解释强调在法律条文或法律规范出现多种理解或多种阐释结果的情况下，要求解释者结合具体案件的具体情况，将社会利益、社会需要、社会影响和社会效果等社会因素引入法律解释的考量中，依据但可以不拘泥于法律规范或法律概念的文字表述和逻辑推演来阐释其在当前现实生活或具体案件中应该具有的含义或意义。因此社会学法律解释方法是指一种联系社会利益和社会效果的法律解释方法，在这个案件中，法官如果对"消费者"进行社会学法律解释，就要考虑这个解释导致的判决结果是否有利于实现社会利益，是否对未来的当事人和社会有正面的积极的影响，是否有利于实现良好的社会效果。社会学法律解释考虑的不仅是法律文本的字面含义和逻辑推演，更要预测、评估和权衡各种社会利益和个案的判决对未来社会产生的影响。从社会调查来看，"王海现象"促进消费者维权意识提高，有利于打击"假冒伪劣"，因此有利于社会公共利益。人们普遍认为，打击"假冒伪劣"需要"土八路"王海，打击"假冒伪劣"保护消费者权益是全社会的共

---

① 文义解释出现了复数的情况是运用社会学法律解释方法的前提。

同责任。王海现象,从最初的个人发展到现在的"打假公司",对于打击"假冒伪劣",保护消费者权益有积极意义。《最高人民法院关于审理食品药品纠纷案件适用法律若干问题的规定》中第 3 条明确规定:"因食品、药品质量问题发生纠纷,购买者向生产者、销售者主张权利,生产者、销售者以购买者明知食品、药品存在质量问题而仍然购买为由进行抗辩的,人民法院不予支持。"这一规定说明最高人民法院也支持王海"知假买假"。当然,王海"知假买假"也可能造成一些负面的影响,如导致诉累、浪费司法资源、涉嫌敲诈勒索等。但权衡各种社会利益,即在相互冲突的利益中权衡各方利益,评价这些利益各自的分量,在正义的天平上对它们进行衡量,确保其间最为重要的利益的优先地位,并以此作为法律解释和判决的根据。① 利益权衡是社会学法律解释方法的重要特征。"在某个具体案件中,哪个力量起支配作用,这在很大程度上取决于相互冲突的诸多社会利益的相对重要性和相对价值。"② 其实,法律上的很多纷争很难说有绝对的对或错,其往往是一种利益之争,终究要对各种社会利益权衡之后,选择其中较为重要的利益予以保护。所以,当法律条文出现多种解释时,就需用社会利益衡量的方法,即对各种解释结论进行分析,看哪种解释力更能达到最佳的社会效果,从而就选择哪种解释。③ 显然,王海"知假买假"案如选择社会学的法律解释方法,在目前的社会情势下④认定王海"知假买假"属于《消法》规定的"消费者",就能实现法律效果和社会效果的统一。

著名学者王利民指出,社会学法律解释要求法官考虑司法判决的社会效果。《消法》第 49 条的初衷是通过惩罚性赔偿,刺激和鼓励广大消费者与不法的销售者做斗争。因为《消法》第 49 条所规定的双倍赔偿,形成了一种

---

① [美] E. 博登海默:《法理学:法律哲学与法律方法》,邓正来译,中国政法大学出版社 2004 年版,第 151 页。
② [美] 本杰明·卡多佐:《司法过程的性质》,苏力译,商务印书馆 2000 年版,第 69 页。
③ 梁慧星:《民法解释学》,中国政法大学出版社 2000 年版,第 309~319 页。
④ 目前的社会情势是广大的人民群众对无孔不入的"假冒伪劣"深恶痛绝。目前,假冒伪劣屡禁不止,假冒伪劣商品不仅严重损害了人们的健康和生活质量,而且也影响了人们对诚实信用的职业道德的坚守和弘扬。

7 社会学法律解释有利于实现法律效果和社会效果的统一

利益机制,可以鼓励消费者积极同不诚实的经营行为做斗争,检举、揭发经营者销售假冒伪劣商品的行为。但实证研究表明,少有普通消费者有动力去诉讼并援引该双倍赔偿规定,主要原因还是在于此种赔偿制度常常不足以弥补单个消费者实施诉讼的成本。因此,要真正发挥惩罚性赔偿制度的威慑功能,就需要提高惩罚性赔偿的额度,扩大主张该赔偿的群体,将知假买假者纳入消费者的范畴,有利于鼓励广大消费者同不诚信的经营者做斗争,从而实现减少不合格商品或者服务的社会效果。①

对于是否"知假买假"属于《消法》规定的"消费者",最高人民法院2013年第23号指导案例已经充分表明了我国最高司法机构的立场:认定"知假买假"属于《消法》规定的"消费者"。如此就是最高人民法院对于在司法审判中运用社会学法律解释的坚定支持和褒扬。

最高人民法院2013年指导案例23号:孙银山诉南京欧尚超市有限公司江宁店买卖合同纠纷案(最高人民法院2014年1月26日发布)。该案的基本案情:2012年5月1日,原告孙银山在被告南京欧尚超市有限公司江宁店(简称欧尚超市江宁店)购买"玉兔牌"香肠15包,其中价值558.6元的14包香肠已过保质期。孙银山到收银台结账后,即径直到服务台索赔,后因协商未果诉至法院,要求欧尚超市江宁店支付14包香肠售价10倍的赔偿金5586元。

裁判要点:消费者购买到不符合食品安全标准的食品,要求销售者或者生产者依照食品安全法规定支付价款10倍赔偿金或者依照法律规定的其他赔偿标准赔偿的,不论其购买时是否明知食品不符合安全标准,人民法院都应予支持。

裁判结果:江苏省南京市江宁区人民法院于2012年9月10日作出(2012)江宁开民初字第646号民事判决:被告欧尚超市江宁店于判决发生

---

① 王利明:"论法律解释之必要性",载《中国法律评论》2014年第2期。

法律效力之日起 10 日内赔偿原告孙银山 5586 元。宣判后，双方当事人均未上诉，判决已发生法律效力。

法院生效裁判认为：关于原告孙银山是否属于消费者的问题。《消法》第 2 条规定："消费者为生活消费需要购买、使用商品或者接受服务，其权益受本法保护；本法未作规定的，受其他有关法律、法规保护。"消费者是相对于销售者和生产者的概念。只要在市场交易中购买、使用商品或者接受服务是为了个人、家庭生活需要，而不是为了生产经营活动或者职业活动需要的，就应当认定为"为生活消费需要"的消费者，属于消费者权益保护法调整的范围。本案中，原、被告双方对孙银山从欧尚超市江宁店购买香肠这一事实不持异议，据此可以认定孙银山实施了购买商品的行为，且孙银山并未将所购香肠用于再次销售经营，欧尚超市江宁店也未提供证据证明其购买商品是为了生产经营。孙银山因购买到超过保质期的食品而索赔，属于行使法定权利。因此欧尚超市江宁店认为孙银山"买假索赔"不是消费者的抗辩理由不能成立。

关于被告欧尚超市江宁店是否属于销售明知是不符合食品安全标准食品的问题。《中华人民共和国食品安全法》（以下简称《食品安全法》）第 3 条规定："食品生产经营者应当依照法律、法规和食品安全标准从事生产经营活动，对社会和公众负责，保证食品安全，接受社会监督，承担社会责任。"该法第 28 条第（8）项规定，超过保质期的食品属于禁止生产经营的食品。食品销售者负有保证食品安全的法定义务，应当对不符合安全标准的食品自行及时清理。欧尚超市江宁店作为食品销售者，应当按照保障食品安全的要求储存食品，及时检查待售食品，清理超过保质期的食品，但欧尚超市江宁店仍然摆放并销售货架上超过保质期的"玉兔牌"香肠，未履行法定义务，可以认定为销售明知是不符合食品安全标准的食品。

关于被告欧尚超市江宁店的责任承担问题。《食品安全法》第 96 条第 1 款规定："违反本法规定，造成人身、财产或者其他损害的，依法承担赔偿责任。"第 2 款规定："生产不符合食品安全标准的食品或者销售明知是不符

7 社会学法律解释有利于实现法律效果和社会效果的统一

合食品安全标准的食品，消费者除要求赔偿损失外，还可以向生产者或者销售者要求支付价款 10 倍的赔偿金。"当销售者销售明知是不符合安全标准的食品时，消费者可以同时主张赔偿损失和支付价款 10 倍的赔偿金，也可以只主张支付价款 10 倍的赔偿金。本案中，原告孙银山仅要求欧尚超市江宁店支付售价 10 倍的赔偿金，属于当事人自行处分权利的行为，应予支持。关于被告欧尚超市江宁店提出原告明知食品过期而购买，希望利用其错误谋求利益，不应予以 10 倍赔偿的主张，因前述法律规定消费者有权获得支付价款 10 倍的赔偿金，因该赔偿获得的利益属于法律应当保护的利益，且法律并未对消费者的主观购物动机作出限制性规定，故对其该项主张不予支持。

但是，必须指出的是，社会生活是在不断地变化中，随着社会生活的变化，相互冲突的诸多社会利益的相对重要性和相对价值也会发生变化。因此，为了实现最佳的社会效果，对某一法律条文的解释也就可能发生变化，判决结论就可能大相径庭。就以"知假买假"为例，如果随着"职业打假人"①越来越多，频繁地向法院起诉，导致大量地浪费国家宝贵的司法资源，甚至影响到法院的正常的司法活动，并引起了一种有组织的社会反应时，法院或法官就要权衡各种社会利益，对于《消法》第 2 条规定的"消费者为生活消费的需要购买、使用商品或者接受服务，其权益受本法保护"的"消费者"一词的解释就可能大相径庭。2018 年 1 月 7 日的《北京青年报》报道：职业打假人带着公证员购买 10 箱茅台并封存，随即以假冒产品为由将销售者诉至法院，要求退赔购物款并 10 倍赔偿。法院审理后认为，购买者为职业打假人

---

① "职业打假人"（Professional Extortioner for Fraud Fighting）是指一种职业，指以赚钱为目的的打假，利用商品过期或商品漏洞问题故意大量买入然后通过打假要求商家支付赔偿财物的行为。社会上给予职业打假人的评价褒贬不一。更多的消费者把他们当作是英雄，但也有人认为他们就是在借此为己谋利。职业打假人纯粹是为了赚钱，商家给钱，他们就闭嘴，假货越多他们赚的钱越多，他们希望假货越多越好，他们打假，不会告诉群众也不希望群众知道哪里有假货、怎么识别和预防假货。职业打假人应该如何定位？一些人将那些以营利为目的的"职业打假人"比做"不良商业生活孕育出来的寄生虫"。俗语说："苍蝇不叮无缝的蛋。"因为有假，他们才有存活的空间。客观上来讲，这些人对于市场的净化确实起到了积极作用，但仍然不是真正意义上的消费者的代表。当"打假者"以索赔为目的时，也要守住一定的底线。有时候合法与违法之间仅有一线之隔，职业打假就像在打擦边球，同样要面临风险。

而非消费者，故驳回购买者10倍赔偿的诉求。购买者上诉后，二审法院认为，职业打假人以法院为工具，浪费司法资源，驳回其上诉维持原判。

原告江小华（化名）诉称，其在某商贸公司处购买了贵州茅台酒10箱，共计60瓶，单瓶价格为950元，总价为5.7万元。后经贵州茅台厂家鉴定，上述茅台酒为假冒产品。江小华随即将商家诉至法院，要求返还购物款5.7万元，并要求10倍赔偿57万元，此外还要求商家承担公证费。

经法院审理查明，江小华协同北京方正公证处工作人员在被告处购买了茅台酒，后在公证员见证下，贵州茅台的打假员对江小华购买的上述茅台酒逐瓶进行鉴定，结论为"不是我公司生产（包装）"。

被告则辩称，商品质量是生产者的责任与销售者无关，江小华购买商品之前就委托公证处进行公证，且购买后对涉案的商品未进行使用就直接封存，可见其并非以生活需要为目的，而是以营利为目的。

本案的争议焦点在于，被告是否需要支付江小华10倍的赔偿款。《食品安全法》第148条第2款规定："生产不符合食品安全标准的食品或者经营明知是不符合食品安全标准的食品，消费者除要求赔偿损失外，还可以向生产者或者经营者要求支付价款10倍或者损失3倍的赔偿金；增加赔偿的金额不足一千元的，为一千元。但是，食品的标签、说明书存在不影响食品安全且不会对消费者造成误导的瑕疵的除外。"根据该条款的规定，索要10倍赔偿是消费者享有的权利。但值得注意的是，在2014年至2017年，江小华在北京多个区县法院提起过数十起购买商品后索赔的诉讼。

本案中，结合江小华提前找到公证处办理保全证据的公证，后又协同公证人员去购买茅台酒的过程，及其另有数十起购买商品后索赔案件的情形，因此法院对江小华购买涉案茅台酒是以生活消费为目的的主张不予认可。法院最终判决被告退还货款5.7万元，支付公证费2500元，驳回原告10倍索赔的诉求。江小华不服一审判决并上诉，二审法院认为，本案的争议焦点为本案是否适用"10倍价款赔偿"的规定。二审法院认为，《食品安全法》设立"10倍价款赔偿"制度的初衷是保证食品安全，保障公众身体健康和生命安全，确立的是一种侵权责任形态。因此，当消费者购买到不符合安全标准的食品时，若该食品尚未对消费者造成损害，则属买卖合同中的标的物的质量不合格，消费者只能追究销售者的违约责任，向销售者请求货物价款等赔偿。二审法院表示，"消费者因不符合食品安全标准的食品受到损害"适用10倍索赔的前提。也就是说，当消费者购买到不符合安全标准的食品时，若该食品尚未对消费者造成人身损害，不能启动10倍赔偿，目的就是避免某些人利用该法律条款获取不正当的诉讼利益，造成诉讼资源的浪费。

法院认为，江小华大额购买上述"贵州茅台"酒在很大程度上是出于通过诉讼手段为自身牟利，以获取巨大经济利益为目的。此种行为不仅与《消法》保护普通消费者的立法本意不符，更重要的是，这种以诉讼为手段、以法院为工具的行为，不仅造成司法资源的巨大浪费，也极大影响法院司法权威。江小华若出于打击假冒伪劣商品的需要，完全可以向有关行政主管部门举报。最终，二审法院驳回江小华的上诉，维持原判。

2014年最高人民法院曾经出台相关司法解释："因食品、药品质量问题发生纠纷，购买者向生产者、销售者主张权利，生产者、销售者以购买者明知食品、药品存在质量问题而仍然购买为由进行抗辩的，人民法院不予支持。"这个司法解释对于"职业打假人"比较有利。从近些年的判例来看，食品药品领域中职业打假人的诉求大多得到了支持，其他领域中，由于很难认定购买者是职业打假人还是消费者，打假人的诉求也部分得到了支持。但以现阶段法律界的趋势来看，相关法条以及对法条的解释可能要发生变化。因为职业打假人大量出现后，法院接收的案件激增，他们将法院作为一种工具，浪费了大量的宝贵的司法资源。"职业打假人的目的就是为了牟利，很多起诉着重于能打赢和成本小、风险小，而非惩治不良商家。这就导致大量案件着眼于商品标签问题、专利号问题之类的瑕疵，而非对老百姓意义更大的质量问题"①。

---

① 杨琳："打假人买假茅台索赔10倍被驳，法院：浪费司法资源"，载《北京青年报》2018年1月7日。

最高人民法院2018年6月曾经对工商部门的建议作出回复，回复表示2014年的最高人民法院相关司法解释①是特殊背景下的特殊政策考量。但就现阶段情况看，职业打假人群体及其引发的诉讼出现了许多新的发展和变化，其负面影响日益凸显，因此要逐步遏制"职业打假人"的牟利性打假行为。

由于社会情势发生了变化，我国相关的法律也要进行修改，如新的《消费者权益保护条例》也即将出台，该条例意见稿中不认可职业打假人为消费者，对职业打假人持一种否定态度。因此，关于江小华一案的相关解释和判决，可能代表着这种社会情势的转变。因此，法院要根据社会生活的变化和社会生活的实际情况，权衡各种社会利益，对"职业打假人"是否是消费者权益保护法规定的"消费者"作出社会学的解释。

社会学法律解释方法能够在司法中适用的基本缘由就是，法律必然也必须随着社会的发展变化而不断地发展和变化。正如美国著名法官卡多佐指出，对法律的解释和适用就"不能仅从实定法的规定中依据逻辑的演绎来得出法的规范，应该从对现实社会的观察和分析中来酌量"。这也意味着，虽然逻辑、历史和习惯在司法过程中都有它们的地位，但是"当社会的需要要求这种解决办法而不是另一种的时候，为追求其他更大的目的，这时我们就必须扭曲对称、忽略历史和牺牲习惯"。如同美国联邦法院的案例，在"罗纳克诉纽约州案"的判决中，联邦法院认定一个限定面包师每天工作十个小时的立法被认为是对合同自愿行为或契约自由的侵犯或剥夺；而在类似的"穆勒诉俄勒冈州案"中，联邦法院认定禁止女性每天劳动超过十小时的法律就合理且必要。同样类似的裁判案例也表明，一个禁止妇女夜间工作的制定法在1907年被宣告为专断和非法，到了1915年，由于对社会上工人的调查有了更为完全的了解，一个类似的制定法就被认定为合乎情理并有效。②这就说

---

① "2014年的最高人民法院相关司法解释"是指"因食品、药品质量问题发生纠纷，购买者向生产者、销售者主张权利，生产者、销售者以购买者明知食品、药品存在质量问题而仍然购买为由进行抗辩的，人民法院不予支持"。

② 杨知文：《社会学解释方法的司法运用及其限度》，载《法商研究》2017年第3期。

明社会生活是在不断地变化中,随着社会生活的变化,社会现实状况和人们的观念也随着发生变化,相互冲突的诸多社会利益的相对重要性和相对价值也会发生变化,为了实现最佳的社会效果,对某一法律条文的社会学解释也就可能发生变化,如此判决结论就可能大相径庭。

虽然社会学法律解释方法把对社会因素的考量引入司法过程,但它并非没有任何成文法规可资参考或约束,即便是在对法律漏洞进行补充的场合,社会学法律解释方法的运用也不能逾越法律原则乃至宪法的框架。也就是说,社会学法律解释是在对法律文本的解释(只是不拘泥于法律条文的字面意思和通常的意义),旨在达到最佳的社会效果,因此运用社会学的法律解释能够在法律的框架内实现最佳的社会效果,能够实现法律效果和社会效果的统一。

8 运用社会学法律解释方法剖析"电梯劝烟猝死案"

8.1 案情概要

在 2017 年 5 月普通的一天，居住在河南省郑州市金水区某居民区的杨某（职业为医生）下楼取快递。进入电梯时，电梯里烟雾缭绕，原来电梯里有一位老人段某正在抽烟，出于职业本能，杨某劝老人在电梯封闭的环境里不要抽烟（电梯里有监控，但没有声音）。老人可能觉得被比自己年轻的人劝阻有失颜面，不服气，于是和劝阻者争执起来，然后二者一起到一楼物管处理论。物管工作人员看到老人情绪十分激动就进行安抚规劝，这时杨某抽身取快递去了。1 刻钟左右杨某取快递回来，有人告诉他有一位老人（正是刚才和他争执的老人）心脏病突发不省人事。在 120 急救车到来之前，作为医生的杨某给老人做了心肺复苏等急救措施，但无奈回天无力。之后，死者家属将杨某告上法庭，要求获得 40 余万元的赔偿。

8.2 裁判要旨

2017 年 9 月 4 日，郑州市金水区人民法院作出一审判决，认为双方对损害的发生都没有过错，适用"公平原则"，判定杨某补偿死者家属 1.5 万元。

原告不服一审判决，向郑州市中级人民法院提起上诉，而被告没有上诉。2018 年 1 月 23 日河南省郑州市中级人民法院作出二审（终审）判决，认为一审法院对该案件适用"公平原则"属于适用法律错误。二审法院认为，适用公平原则的前提是侵权行为与损害结果之间有因果关系，而在本案中规劝者的规劝行为与死者的死亡之间没有因果关系，因为杨某在规劝他人不能在电梯等封闭场所抽烟是合理、合法地维护社会公共利益的行为，且规劝者行为没有超出必要限度，整个过程理性、适度，而被规劝者情绪非常激动而引发其心脏病而猝死，属于意外事件。故撤销一审杨先生补偿原告 1.5 万元的错误判决，改判规劝者杨某不承担侵权责任，并判决上诉人（死者家属）承担共计 1.4 万余元的诉讼费，并驳回上诉人的其他诉讼请求。终审判决后，规劝者杨某出于人道主义通过律师向死者家属捐赠 1 万元。

河南省郑州市中级人民法院审理认为，一审判决依照《侵权责任法》第 24 条的规定，属于适用法律错误。该案中，杨某劝阻老人（段某某）在电梯内吸烟的行为未超出必要限度，属于正当劝阻行为。虽然从时间上看，杨某劝阻段某某吸烟行为与段某某死亡的后果是先后发生的，但两者之间并不存在法律上的因果关系。因此，杨某不应承担侵权责任。《侵权责任法》第 24 条规定："受害人和行为人对损害的发生都没有过错的，可以根据实际情况，由双方分担损失。"适用《侵权责任法》第 24 条的前提是行为与损害结果之间有法律上的因果关系，且受害人和行为人对损害的发生都没有过错。本案中杨某劝阻封闭环境中的吸烟行为与段某某死亡结果之间并无法律上的因果关系，因此，一审判决依照《侵权责任法》第 24 条的规定，适用公平原则判决杨某补偿死者家属 1.5 万元属于适用法律错误。一审判决由规劝者杨某分担损失，让自觉维护社会公共利益，正当行使公民权利的人承担补偿责任，将会挫伤公民依法行使公民权利、自觉维护社会公共利益的积极性。

一审判决后，杨某没有上诉。河南省郑州市中级人民法院认为，虽然杨某没有上诉，但一审判决适用法律错误，损害了社会公共利益。本案中，杨某对段某在电梯内吸烟予以劝阻合法正当,没有侵害段某生命权的故意或过失,本身也不会造成段某死亡的结果。规劝者杨某是自觉维护社会公共秩序和公共利益的行为,一审判决判令杨某分担损失,既是对社会公共利益的损害,也与民法的立法宗旨相悖,不利于促进社会文明,不利于引导公众共同创造良好的公共环境。故一审判决判令杨某补偿死者家属1.5万元是错误的,二审法院依法予以纠正,遂作出上述判决。①

8.3 以社会学法律解释方法为视角看二审判决的可取之处

社会学法律解释是社会学方法在法律解释领域的运用。所谓社会学方法,是指结合特定社会在某一特定时期的社会目标、经济发展、价值观念、思想潮流、社会需要、公共政策等情况,而研究社会发展规律的方法。② 社会学方法为法律解释提供充足的实证材料和方法论的支持。

社会学法律解释方法的显著特点就是法官要对法律文本不同的解释进行社会效果的预测,然后选择能够实现最佳社会效果的解释。正如我国台湾学者杨仁寿指出,"社会学法律解释的特点强调法律解释要考虑法律背后的价值追求和社会目的,强调要衡量每一种解释可能产生的社会效果"③。梁慧星教授也认为,"社会学法律解释强调要预判和权衡对法律规范的不同解释可能产生的不同的社会效果,在法律规范可能的文义范围内选择一种具有最佳社会效果的解释"④。因此社会学法律解释方法最重要的特征就是社会效果的预测、各种社会利益和价值的权衡。社会学法律解释方法在司法中适用的前提是某一个特定案件拟适用的法律条文或法律文本有两种或两种以上的解释。

---

① 河南郑州(2017)豫01民终,第14848号判决书。
② 王利明:《法学方法论》,中国人民大学出版社2012年版,第441页。
③ 杨仁寿:《法学方法论》,中国政法大学出版社1999年版,第178页。
④ 梁慧星:《民法解释学》,中国政法大学出版社2000年版,第152页。

8 运用社会学法律解释方法剖析"电梯劝烟猝死案"

假如在个案中，如果拟适用的法律条文有两种解释①，法院或法官就要权衡案件所涉及的各种利益的相对价值和权重，预测并比较两种不同的解释导致的不同的判决结论的社会效果、社会影响或社会效应，两利相权取其重，两害相权取其轻，最终选择能够达到最佳"社会效果"的解释和判决。以下从社会学法律解释方法为视角看"电梯劝烟猝死案"二审判决的可取之处。

8.3.1 "电梯劝烟猝死案"二审判决适用的主要法律条文及两种解释

"电梯劝烟猝死案"二审判决适用的主要法律条文是《最高人民法院关于适用〈中华人民共和国民事诉讼法〉的解释》第 323 条。该条文规定："第二审人民法院应当围绕当事人的上诉请求进行审理。当事人没有提出请求的，不予审理，但一审判决违反法律禁止性规定，或者损害国家利益、社会公共利益、他人合法权益的除外。"该法条的"但书"部分是对第二审人民法院的审理范围的例外规定。也就是说，原则上或一般情况下，二审法院只能就上诉人的诉讼请求进行审理和判决②。

---

① 例如我国刑法规定的"组织卖淫罪"中"组织卖淫"可以有两种解释，第一种解释是，传统的惯常的解释，即组织女性卖淫，这是常见的情形；第二种解释是，既包括组织女性卖淫，也包括组织男性卖淫（这种情形社会生活中也出现了，但不如前者常见）。这两种解释都在"组织卖淫"这个法律词语的文义涵摄范围内，这时法院或法官可以根据不同的解释导致的判决的社会效果进行预测并对社会利益及价值进行权衡后作出选择，即在这两种解释中选择一个能够达到最佳社会效果的解释。如果所适用的法律条文含义十分明确，则不能适用社会学法律解释方法。例如，我国刑法规定，不满 18 周岁的人不适用于死刑。这个法律条文就十分确定，故不适用于社会学法律解释方法。

② 公众和媒体对二审判决是一边倒的啧啧称赞之声，法学专家学者们包括实务界的法律人士对二审判决总体上也持赞成态度，但也有一些学者在基本支持的基础上提出了一些异议或建设性的建议。对于二审判决最大的异议或争议就是作为一审的被告杨某对判决没有提出上诉，原告即死者的女儿田某某不服判决（一审判决被告补偿 1.5 万元）提出上诉，二审法院不是维持原判，而是作出对上诉人更不利的判决，对没有上诉的被告杨某更有利的改判，这样的改判合不合法、合不合理？本案属于民事案件，《中华人民共和国民事诉讼法》第 13 条规定："当事人有权在法律规定的范围内处分自己的民事权利和诉讼权利。"在本案中被告（规劝者）虽然对一审判决不满意，但没有提出上诉，这可以理解为被告认可对其民事权利和诉讼权利的处分，对此二审法院应该尊重法律赋予当事人的自由处分权。但是，二审法院在被告没有请求的前提下作出对被告有利的判决，且对上诉人更不利的判决，显然这违反常规、常理。因为这毕竟是民事自诉纠纷，不是刑事公诉案件。对于民事案件，作为法院来说，应该以合理解决原告和被告的利益冲突，达到息诉服判的目的为宗旨，因此原则上就要尊重当事人对合法自由处分权的意思自治，根据当事人的诉讼请求进行审理和判决，当事人没有请求的，则不告不理。

结合该案，假设该条文没有"但书"，法院的二审的改判就没有法律依据，就不合法。如果该条文没有"但书"，二审法院或法官的审理只能是就上诉人的请求范围作出判决。本案中，上诉人提出的请求是要求二审法院判定被告（规劝者）的劝阻行为引发其亲属的心脏病而去世的后果，因而有过错，故对其亲属的死亡承担比一审判决（1.5万元）更多的赔偿义务和责任。如此，二审法院或法官只能就判定劝阻行为是否有过错，以及是否加重被告（规劝者）的赔偿义务和责任进行审理和判决。如果审理认为被告（规劝者）的规劝行为没有过错，就不加重被告（规劝者）的赔偿义务和责任，那就只能是"维持原判"，这是通常的情况和做法。

如果审理认为被告（规劝者）的规劝行为没有过错①，也可以作出要求被告（规劝者）承担更多的补偿义务的判决，以满足上诉人的部分诉讼请求。如果审理认为被告（规劝者）的规劝行为不适当、不理性，超过了必要的限度，有过错，当然更可以判决被告（规劝者）承担更多的赔偿义务和责任，从而满足上诉人的诉讼请求。这也是通常的情况和做法。但在本案中，法官没有采取这种通常的情况和做法，而是违反常规，作出更不利于上诉人而更有利于没有上诉的一方当事人的判决。二审法院作出这样的判决要想在法律上站住脚，或者说要找到法律依据，只能在"但书"上"做文章"。我们再看该法律条文的"但书"："但一审判决违反法律禁止性规定，或者损害国家利益、社会公共利益、他人合法权益的除外。"显然，"但书"中与该案件最相关的就是"社会公共利益"②，法院或法官必须在判决书中对此进行解释、说理和论证，即解释和论证为什么没有只围绕当事人的上诉请求进行审理？或者说为什么当事人没有提出请求的，也予审理？因为一审判决损害了"社会公共利益"。因此二审法院或法官在判决书中进行解释、说理和论证的目的或结论就是一审判决损害了社会公共利益。法院也确实是这么做的。

---

① 民事责任并不以行为人有过错为前提，即使没有过错，但是基于公平原则或其他法律规定也可能要承担民事责任。

② 如果二审法院认为"一审判决违反法律禁止性规定，或者损害国家利益"，那是很难说得通的。

二审判决后,法院及时召开新闻发布会。有记者问:杨某没有上诉,二审法院直接改判是否符合法律规定?主审法官回答说:"《最高人民法院关于适用〈中华人民共和国民事诉讼法〉的解释》第323条规定:'第二审人民法院应当围绕当事人的上诉请求进行审理。当事人没有提出请求的,不予审理,但一审判决违反法律禁止性规定,或者损害国家利益、社会公共利益、他人合法权益的除外。'本案一审判决作出后,杨某未上诉,但一审判决适用法律错误,损害社会公共利益,人民法院依法应予直接改判。法院终审判决的主要理由是,保护公共环境、维护社会公共利益及公序良俗是民法的基本原则,弘扬社会主义核心价值观是民法的立法宗旨,司法裁判对保护公共环境、维护社会公共利益的行为应当依法予以支持和鼓励,以弘扬社会主义核心价值观。根据郑州市有关规定,市区各类公共交通工具、电梯间等公共场所禁止吸烟,公民有权制止在禁止吸烟的公共场所的吸烟者吸烟。该规定的目的是减少烟雾对环境和身体的侵害,保护公共环境,保障公民身体健康,促进文明、卫生城市建设,鼓励公民自觉制止不当吸烟行为,维护社会公共利益。本案中,杨某对段某在电梯内吸烟予以劝阻合法正当,是自觉维护社会公共秩序和公共利益的行为,一审判决判令杨某分担损失,让正当行使劝阻吸烟权利的公民承担补偿责任,将会挫伤公民依法维护社会公共利益的积极性,既是对社会公共利益的损害,也与民法的立法宗旨相悖,不利于促进社会文明,不利于引导公众共同创造良好的公共环境。因此,二审法院依法直接改判。"①

《最高人民法院关于适用〈中华人民共和国民事诉讼法〉的解释》第323条规定:"第二审人民法院应当围绕当事人的上诉请求进行审理。当事人没有提出请求的,不予审理,但一审判决违反法律禁止性规定,或者损害国家利益、社会公共利益、他人合法权益的除外。"该条文"但书"之前的部分都非常清晰、明确,无须解释,需要解释的是"但书"部分,即"一审法院

---

① 赵红旗:"郑州中院终审认定劝阻者无责",载《法治周末报》2018年1月23日。

的判决是否违反了社会公共利益"。也就是说,对于这个法律条文,结合该案法律规范与案件事实之间的关系,二审法院或法官面临着两种解释的选择。第一种解释:"一审法院的判决没有违反社会公共利益"。第二种解释:"一审法院的判决违反了社会公共利益"。二审法院或法官要预测并比较这两种解释导致不同的判决的"社会效果"①,然后选择其中一个能够实现最佳社会效果的解释。

8.3.2 分析第一种解释导致的判决的社会效果

由于这个案件通过媒体的传播几乎家喻户晓,可以说已经成为公共事件,大家都在期盼二审(终审)法院如何裁决。二审法院对于这个热点案件的判决确实也面临着极大的压力,可以说是"牵一发而动全身"。如果选择第一种解释,即"一审法院的判决没有违反社会公共利益",这意味着二审法院或法官的审理范围只能限定在上诉人的请求范围内,即上诉人没有请求的事项不能审理和判决。也就是说,二审法院的判决结果要么是加重(相对于一审)被告(规劝者)对死者家属的补偿或赔偿的责任;要么(充其量也)只能维持一审判决。那么这样判决的社会效果或社会效应如何呢?

在本案中,作为普通公民对于他人在电梯里封闭的环境中抽烟的不文明甚至违法行为②进行了规劝或制止,在这个过程中,从电梯监控录像和物管

---

① 实际上在古罗马时期就有学者强调法律解释要考量"社会效果",例如罗马百科全书编纂者塞尔苏斯(Celsus, Aulus Cornelius)指出:"法律的关键不在于对法律条文的咬文嚼字,而在于领悟法律的社会意义与社会效果。"(参见孔祥俊:"论法律效果与社会效果的统一——一项基本司法政策的法理分析",载《法律适用》2005年第1期。)所谓"社会效果"是"指侧重于法律和事实的辩证逻辑的推理方法,强调法官在司法实践中不能照搬法律条文,机械地适用法律,而是参考法律条文,重点考量社会变化、社会需求和其他社会因素,强调法的价值特别是正义价值的实现,使判决结果符合普通民众的心理预期和公平公正的观念,符合社会的主流价值观和社会整体利益,不仅使当事人息诉服判案结事了,而且得到社会各界和人民群众的普遍认同,对未来的当事人甚至整个社会有正面的积极的影响。"也有学者认为,社会效果是:"法律的实施对社会生活产生的社会效应。确定法律实施的社会效果往往需要考量法律实施或司法判决的结果导致社会生活的何种变化或者说对社会产生的积极或消极的影响和作用。"看来学界对于社会效果的含义应该说是大同小异。

② 《国务院关于公共场所严禁吸烟的规定》第2条规定:"下列公共场所严禁吸烟:……(八)电梯间或公共交通工具内。"

8 运用社会学法律解释方法剖析"电梯劝烟猝死案"

工作人员提供的证据来看，规劝者的行为并没有超过必要限度，整个过程规劝者还是比较理性，只有言语的争执，没有肢体的接触，反倒是在电梯里抽烟的老人可能觉得自己的抽烟行为被一个比他年轻的人规劝或制止非常没有面子，而情绪十分激动，最后导致自己心脏病突发去世。就算二审法院或主审法官维持原判（当然二审法院或主审法官还可以加重被告的补偿或赔偿责任，满足上诉人的全部或部分诉讼请求），那给社会普通人群的感觉或产生的社会效应就是：大家以后在公共场所遇到不文明甚至违法行为千万不要去规劝或制止，因为即使你在规劝或制止过程中理性、适度，没有过错，如果对方由于身体原因或其他主观或客观的因素发生意外或不测，规劝者仍然要承担补偿或赔偿的法律责任。那么，以后大家遇到公共场所的不文明、不道德甚至违法行为，就没有人愿意挺身而出来劝阻和制止，"多一事不如少一事"，大家都只能冷眼相对、漠然置之，如此显然非常不利于弘扬社会公共道德、社会主义核心价值观以及社会正能量，有损社会公共利益，产生非常负面的社会效应。对于这样非常不好的社会影响或社会效果，二审法院或主审法官一定预测到了。因为"彭宇案"[①] 的判决就是前车之鉴。"彭宇案"给国家审判机关的教训是法院的司法判决不仅要考虑判决结果对个案当事人是

---

① "彭宇案"发生在2006年11月的一天，南京市一位老人因急于赶交通车而在也赶交通车的一位叫彭宇的年轻人面前摔倒造成骨折（后来在法庭上对于两人是否相撞，双方各执一词）。彭宇在法庭上说，他将老人扶起，后来一位中年男子也主动帮忙扶老人，并一起将老人送往医院，一路上老人还不停地对他俩说谢谢。因为老人身上没带够钱，彭宇还帮老人垫付了住院押金。后来，老人的儿子来了之后，老人和其儿子嘀咕后一口咬定就是彭宇撞到了她。但彭宇矢口否认，并发生争执，还拨打了110，警察对当事人还作了笔录（可惜后来警方遗失了该原始笔录）。后来，老人向法院起诉，在法庭上争议的焦点是彭宇是否与老人相撞，而对此双方各执一词，由于警方记载当时情况的原始笔录已遗失，因此双方都没有证据来证明自己叙述的情况是真实的，于是法院根据公平原则作出一审判决，判决被告彭宇承担40%责任，补偿原告4.5万余元。一审判决后，原告没有上诉，但被告彭宇不服判决提起上诉。具有戏剧性的一幕是在二审开庭前，双方签订了庭前调解协议：彭宇给付老人1万元后不再执行一审判决，双方不得再向媒体披露相关案情。让法院始料未及的是，这个案件被媒体报道后持续"发酵"，由于案件当事人依据协议保持缄默，导致案件真相扑朔迷离，引起各种猜测，后来舆论一边倒的评论是：彭宇做了好事，反被诬陷。法院的公平责任的判决给社会带来了非常负面的社会影响和效应：社会上好人做不得。因为做好人反而要承担法律责任，受到法律的否定性评价，如此导致社会道德断崖式滑坡。由于彭宇案对社会的负面效应实在太大，相关工作人员有的停职，有的调离，有的还受到了处分。

· 229 ·

否公平，还要考虑判决之后给以后的当事人和整个社会造成的社会影响和社会效应，特别是要考虑个案的判决对弘扬社会公共道德、社会公共利益、社会主义核心价值观以及社会正能量是有积极的正面的影响，还是消极的负面影响①。

以上分析和预测得出的结论：二审法院或主审法官如果结合案件事实对适用的法律条文，即《最高人民法院关于适用〈中华人民共和国民事诉讼法〉的解释》第323条："第二审人民法院应当围绕当事人的上诉请求进行审理。当事人没有提出请求的，不予审理，但一审判决违反法律禁止性规定，或者损害国家利益、社会公共利益、他人合法权益的除外。"进行社会学解释，选择第一种解释，即认为"一审判决没有损害社会公共利益"，则会产生非常负面的社会影响或社会效果。卡多佐指出，"倘若依照常规适用法律会造成非常不好的后果，那么必须用社会利益来进行平衡，而这种创造性本身就是司法非常重要的组成部分。"②因此，法官必须在法律文本文义涵摄的范围内寻求变通的其他的解释。

8.3.3 分析第二种解释导致的判决的社会效果

对适用的法律条文，即《最高人民法院关于适用〈中华人民共和国民事诉讼法〉的解释》第323条："第二审人民法院应当围绕当事人的上诉请求进行审理。当事人没有提出请求的，不予审理，但一审判决违反法律禁止性规定，或者损害国家利益、社会公共利益、他人合法权益的除外。"选择第二种解释："一审法院的判决违反了社会公共利益"。那么，根据该法律的规定，二审法院审理的范围就不局限于上诉人的请求的范围，这正是本案二审

---

① 此外，"彭宇案"给法院或法官的教训还有，法院审理的案件，特别是被媒体、公众和社会舆论广泛关注的案件，不管是案件事实，还是判决适用的法律以及对法律的解释、判决的理由，甚至说理、论证的过程都要及时地原原本本地向媒体和公众披露，以免引起媒体和公众的各种猜测，从而造成让人民法院始料未及的负面的社会影响。显然，这次"电梯劝烟猝死案"二审判决充分吸取了"彭宇案"的这些教训，判决后第一时间向媒体和公众披露案件事实，适用的法律等各种信息，并召开新闻发布会解答媒体和公众的疑问。

② [美] A. L. 考夫曼：《卡多佐》，张守东译，法律出版社2001年版，第148页。

作出有利于没有上诉的被告（规劝者）而不利于上诉人（死者家属）的改判的法律依据。这个判决纠正了一审判决的错误，避免了类似"彭宇案"判决造成的非常不利的负面的社会效应和社会影响。第二种解释导致的判决的社会效果显然是积极的正面的，因为这个判决没有让理性地规劝和制止不文明行为甚至违法行为的公民承担法律责任，实际上就是对他这种主动承担公民责任的合法行为的肯定和褒扬。如此当然会鼓励以后的当事人和人民群众，对于公共场所发生的不文明、不道德甚至违法行为积极主动地去规劝和制止，即使在这个过程中，由于对方自己的身体原因或其他原因（如不理性）造成他（她）自己的损害，只要规劝或制止者一直秉持正义和公平之心，整个过程理性、适度，或者说劝阻行为未超出一定限度，劝阻者将不承担法律责任。这个判决的社会效应就是：以后对于在公共场所发生的不文明甚至违法行为，人民群众就有挺身而出制止这种行为的勇气和底气。

此外，中国传统上"死者为大"，只要是出了人命，不管是什么原因，死者家属总想着去"闹一闹"，有的是不文明的"闹"如"医闹"，而有的是文明的"闹"，如不停地去法院起诉，在大多数情况下，闹者都能够得到好处。这样来看，本案的判决还有一个积极的社会效应就是，在法治社会里，人民法院应该维护法律的尊严和权威，平等地保护每个人的权利（有的案件还出现逼对方当事人向死者下跪等损害当事人人格尊严的情形），且优先保护社会公共利益和社会公共秩序，即使出了人命，死者家属也要理性分析和处理，不鼓励各种"闹"，否则，法律或法院会让无理取闹者付出应有的代价。

8.3.4 两种解释导致不同的判决的社会效果之比较

以上的分析和预测可以得出结论：如果二审法院结合案件事实对所适用的法律条文，即《最高人民法院关于适用〈中华人民共和国民事诉讼法〉的解释》第323条："第二审人民法院应当围绕当事人的上诉请求进行审理。当事人没有提出请求的，不予审理，但一审判决违反法律禁止性规定，或者损害国家利益、社会公共利益、他人合法权益的除外。"选择第二种解释①，则将对社会产生正面的积极的社会影响、社会效应和社会效果，因为有利于弘扬社会公平正义、社会主义核心价值观、社会公共道德、社会公共利益和社会正能量。而"社会公平正义、社会主义核心价值观、社会公共道德、社会公共利益和社会正能量"是社会（统制的）目的、社会福利或社会基本利益②。正如杨仁寿指出："社会学法律解释的操作方法，大抵可分两个步骤：第一，对每一种解释可能产生的社会效果加以预测并进行分析；第二，确定社会统制目的，以社会福利作为检验标准进行价值衡量或者价值判断。"③

通过比较两种不同的解释所导致的判决的不同的社会效果，二审法院最终选择第二种能够实现最佳的社会效果的解释，这个选择是合适的、正确的、理性的。正如弗朗索瓦·惹尼（美国社会法学派的代表之一）指出："法官在相互冲突的利益之间进行取舍时，应当努力在符合社会一般目的的范围内最大可能地满足当事人的意愿。实现这个任务的方法应当是认识所涉及的利益、评价这些利益各自的分量、在正义的天平上对它们进行衡量，以便根据某种社会标准去确保其间最为重要的利益的优先地位。"④ 美国社会法学派的代表庞德也指出："法官在相互冲突的利益之间进行取舍时，总是受到特定社会条件下的主流价值观念以及与之相联系的社会利益的考量和制约。法律的任务在于以最少的浪费来调整各种利益的冲突，保障和实现社会公共利益。"⑤

不过还有一些学者在总体肯定的同时，建设性地或善意地提出一些瑕疵，例如吴泽勇教授在"法学学术前沿"对该案发表评论时指出："社会生活是普遍联系的，大量案件会像本案这样包含社会公共利益的因素，或者判决效

---

① 即一审判决有损社会公共利益。
② 公平公正的判决对社会公正具有重要的引领作用，不公平不公正的判决对社会公正具有致命的破坏作用，因此司法判决的公平公正是社会的基本利益。
③ 杨仁寿：《法学方法论》，中国政法大学出版社1999年版，第133页。
④ ［美］E. 博登海默：《法理学：法律哲学与法律方法》，邓正来译，中国政法大学出版社2004年版，第151页。
⑤ ［美］罗斯科·庞德：《通过法律的社会控制——法律的任务》，沈宗灵、董世忠译，商务印书馆1984年版，第101页。

果有可能间接影响社会公共利益。为了限制法官自由裁量权,增加法律适用的确定性,有必要为'违背社会公共利益'确立一个精确的识别标准。"① 吴泽勇教授认为,违背社会公共利益主要适用于诉讼标的直接牵涉公共利益的案件中,比如消费者诉讼、环境保护诉讼。只有在当事人争议的对象直接涉及社会公共利益的诉讼中,法院突破当事人上诉请求范围纠正原审判决才有足够的正当性。本案是传统侵权纠纷,诉讼标的是生命权侵害损害赔偿,并不直接涉及公共利益。在此,笔者认为:吴泽勇教授提出的质疑确实不无道理,法院将该案件解释为涉及"社会公共利益"也确实有一些勉强。但是,如果法院不这么进行解释,根据《最高人民法院关于适用〈中华人民共和国民事诉讼法〉的解释》第323条规定:"第二审人民法院应当围绕当事人的上诉请求进行审理。当事人没有提出请求的,不予审理,但一审判决违反法律禁止性规定,或者损害国家利益、社会公共利益、他人合法权益的除外",法院只能围绕当事人的上诉请求进行审理,充其量就是"维持原判"。其社会效果前文已经阐述,不再赘述。因此,从社会学法律解释的视角来看,"在某个具体案件中,哪个力量起支配作用,这在很大程度上取决于相互冲突的诸多社会利益的相对重要性和相对价值。"② 两利相权取其重,两害相权取其轻,作出这个解释是不得已的,也是合适的。因为二审法院毕竟是在法律的框架内实现了最佳的社会效果。梁慧星教授则认为,"社会学法律解释是将社会学方法运用于法律解释领域,强调要预判和权衡对法律规范的不同解释可能产生的不同的社会效果,在法律规范可能的文义范围内选择一种具有最佳社会效果的法律解释方法。"③ 从媒体和公众以及专家学者们对二审法院的评论和反响来看,总体上是正面的肯定的,应该说基本实现了法院判决想要达到的预期的社会效果,这正是二审法院判决的可取之处。

---

① 吴泽勇:"实体正义实现了,程序正义有隐忧,评'电梯劝烟猝死案'二审判决",载 http://www.yidianzixun.com/article/0IE0rcOV,最后访问时间:2018年1月28日。
② [美]本杰明·卡多佐:《司法过程的性质》,苏力译,商务印书馆2000年版,第69页。
③ 梁慧星:《民法解释学》,中国政法大学出版社2000年版,第152页。

8.4 以社会学法律解释方法为视角看二审判决的不妥之处

通过前文的分析我们可以得出：如果维持一审判决，社会效果不好，为了避免出现负面的社会效应，必须改判，这就意味着二审法院的审理必须面对的一个问题就是如何解释一审法院的判决所适用的法律错误。

一审法院的判决所适用的法律是《侵权责任法》第 24 条："受害人和行为人对损害的发生都没有过错的，可以根据实际情况，由双方分担损失。"即所谓"公平原则"。因此，二审法院必须对该法律条文进行解释，以便得出结论：一审法院适用法律错误。

二审法院认为，适用《侵权责任法》第 24 条的前提是"行为与损害结果之间有法律上的因果关系"。而本案中杨某劝阻老人在电梯里的吸烟行为与老人死亡结果之间并无法律上的因果关系，因此，一审判决依照《侵权责任法》第 24 条的规定，适用"公平原则"判决杨某补偿原告即死者亲属 1.5 万元，属于适用法律错误。

笔者认为将"行为与损害结果之间有法律上的因果关系"作为公平责任的适用前提，不妥当。关于侵权法意义上的因果关系即"行为与损害结果之间有法律上的因果关系"在学界有不同的观点，有的学者认为，"行为与损害结果之间有法律上的因果关系"是指"行为和损害结果有内在的必然的联系"；而有的学者认为要根据行为人的可预见性来判断。如果行为人能够预见到自己的行为会产生损害结果就有因果关系，反之，就没有因果关系。对于"行为与损害结果之间有法律上的因果关系"，法律实务界也通过判决书来表达观点和看法。例如，上海市第一中级人民法院在审理"上海普鑫投资管理咨询有限公司诉中银国际证券有限责任公司财产损害赔偿纠纷案"的判决书中指出："行为与损害结果之间有法律上的因果关系"应同时具备以下两个要件：第一，若无此行为，即不会产生损害；第二，依社会通念判断，若有此行为，则通常均会产生此种损害后果①。以上对于行为与损害结果之间有法律上的因果关系"不管是"行为和损害结果有内在的必然的联系"；"行为人的可预见性"；还是所谓的"社会通念"，其实都是主观的价值判断。

二审法院认为本案中，"因为规劝行为与损害结果之间没有法律上的因果关系，所以不能适用公平原则"，有些牵强，在死者家属甚至一些普通百姓看来，毕竟是规劝者与老人有言语争执行为才引发其心脏病去世的。而死者家属之所以继续上诉就是认为其亲人的去世与规劝者杨某的规劝行为有直接的因果关系。那该如何对《侵权责任法》第24条，即公平责任的法条进行社会学解释呢？

该案针对生命权纠纷，应当适用《侵权责任法》相关规定。《侵权责任法》第6条第1款规定："行为人因过错侵害他人民事权益，应当承担侵权责任。"从侵权责任构成要件的角度来说，需要根据侵害生命权的行为、损害后果、损害行为和损害后果之间的因果联系三个要素来判断是否构成侵权责任。本案中，首先，杨某的劝阻行为是发生在公共场所（小区电梯内），是出于对公共利益的维护，不存在侵害段某某生命权的主观故意或过失；其次，根据电梯内记录的现场视频显示，杨某劝阻段某某劝阻吸烟行为保持了一般常人的理性，未超出必要限度，不存在刺激性的过当行为。所以劝阻行为和段某某死亡之间没有必然的因果联系，一、二审法院对杨某的劝阻行为均认定为"合法正当"。对此，一、二审法院的认定毫无疑问是正确的。但是，二审法院认为一审法院适用《侵权责任法》第24条的规定②（受害人和行为人对损害的发生都没有过错的前提条件下，可以根据实际情况，由双方分担损失，以下简称公平原则），由于适用该条文的适用前提③不满足，故认定一审法院适用法律错误。二审法院对公平原则适用前提的认定值得商榷。

---

① 参见《最高人民法院公报》2014年第10期。
② 法院适用《中华人民共和国侵权责任法》第24条的规定："受害人和行为人对损害的发生都没有过错的前提条件下，可以根据实际情况，由双方分担损失。"其目的在于在受害人家属及行为人之间寻找平衡点。
③ 二审法院认为公平原则的适用前提是行为与损害结果之间有法律上的因果关系。

从法理来看，所谓公平原则是双方对损害的发生都没有过错，又不适用于无过错或过错推定责任，致使受害人遭受重大损害得不到赔偿，而"显示公平"的情况下，人民法院根据双方的经济情况或其他实际情况判由双方分担损失的原则。因此，公平原则的适用须同时满足以下两个要件：第一，行为人和受害人均没有过错，第二，若行为人不承担民事责任将显失公平。而一审法院在适用《侵权责任法》第24条时，仅满足了"行为人和受害人均没有过错"的要件。

因此，适用《侵权责任法》第24条的规定（受害人和行为人对损害的发生都没有过错的前提条件下，可以根据实际情况，由双方分担损失）的前提，除了双方对损害的发生都没有过错之外，最重要的就是"若行为人不承担法律责任将显失公平"。当然"显失公平"也是一种主观的价值判断，而"行为与损害结果之间有法律上的因果关系"也不比"显失公平"作为判断标准更好，因为"行为与损害结果之间有法律上的因果关系"也是一种主观的价值判断[1]。其实，退一步讲，在本案中就算"行为与损害结果之间有法律上的因果关系"，也不能适用"公平责任"的法条，因为规劝和制止在公共场所发生的不文明甚至违法行为是合法行为，是"社会正能量"，也是履行一个公民的社会责任，如果理性[2]地规劝或制止行为造成他人死亡的结果，法院适用公平原则由规劝或制止者承担补偿的法律责任，对整个社会来说，这本身就"显失公平"，因为这样会打击了社会正义力量的同时又助长了歪风邪气。因此作为司法裁判者，公平原则不是和稀泥，不能为了所谓的公平引发更大的不公平，要让人民群众在每一个司法案件中感受到公平正义。

---

[1] 因果关系十分复杂，有多因一果、一因多果，而且不同的原因对同一结果的影响的比例或权重不一，评价非常有难度。

[2] 这里强调"理性"很重要。如果原告有证据证明劝阻者杨某与老人有肢体冲突，或过分的言语刺激，杨某当然可能为自己不理性的行为承担法律责任。这是一般侵权责任，应该是谁举张、谁举证，即原告承担证明责任。如果原告举证不力，将承担举证不力的后果。

现在是法治时代，我国正在实行依法治国建设法治国家的进程中，从公民遵法守法的角度来看，根据《国务院关于公共场所严禁吸烟的规定》第2条："下列公共场所严禁吸烟：……（八）电梯间或公共交通工具内。"老人在电梯里抽烟本身就是违法行为，而杨某劝阻老人抽烟是法律赋予每个公民的权利[①]。而如果合法的理性的劝阻行为导致违法的老人因为心脏病突发死亡，而要按照"公平责任"承担侵权责任，对整个社会而言也"显失公平"，因为这样会导致公民的合法行为受到法律的否定评价，如此会导致广大的人民群众或普通公民，以后面对公共场所的违法行为失去挺身而出的勇气和底气。因此，笔者认为适用《侵权责任法》第24条："受害人和行为人对损害的发生都没有过错的，可以根据实际情况，由双方分担损失。"即适用"公平原则"的前提除了双方对损害的发生都没有过错之外，就是"显失公平"。

鉴于"彭宇案"也是法院适用《侵权责任法》第24条，即公平责任的法条而造成社会道德滑坡的负面影响，建议以后人民法院适用"公平责任"法条时要保持谨慎，严格把握和考量"当事人对损害的发生都没有过错"和"显失公平"这两个适用前提。特别是在考量是否"显失公平"时，不仅要考量对双方当事人是否"显失公平"，还要从整个社会的视角来考量，即对整个社会是否公平以及个案适用"公平责任"法条之后对整个社会实现公平正义和社会公共利益的影响。

当然，不管是将"显失公平"还是将"行为与损害结果之间有法律上的因果关系"作为除了"双方对损害的发生都没有过错"之外的另一个适用"公平责任"法条的前提条件，都是属于法律技术和司法技术的问题，即"战术"问题，而判定"一审法院适用'公平责任'法条属于适用法律错误"，这才是非常关键的"战略"问题，因为不判定"一审法院适用'公平责任'法条属于适用法律错误"，就无法改判，就会导致合理合法的劝阻不

---

① 《国务院关于公共场所严禁吸烟的规定》第6条规定："在禁止吸烟的公共场所，公民有权要求吸烟者停止吸烟"。

文明（甚至违法）行为反而要承担法律责任，受到法律的否定性评价，如此就会给整个社会造成非常负面的蝴蝶效应。

8.5 总　结

　　社会学法律解释方法对当下我国的司法实践具有重要的价值。我国社会主义建设的发展进入了新时代。这一时期，我国的法治化、工业化、城市化、信息化等社会化程度越来越快，经济、科技、文化等发展迅速，社会发展变化越来越快，可以说是瞬息万变、日新月异。在这一过程中，社会生活和社会关系更加纷繁复杂、变动不居、犬牙交错，人们的生活节奏越来越快，生活压力越来越大，社会分层更加明显，阶层流动愈发困难，社会利益更加多元化、复杂化，社会矛盾和各种纠纷日益增多，各种社会冲突暗流涌动。表现在司法方面就是，司法机关经常面对各种新型、复杂、疑难的案件。而法律的滞后性、僵硬性和不完备性，可以说是法律的先验且必然的特性。正如古希腊的思想家柏拉图指出："法律绝不可能发布一种既约束所有人同时又对每个人都真正最有利的命令。法律在任何时候都不可能完全准确地给社会的每个成员作出何谓善德、何谓正当的规定。人之个性的差异、人之活动的多样性、人类事务无休止的变化，使得人们无论拥有什么技术都无法制定出在任何时候都可以绝对适用于各种问题的规则。"① 而面对一些新型、复杂、疑难的案件，我国的法律则更加明显地暴露出滞后性、僵硬性和不完备性的缺陷。

　　梅因指出："社会的需要和社会的意见常常是或多或少走在'法律'前面的。我们可能非常接近地达到它们之间缺口的接合处，但永远存在的趋向是这个缺口总是不断地重新被打开。因为法律是相对稳定的；而社会是不断

---

① ［美］E. 博登海默：《法理学：法律哲学与法律方法》，邓正来译，中国政法大学出版社2004年版，第10~11页。

发展进步的，人民幸福的或大或小，完全决定于缺口缩小的快慢程度。"① 因此，人民法院审理案件不能拘泥于法律的规定（当然也不能完全不考虑法律的规定），应该在考量法律文本之外，还要考量社会情势和社会的需要，要考量人民的幸福和社会公共利益。如果司法机关照搬法律条文，机械地适用法律就可能导致个案的不公正，甚至产生如"彭宇案"的判决一样对整个社会非常不利的负面效应。但法官的判决也不能无视法律的规定，因为维持法律的确定性、一致性、安定性和权威性是实现依法治国、建设法治国家的关键，是实现国家长治久安、繁荣富强的保证，因而是社会全体成员的基本利益。因此，法院或法官的判决要实现法律效果和社会效果的统一。而"在司法中运用社会学法律解释方法就是实现法律效果和社会效果有机统一的重要方法"。②

社会学法律解释是用社会学的理论和方法解释法律，是社会法学派所推崇的法律解释方法。社会学法律解释强调，法官审理案件，处理当事人相互冲突的利益时，要有大格局和广阔的视野，法之理在法外，对法律文本的理解和解释要在法律文本文义涵摄的范围内，充分考量社会生活的实际情况、社会需要、社情民意和社会情势，要预测判决对未来的社会生活、公共政策、社会主流价值观念、社会公共道德以及社会公共利益的影响。

"电梯劝烟猝死案"的二审的审理和判决的视野没有局限于个案的相互冲突的利益的考虑，而是放眼整个社会的利益（如社会主义核心价值观和社会公共利益）的考虑；不仅考量个案的公平，还考量个案的判决对以后的当事人和整个社会带来的社会公共利益、社会公共秩序、社会公平正义的影响和蝴蝶效应。因此，从总体上看，该案二审的审理和判决自觉或不自觉地运用了社会学的法律解释方法，基本实现了法律效果和社会效果的统一③。

---

① ［英］梅因：《古代法》，沈景一译，商务印书馆1959年版，第15页。
② 时显群："司法判决如何实现法律效果和社会效果的统一"，载《法治论坛》2017年第3辑。
③ 二审法院纠正了一审判决滥用《侵权责任法》第24条"公平原则"的法律适用错误与"和稀泥"的嫌疑，打消了社会上见义勇为者的顾虑，彰显了公共场所的个人责任和担当，彰显了司法对社会正能量的保护。二审法院通过一起案件裁判，弘扬善行义举，倡导美德先行，向全社会传递正义的力量。尤其在一个亟须保护社会公共利益的时代，本案二审改判能够赢得几乎"一边倒"的一片叫好声，就是因为实现了法律效果与社会效果的统一。

因为该案是一个受公众和媒体普遍关注的热点案件，牵动着公德的神经。因此，二审（终审）法院在 2018 年 1 月 23 日作出判决之后及时对案件的案情、判决以及判决的理由等都进行了披露，并召开新闻发布会解答媒体和公众的疑问。这也是一次向全体公民和整个社会的一次"法治公开课"。该案的普法价值，不仅在于支持和鼓励制止在公共场所的不文明（甚至违法）行为等一切维护社会公德、公共秩序和公共利益的正当行为和正义力量，而且还告诫人们劝阻或制止不文明或轻度违法的行为也要平和、理性，即制止行为不能超出必要的限度，让人们明白即使站在道德的制高点上，也要保持克制、适度，否则也有可能要承担法律责任。

但是，还有一个疑问：在死者家属或（可能的）社会中一部分人看来，死者的心脏病毕竟是由规劝或制止者的规劝或制止行为引发的，人命关天，怎么能一点法律责任都不承担呢（正如死者家属说哪怕是 1% 的责任总该有吧）？

对于这个疑问，笔者可以引用美国著名学者和法官卡多佐的话来回答，并作为本书的结语："一个人不可能对其引起的所有伤害都承担法律责任"①。美国著名法官卡多佐在美国"帕斯格拉芙诉长岛火车站"② 一案发表法庭意见时指出："一个正常的理性的人所应感知或预见的危险的范围决定了其应承担责任的范围。所以，一个人不可能对其引起的所有伤害都承担法律责任，

---

① 阎天怀：《法律救济的界限》，载《读书》2005 年第 9 期。
② 1928 年 8 月的一天，一位名叫帕斯格拉芙的中年妇女正在等火车，这时 2 位火车站工作人员帮一位旅客进入正要启动的火车，一不小心碰掉了这位旅客的包裹，这个包裹掉到铁轨上竟然发生爆炸（原来这个包裹装的是烟花爆竹），给正在候车的帕斯格拉芙造成了伤害。而携带烟花爆竹的那位旅客上火车后去向不明。于是，帕斯格拉芙向法院起诉长岛火车站要求赔偿。一审法院判决帕斯格拉芙胜诉。被告（长岛火车站）不服一审判决，上诉到纽约州法院，当时的纽约州上诉法院的法官卡多佐作出了判决：长岛火车站不承担责任，帕斯格拉芙不能获得补偿或赔偿，还要承担诉讼费用。这个判决，看似不合情理，但为侵权法确定了一个重要的原则，就是"一个正常的理性的人所应感知或预见的危险的范围决定了其应承担责任的范围"。这 2 位长岛火车站工作人员帮助旅客进入正要启动的火车时无法预见这位旅客的包裹里竟然是烟花爆竹，因此，无法预见到爆炸事故的危险。故长岛火车站不承担该意外事故的法律责任。

也并是所有的伤害都能获得法律救济。这似乎不合情理,但世界万事万物都在普遍联系之中,法律必须在一个地方划一条界线,这不是逻辑,而是一种现实的选择。"① 显然,在这里卡多佐运用的就是社会学的法律解释方法,因为社会学法律解释方法考虑但不拘泥于法律的逻辑,而关注社会现实、社会效果和社会正义。

---

① 阎天怀:《法律救济的界限》,载《读书》2005年第9期。

9 结　语

　　法律解释是指特定的人或组织对法律文本的内容和意义的理解和说明。众所周知，法律的存在方式是以语言文字为载体的，法律条文具有其一般性、抽象性和概括性的特征，而社会生活具有复杂性、具体性和多样性的特征。在法官裁判的过程中，需要将他的目光流转于法律规则和案件事实之间，在对具体案件事实进行分析和识别的基础上，抽象出问题的实质，从而确定裁判案件的三段论中的大前提，再将具体个案对号入座。在法官对于法律条文的选择和适用上，首先要面临的是语言文字本身存在的模糊性和多义性；同时制定法有其滞后性，立法者在制定法律时很难预料到以后将会出现的情形，这就导致了法律的僵硬性。因此，法官在具体裁判时必须对法律要有一个正确的理解和选择。法官在对法律进行理解的过程中，就必须要使用到法律解释的方法。法律解释作为法学方法论最重要的领域和内容，是法律适用的基本问题，在法官的法律实践活动中扮演着重要角色。法律解释的方法有很多，如文义解释、目的解释、体系解释、社会学解释等，本书主要探讨其中的社会学法律解释。法律解释方法中，文义解释、目的解释、体系解释等都是针对法律条文本身的解释，局限于法律精密的逻辑殿堂之内，只有社会学法律解释考量法律之外的社会利益、社会福利、社会正义、社会效果等社会因素，对法律适用具有独特的补足功能。作为法律解释方法的一种，社会学解释是指将社会学方法运用于法律解释之中，通过对解释的社会效果的预测和衡量来选择最佳答案。根据自由法学的观点，社会中存在一种反映真实社会生活的"活法",司法过程应运用社会学方法,探求适应当下社会关系的解释结果。①

法学家孙晓楼说:"一个人没有社会常识,便是你读熟了古今中外的法律书籍,便是你再多得几个法学硕士、博士头衔,是不中用的。"② 我国幅员广大,各地区政治经济文化的发展极不平衡,又处于新旧体制的交错转换过程中,加之我国目前处于工业化、信息化、城镇化不断向前推进的新时代,社会生活瞬息万变、社会关系日益复杂、社会现象层出不穷。因此在法律实施中必然要遇到许多具有特殊性、新颖性和疑难性的问题,需要对法律规范进行社会学法律解释,才能使僵硬的法律适应不断变化的社会生活。传统的法律解释如文义解释、目的解释、体系解释等往往关注的是法律文本的字面含义、逻辑推演,甚或是法律文本所涉及的立法者的立法原意,而社会学法律解释除了传统的法律解释所关注的涉及法律文本的内容、法律的精神、法律背后的价值追求以外,还要考量法律以外的社会学因素,如公共利益、社会效果、社情民意、民俗习惯、公共政策等。社会学法律解释要求法官要评估不同的解释可能造成的不同的社会影响和社会效果,强调在复杂且不断变化的社会中既保持法律的一致性、安定性,又能实现法律的价值、立法目的、社会影响和社会效果,使判决符合社会一般民众的情理和正义观念,最大限度地保护社会利益或社会福利,实现法律效果和社会效果的统一。但必须指出的是社会学法律解释是建立在法官对社会影响、社会利益、社会效果等社会学因素的预测、评估和权衡的基础上的,这对法官确实是一个巨大的挑战。法官不仅要具有完备的法律专业和社会学知识,扎实的法学理论功底,深谙法律之精神和价值,具备良好的法律素养和法律人的理性思维,还要具有丰富的感性生活经验及各种社会综合知识,以及对社会敏锐的观察力和洞察力。法官要时刻感知人民群众朴素正义的呼声和需要,深知人民群众的"体感公正"比司法者宣示的"法律公正"更重要。否则,法官的判决虽然严格按照

---

① 武飞:"社会学解释:一种'自由'的裁判方法",载《学习与探索》2010 年第 6 期。
② 丁国强:"法官办案要有社会学思维",载《人民法院报》2016 年 9 月 12 日。

法律的逻辑推演、于法有据，但如果判决结果得不到社会广大民众的普遍认同，甚至让人民群众觉得匪夷所思不可理喻，这将动摇人民对国家的信任，对法治的信任，严重损害司法机关的公信力和法律的权威。时下，"法律效果与社会效果相统一"的司法政策已深入人心，对司法实践产生广泛而深刻的影响。社会学法律解释方法，也是该政策的题中应有之义。本书认为，"两个效果"相统一的司法政策，对于法律解释实践而言，它是将过去司法人员惯于从法学理论或法律文本中寻找答案的一次"思想解放"，是对"机械司法"一次深刻的实践反思，是法律来源于社会生活又回应社会生活这一法律真谛的司法启蒙。借着政策的东风，笔者相信，社会学法律解释方法，在今后的司法实践中将会得到发扬光大。

但必须指出的是，在司法过程中，社会学解释方法的运用一方面可以增强裁判结果的科学性和可接受性，另一方面也增大了法官自由裁判的空间。为限制这种裁判的"自由"，对社会学解释方法应限定其适用空间。在大多数情况下，社会学解释方法对司法裁判的作用是补充性的。对于社会学法律解释我们必须明确以下几点，第一，只有在法律规则不明确，存在复数解释的情形下才能进行社会学解释。如果法律规则明确，法官不能违背其含义滥用利益衡量。第二，社会学解释必须与法律规则结合。法官裁判案件必须严格依据形式逻辑的三段论，不能抛开法律适用的大前提，纯粹以社会学的方法来作出裁决，即不能以大众的价值判断代替法律职业者的价值判断。第三，虽然社会学法律解释方法强调判断标准的客观性，但社会学解释中利益衡量的依据并无绝对确定和统一的标准，一般应当包括公共利益、社会效果、社情民意、民俗习惯、公共政策等，通俗来讲，就是道德观念、社会规范、公平正义等合情合理的标准，它与一般人的社会经验是密切相关的。

在社会转型发展的当代中国语境中，随着国家层面对深化改革步伐的不断推进，人们的价值观念日益多元化，各种类型的社会矛盾日趋增多，中国的社会治理结构和治理方式也发生着重要的变化。在这种背景下，社会发展对司法的依赖程度明显增强，通过司法的社会治理也变得较为必要和重要。

应该说，基于人们对司法参与社会治理的要求和对法院与法官社会治理者角色与责任的关注，社会学法律解释方法在中国现实司法中的运用获得了广阔的发展空间。然而，也必须认识到的是，相较于传统的法律解释，社会学解释方法提供的是一种"自由"的裁判路径，它在司法裁判中的贯彻、运用及其操作也应当受制于必要的界限。社会学解释方法在司法裁判中运用的实质，是司法者在用尽既存的法律规定及其解释中的文法要素，需要在法律体系之外寻求妥当的处断结论时，通过考量相关的重要社会因素以对可能的审判规则进行选择和建构。社会学解释方法在维持法律与社会的互动关系并促进法律的成长方面具有独特的价值，然而，司法活动对社会学解释方法的运用是在考虑案件争议处理暨社会纠纷解决之特别情况时的操作，换言之，只有在具备一定的适用条件，并遵循其应有约束性条件的前提下，社会学解释方法的运用对法律适用才能有效发挥积极的作用。[1]

总之，社会学法律解释在司法过程中是不可缺少的一种法律解释方法，它有特有的运用条件和运用步骤，也有一定的优势和局限性。在法律解释方法体系中，社会学法律解释是一种侧重于从预测社会效果的角度来阐释规范含义的方法。社会学解释在司法实践中的价值在于满足社会需要、适应社会变迁以及实现社会利益最大化。法官运用社会学法律解释方法来解决一些新型、复杂或疑难的案件，往往能够使法官作出既维护法律的一致性和安定性，又符合社会一般情理和公平公正观念，实现法律效果和社会效果统一的解释和判决。但我们应清楚地认识到，社会学法律解释有着自身固有的局限，例如，难以准确预测社会效果，适用范围狭窄，易造成权力滥用以及危及法律规范含义的稳定性等。因此我们应对社会学解释的价值和局限都有充分的认识，使之在司法实践中发挥最优作用。在司法中，社会学法律解释通常要与其他法律解释结合起来，共同发挥作用，这样才能实现社会正义和社会福利。社会学解释方法在整个法律解释方法体系中主要还是在发挥补充作用。因为

---

[1] 杨知文："社会学解释方法的司法运用及其限度"，载《法商研究》2017年第3期。

社会学解释方法的核心不是依据法律进行解释，而更多的是对可以作为社会效果的客观事实进行实证性的描述。这样一来，在具体的司法过程中，它往往需要和其他解释方法相互合作才能完成法律解释的使命。此外，由于案件性质的不同，在不同的法律领域，社会学解释有不同的适用空间。在民法领域，尤其是家庭法领域更多涉及人们的风俗习惯、风土人情，与其他领域相比，社会学法律解释方法的适用更易为人们所接受。① 在此，"社会学方法的支配地位也许可以视为已经确定。"② 而在刑法领域，基于罪刑法定原则的要求，应严格限定社会学解释的适用范围，只有当按照通常解释获得的结果与社会的整体价值观念出现严重偏差的时候，才可以通过社会学的方法对解释结果进行调整，以适应社会的需求。在刑法领域适用社会学解释，法官要特别注意进行充分的论证，法官的决策应尽可能获得法律专业人士的认同，并符合人民群众朴素的正义观和价值观，获得绝大多数人民群众的普遍认同和接受。总体来说，在刑法领域，社会学解释主要是作为辅助手段来发挥作用的。一般而言，在刑事领域对案件性质的认定主要应根据法律进行思考，社会学解释的运用不能影响对法律性质的判断，其运用最广泛的领域在于对法律射程内的量刑环节。当然，这并不排除在个别案件中社会学解释的应用对案件性质的判断产生影响的可能性，例如前文已经论述的"南京同性卖淫案"。

---

① 武飞：'社会学解释：一种'自由'的裁判方法"，载《学习与探索》2010年第6期。
② 卡多佐：《司法过程的性质》，苏力译，商务印书馆1998年版，第58页。